하룻밤에 읽는 고려야사

하룻밤에 읽는 고려야사

김형광 엮음

SIA 시아

글머리에

야사野史는 역사의 이면裏面에 흐르는 이야기이다. 설화적인 분식粉飾이 다분한 내용도 있지만 정사正史에는 기록되지 못한 민초들의 투박한 삶의 모습도 잘 투영되어 있는 것이 야사의 특징이다. 더구나 정사는 승자의 기록이라는 점에서 당시의 실상과 반드시 일치한다고 볼 수 없는 측면이 있다.

여기에 확실한 근거가 부여되지는 못하지만 야사의 존재 이유가 있는 것이다. 더구나 야사는 입에서 입으로 전승되어진 이야기들이기 때문에 그 어떤 정사 못지않게 나름대로의 생명력을 갖춘 역사의 실체일 수도 있다. 역사를 들여다보면 여러 가지 정황이나 여건으로 보았을 때 기록된 내용이 과연 사실일까 하는 의구심이 들 때가 간혹 있기 때문이다.

정보가 많이 공개되어 있다는 요즈음에도 신문지상에 보도되는 정치적 사건들에 있어서 믿어지지 않는 대목이 있는 것이 현실인 것을 보면 이해하기 쉬울 것이다. 하물며 추적하여 진실을 밝혀 내기 쉽지 않은 과거의 일에 있어서야 어찌 이설異說이 없을 수 있겠는가?

물론 풍문으로 역사 자체를 모두 함몰시킬 수는 없다. 또한 이미 토대 지어진 역사의 기록을 왜곡된 시선으로만 바라봐서도 안 된다. 그러나 뒷이야기로 전해지는 야사의 존재 자체도 역사의 한 모습임을 인정해야 된다는 점을 말하고 싶다.

그런데도 우리는 지금까지 야사를 심심풀이 옛이야기 정도로 치부하는 경향이 있다는 것을 부인할 수 없다. 삼류소설에서 느끼는, 흥미를 탐하는 시각으로 야사를 보아서는 그 진면목을 참되게 이해하기 어렵다. 혹여 야사가 꾸며진 이야기라고 할지라도 그 이야기에 선조들의 삶의 모습이 투영되어 있음을 간과해서는 안 된다. 다시 말하면 야사에는 그 시대 사람들의 인간과 세상을 보는 시각이 그대로 녹아 흐르고 있음을 알아야 한다. 옳고 그름에 대한 근저根柢가 거기에 있고 실체적 사실이 부정적인 모습일 때는 바람의 갈망이 그곳에 있다.

이 책에 소개되는 고려시대의 야사들은 필자가 이야기 형식으로 재구성한 것이다. 어차피 정사처럼 건조乾燥한 사실의 나열이 아닐 바에야 재미있게 윤색되는 것이 독자들이 읽기에도 편하기 때문이다.

다만 극적 구성의 효과를 위해 차용한 이야기 형식의 전개가 야사에 대한 허구적 편견을 증폭시키지나 않을까 우려될 뿐이다. 그렇지만 독자들의 이해를 돕기 위해 나라별, 시대별로 구성하였기 때문에 국사책을 새삼스럽게 꺼내 보지 않아도 단편적이나마 역사의 흐름을 파악할 수는 있을 것이다. 또 관심 있는 독자라면 역사책을 펼쳐 놓고 정사와 대비하여 읽어볼 때 또 다른 역사에 대한 이해의 참맛을 느끼게 되리라 믿는다.

아쉬움이라면 지면의 한계와 능력의 부족으로 플롯의 단순함과 시대정신의 치열한 반영이 제대로 이루어지지 못한 점이다. 하지만 야사에 더 큰 의미를 반영하려는 것 자체가 불필요한 지적 허영이자 욕심으로 생각하고 더 이상의 집착을 놓아버린 사실은 미리 고백해 둔다.

필자는 2년 전쯤 정사로 접근한 조선시대 인물에 대한 탐구를 책으로 엮어낸 적이 있다. 그때 앞에서도 잠깐 언급하였지만 몇몇 인물들의 삶 속에서 기록된 역사가 과연 모두 사실일까 하는 의문을 갖게 되었다. 따라서 역사적 사실에 대한 또 다른 내면의 이야기가 없을까 하는 원초적 관심이 이 책을 쓰게 된 동기의 하나가 되었다.

일종의 훔쳐보기 욕구의 발현이라고도 볼 수 있지만 역사에 대한 또 다른 이해를 위한 노력이라고 긍정적으로 보아주길 바랄 뿐이다.

그러나 정사처럼 사실에 대한 탐구라는 딱딱한 접근보다는 선조들의 삶에 대한 관조라는 관점에서 편안한 읽을거리가 된다면 족하다는 생각을 갖는다. 또한 인간의 사유思惟에 있어서도 장르가 허물어지는 것이 21세기의 일반적 흐름인 것처럼 역사의 이해에 있어서도 정사와 야사를 아우르는 여유로움이 필요하지 않을까 하는 생각도 해본다.

김 형 광

CONTENTS

글머리에 _5

애꾸눈 왕자 _11

도선대사의 예언 _17

후삼국과 고려의 건국 _21

청운의 뜻을 품고 떠나는 새벽 길

출생의 비밀

목숨을 걸고 오른 비장의 직위

까마귀가 물어다 준 뼛조각

후백제 창업의 꿈을 이룬 견훤

궁예와 양길의 운명적 만남

왕건을 찾아온 도선대사

송악에 우뚝선 고려

궁예의 광기

때를 기다리는 왕건

거울에 새겨진 고려 창업의 예언

왕건을 시험하는 궁예

마침내 일어선 왕건의 의기

고려의 개국과 견훤의 말로

왕후가 된 유 처녀 _59

덧없는 정절의 언약 _67

돗자리 임금 혜종 _75

최지몽의 점성술 _83

명장 서희의 가풍 _89

통정의 구백 리 길 _92

천추태후의 인면수심 _101

명장을 길러낸 이씨 부인 _107

추남 장군 강감찬 _110

승려가 된 왕자 _117

이자겸의 헛된 야망 _121

승려 묘청과 김부식 _128

이녕의 그림 _135

유응규의 청렴한 아내 _139

경대승과 정중부 _145

최씨 형제의 권력 다툼 _153

왕후 장상의 씨 _160

김취려 장군의 오덕과 십과 _170

공녀의 비운 _178

신현의 선견지명 _185

충혜왕과 오지옹주 _195

원 왕후가 된 고려 여인 _203

승려의 야용과 전횡 _210

공민왕과 자제위 _222

김문현의 바람기 _229

승려 신수의 기행 _235

고려청자와 인신 공양 _243

목화 씨에 담긴 애민 _253

이 처녀의 무예 _258

이달충의 선견지명 _263

왜구의 천신제 _266

권금 부인의 정절 _272

소년 왜장과 이성계 _276

우왕과 영비 최씨의 최후 _282

목은 이색의 충절 _289

정읍현의 안씨 부인 _294

정몽주의 어머니 _300

장수산에 서린 애화 _308

동비의 보은 _315

홍건적 괴수와 홍상유 _324

안찰사의 감사 _333

해랑도 _339

기울어가는 국운 _348

부록 고려왕조표 _355

신라 제47대 임금인 헌안왕憲安王은 신라 역사상 보기 드문 성군이었다.

재위시 어지러운 왕실의 기강을 바로잡아 조정의 기틀을 확고히 하는 한편, 백성들을 아끼고 사랑하는 마음이 마치 부모가 자식을 대하듯 자애로웠다.

나라는 모처럼 태평스러운 시절을 맞이했고 왕을 칭송하는 백성들의 소리가 온 장안에 자자했다.

그러나 이처럼 성군으로 칭송받는 헌안왕에게도 한 가지 시름이 있었다. 그는 슬하에 공주를 둘 두었을 뿐 대를 이을 왕자를 두지 못했다. 만약 자신이 그대로 세상을 하직한다면 왕위 계승 문제를 두고 조정은 또 언제 피 바람에 휩싸일지 모를 노릇이었다.

헌안왕의 남 모르는 근심이 늘어가는 주름살만큼이나 깊게 패어갈 즈음, 귀가 번쩍 뜨일 만한 기쁜 소식이 전해졌다.

늦게 들인 후궁 중 한 명이 임신하여 사가에 해산하러 나갔는데 그 후궁이 왕자를 낳았다는 낭보가 전해진 것이다.

그것뿐만이 아니었다.

소식을 전하러 온 궁인의 말에 의하면 왕자가 태어날 때 하늘에서부터 상서로운 빛이 집안 전체를 감쌌다는 것이었다. 더더욱 놀라운 일은 태어난 왕자의 잇몸에 가지런하게 하얀 이가 나 있었다는 것이다.

헌안왕은 그 말에 더욱 기뻐했다. 필시 하늘이 점지해 주신 아기라고 말하며 벌린 입을 다물지 못했다.

보위를 이을 왕자가 탄생했다는 얘기는 대궐 전체를 흥분시키고도 남았다.

헌안왕은 소식을 가져온 궁인에게 하명했다.

"태어난 왕자의 이름을 궁예弓裔라 지었노라고 전하라."

"예! 폐하!"

그러나 헌안왕의 기쁨은 그리 오래가지 못했다.

왕자의 탄생을 알리러 입궐했던 궁인이 돌아가자마자 일관이 헌안왕을 배알하러 왔다.

"폐하!"

일관은 무언지 모를 불안감에 휩싸인 듯 잠시 말을 끊었다.

"무슨 일이냐?"

헌안왕은 불길한 예감이 들어 일관을 재촉했다.

"아뢰옵기 송구하오나 오늘 태어나신 왕자님은 그 운세가 지극히 불운하옵니다."

일관의 말에 헌안왕의 얼굴이 차갑게 굳어졌다.

"뭐가 불운하다는 건지 소상히 아뢰어라!"

"폐하! 아시다시피 오늘은 오월 오일 단오이옵니다. 예로부터 단오에 난 아기는 천명을 거스른다 하였사옵니다. 아기가 때어날 때 하늘에서 상서로운 빛이 비쳤다고는 하나 그것 또한 천기를 범하는 일이옵니다. 더군다나 태어날 때부터 이가 나 있다 함은 장차 국운을 크게 해칠 나쁜 징조이옵니다."

헌안왕의 얼굴은 납처럼 하얗게 변했다.

"……하면?"

일관은 머리를 조아린 채 말이 없었다.

"네 말대로라면 그 아이가 나라를 망칠 운명을 타고났다는 게냐?"

"통촉하옵소서, 폐하!"

"물러가라!"

헌안왕의 말에는 어느새 노기가 서려 있었다.

일관은 머뭇거리다 자리에서 일어나 어전 밖으로 나갔다.

'괘씸한 놈!'

그러나 헌안왕은 시간이 지날수록 일관의 말 한마디 한마디가 뇌리를 맴돌아 좌불안석이었다.

'나라를 해칠 불운한 운명을 타고난 왕자라…….'

헌안왕은 안절부절못하고 내전 안을 서성거렸다.

'일관의 말이 사실이라면………….'

만약 일관의 말이 사실이라면 왕자를 그대로 둘 수는 없었다. 왕에게는 천년의 사직을 지키는 일이 더 중한 것이었다.

헌안왕은 저녁 수라상도 마다한 채 번민하였다.

밤이 이슥해질 무렵, 헌안왕은 내관을 어전으로 불러들였다.

"폐하! 찾아 계시옵니까?"

"내 말을 잘 듣거라! 그리고 이는 어명이니 즉시 시행해야 한다!"

"예! 폐하!"

일순 내관의 얼굴에 긴장감이 감돌았다.

"지금 당장 궐 밖으로 나가 오늘 태어난 왕자를 없애도록 하라! 이는 아무도 모르게 비밀리에 시행해야 할 것이야!"

"폐……폐하!"

"왕자를 죽이지 못하면 네가 죽을 줄 알라!"

헌안왕은 왕자를 죽이라 명령했지만 마음속은 애간장이 녹는 것 같았다.

'어떻게 태어난 왕자인가? 늘그막에 겨우 본 왕손이 아니던가?'

그러나 헌안왕은 핏줄에 연연하기보다는 사직을 지키고 보존해야 한다고 생각했다.

내관이 물러가자 헌안왕은 주안상을 들이라 명했다. 조금 전 내관에게 명할 때와는 달리 헌안왕의 음성은 가을비에 젖은 낙엽처럼 눅눅했다.

한편, 궁예의 생모는 밤늦게 내관이 찾아오자 이상한 생각이 들었다. 어명을 받들고 온 것이라 해도 밤이 너무 깊었던 까닭이었다.

"무슨 일이오?"

내관은 아무 말도 없이 안절부절못하고 서 있었다.

"어명이라니? 대체 무슨 어명이오?"

"마마! 소인을 용서하옵소서!"

"용서라니? 그게 무슨 말이오?"

"실은…… 폐하의 어명은 다름이 아니옵고……."

"답답하구려. 어서 말을 하시오."

내관은 거듭되는 재촉에 겨우 입을 열었다.

"폐하께서는 오늘 태어나신 왕자님을 없애라 하셨습니다."

"그게 무슨 말이오? 아기를 없애라니……?"

"일관의 말에 의하면 궁예 왕자님은 국운을 해칠 불길한 운명을 타고나셨다고 합니다. 하여……."

"아니 될 말이오! 아니 되오 그건!"

궁예의 생모는 큰소리로 외치며 강보에 싼 궁예를 급히 들어 품에 안았다. 그러나 다음 순간 달려든 내관에게 그만 아기를 빼앗기고 말았다.

갓 아기를 낳은 산모의 힘으로는 남자의 완력을 당해 낼 수가 없었다.

"아니 되오. 아니 돼. 이리 주오. 제발 아기를 이리 주오!"

궁예의 생모는 죽을힘을 다하여 내관의 옷자락을 붙잡고 늘어졌다. 강보에 싸인 아기는 자신의 운명을 알기라도 하는 듯 자지러지게 울어대고 있었다.

아이를 빼앗은 내관은 산모의 손을 뿌리치고 급히 방을 나와 다락으로 올라갔다.

'이 무슨 잔혹한 악연이냐? 나를 용서해다오, 아가……'

내관은 마음속으로 그 한마디를 남기고 얼굴을 옆으로 돌린 채 강보에 싸인 아기를 다락 아래로 던져버렸다.

그러나 하늘의 뜻은 아마도 다른 데 있었던 모양이었다.

이상한 낌새를 눈치채고 다락 아래에 숨어 있던 유모가 두 팔을 벌려 떨어지는 아기를 품에 안았다. 순간 떨어지는 아기를 받던 유모의 손가락이 그만 아기의 한쪽 눈을 찌르고 말았다.

유모는 아이의 상처를 돌볼 틈도 없이 그대로 어둠 속을 무작정 달리기 시작했다.

자지러지게 울어대던 아기는 한쪽 눈을 찔린 고통에 실신한 듯 이내 잠잠해졌다.

유모는 쫓아오는 군사들을 피해 산으로 올라갔다. 나뭇가지에 몸이 찢기고 발을 헛디뎌 몇 번이고 땅바닥을 굴렀지만 품에 안은 아기만은 절대 놓지 않았다.

궁예의 파란만장한 인생은 이렇게 서막이 올려졌다. 그는 평생 비운의 징표처럼 에꾸눈으로 살아야 했다. 후일 태봉국을 세우고 미륵의 세상을 꿈꾸던 궁예는 태어나면서부터 따라다니던 비운을 끝내 극복하지 못하고 비극적으로 생을 마감하게 되었다.

도선대사의 예언

"어허! 애석한지고……. 어찌 기장을 심을 땅에 삼을 심었단 말인가? 쯧쯧……."

신라 제49대 헌강왕이 등극한 이듬해 4월, 송악의 호족인 왕융王隆은 송악산을 마주한 벌판인 금돼지터(일명 금돈터)에 자신의 집을 짓는 공사를 한창 진행하고 있었다. 그런데 지나가던 한 객승이 그 모습을 보고 탄식하듯 그렇게 읊조렸다.

객승은 근처 느티나무 아래에 앉아서 잠시 땀을 식히며 한마디 더 덧붙였다.

"이 집의 주인은 사리에 밝아서 이곳을 집터로 골랐는가? 그렇다면 그 역시 혜안이 있는 이로세."

처음에는 지나가는 객승의 객쩍은 소리로만 듣고 있던 왕융의 부인은 무언가 짚이는 구석이 있어 얼른 남편을 찾았다.

"지금 요 앞 느티나무 아래에 웬 객승이 앉아 있는데 우리 집터를 보고 기장을 심을 땅에 삼을 심었다, 하며 이 집터의 주인은 혜안이 있다는 둥 알 수 없는 말을 하는 것을 들었습니다. 그게 무슨 뜻인지요?"

아내의 말을 들은 왕융은 그 말이 예사롭지 않음을 직감하고 황급히 느티나무 아래로 달려갔다.

그러나 이미 객승은 어디론가 사라지고 이제 막 푸르러 가는 느티나무 그늘만 부신 햇살 아래에 그 음영이 짙게 깔려 있었다.

왕융은 객승이 사라진 듯한 길을 잰 걸음으로 좇아갔다.

'필시 무슨 곡절이 있을 게야. 그런 말을 할 정도라면 틀림없이 예사 스님은 아닐 것이다.'

왕융은 산길로 통하는 좁은 고갯길에서 겨우 그 객승을 따라잡을 수 있었다.

"스님! 스님!"

왕융은 큰소리로 객승을 부르며 가쁜 숨을 몰아쉬었다.

몇 번의 부름에도 뒤를 돌아보지 않던 객승이 천천히 고개를 돌린 것은 왕융과의 거리가 불과 서너 걸음도 채 안 되었을 때였다.

"무슨 일이시오?"

그렇게 묻는 객승의 얼굴은 해를 등지고 있어서인지 눈부신 햇빛이 후광처럼 드리워져 있어 더욱 신비로워 보였다.

"스님! 잠시 여쭐 말씀이 있습니다."

"……."

"스님께서는 혹 도선대사님이 아니신지요?"

객승은 길 옆 바위에 걸터앉으며 짚고 있던 석장錫杖을 그 옆에 비스듬히 세워놓았다.

"그렇소! 소승이 도선이오만……."

"대사님을 몰라뵌 무례를 용서하십시오!"

왕융은 그렇게 말하며 다짜고짜 땅에 엎드려 큰절을 올렸다.

당시 도선道詵대사는 신라 제일의 명승으로서 온 나라 안에 그 명성이 자자했다.

그는 불도가 신승의 경지에 이르렀으며 당나라에서 풍수지리를 공부하고 돌아온 후에는 그 도력이 더욱 높아져 미래를 예견하는 능력까지 두루 갖춘, 그야말로 당대 최고의 고승이자 풍수지리의 대가였다.

"어허! 일어나시오. 소승이 민망하구려."

그러나 왕융은 여전히 땅에 엎드린 채 말을 이었다.

"대사님을 누추하나마 저희 집으로 모시고자 합니다. 부디 허락하여 주십시오."

도선대사는 한바탕 호방하게 웃음을 터뜨렸다.

"뭔가 소승에게 물어볼 말이 있어 그런 것 같은데 그럴 필요 없소. 본시 중이라 함은 구름을 이불 삼고 돌을 베개 삼으니 천지 사방 집이 아닌 곳이 없소. 그러니 할말이 있으면 예서 하시오."

과연 도선대사다운 대답이었다.

왕융은 속으로 감탄하며 조심스럽게 입을 열었다.

"대사님! 좀 전에 대사님께서 저희 집터를 보시고 하신 말씀의 진의가 궁금하여 이렇게 대사님을 쫓아왔습니다."

"그 집의 주인장이시오?"

"예! 그러하옵니다, 대사님!"

도선대사는 눈을 들어 송악의 지세를 한 번 둘러보고는 천천히 입을 열었다.

"그곳을 집터로 삼은 데에는 혹 무슨 연유가 있으시오?"

"전해 듣기에 제 아버지께서 용신龍神의 도움으로 그곳에 터를 잡으셨다 들었습니다."

"음! 과연 그랬군……. 나무아미타불 관세음보살."

도선대사는 고개를 끄덕이며 잠시 눈을 감았다.

그러더니 눈을 뜨고 불법을 설하듯 엄숙한 목소리로 말했다.

"잘 들으시오! 지금 댁의 집터는 백두대간의 줄기를 따라 내려온 정기가 이곳 송악에 이르러 그 결집을 이룬 지점이니 과연 명당 중의 명당이오. 또한 댁은 용신의 기운을 지녀 물의 운명을 타고났소. 그러니 집을 짓되 물 수水자 형태로 지을 것이며 반드시 서른여섯 채를 지어야 하오."

도선대사의 말에 왕융은 숨이 멎는 것 같았다.

"또한 내년에 아들이 태어날 것이니 반드시 그 이름을 건建이라 지으시오! 그리하면 후일 대대손손 영광을 누릴 것이오!"

"예? 그게 무슨 말씀이신지……?"

"그 아이가 자라면 우린 다시 만날 수 있을 것이오."

"대사님! 그때가 언제인지……."

그러나 도선대사는 그 말을 끝으로 바위에서 일어나 석장을 짚고는 다시 갈 길을 갔다. 왕융이 미처 인사를 올릴 새도 없었다.

넋이 나간 듯 땅에 무릎을 꿇고 앉아 있던 왕융은 도선대사가 고개 너머로 사라진 뒤에야 자리에서 일어났다.

왕융은 도선대사가 그러했듯 고개를 돌려 송악을 내려다보았다.

'아들이라, 대대손손 영광을 누릴 아들이라…….'

벅차 오르는 가슴을 지그시 누르며 왕융은 고갯길을 내려왔다.

도선대사의 말이 가슴속에서 끝없이 메아리치며 왕융의 전신을 휩쓸고 지나가는 것 같았다.

맑고 청명했던 송악산 골짝마다 용의 조화인 듯 자욱한 봄 안개가 일고 있었다.

왕융은 더욱 천천히 걸었다. 도선대사가 송악으로 다시 돌아오는 날이 이 자욱한 안개의 끝이겠거니 생각하며.

후삼국과 고려의 건국

청운의 뜻을 품고 떠나는 새벽 길

견훤은 곤히 잠든 아버지를 깨웠다.

"무슨 일이냐?"

"소자, 이제 집을 떠나 제 길을 가려 하옵니다."

견훤의 아버지는 조용히 아들의 두 눈을 응시했다.

"아버지! 소자는 꿈을 이루기 전에는 절대 돌아오지 않을 것입니다."

무릎을 꿇고 앉은 견훤은 누가 보기에도 믿음직스러웠다. 떡 벌어진 어깨하며 탄탄한 근육, 거기에다 사내다운 늠름함까지 갖춘, 그야말로 대장부 중의 대장부였다.

"길은 정했느냐?"

"예! 아버지. 소자 잃어버린 백제의 영광을 되찾아 끊어진 왕업을 다시 이을까 합니다."

견훤의 아버지는 놀라움을 감추지 못했다.

"그렇다면 백제를 재건하겠다는 말이냐?"

"그러하옵니다, 아버지!"

"왜 하필 백제를 재건할 생각을 하게 되었느냐?"

견훤은 낮지만 굵은 어조로 대답했다.

"지금 신라의 국운은 쇠할 대로 쇠했습니다. 여왕은 색욕에 빠져 정사를 돌보지 않고 신하들은 사리사욕에 눈이 멀어 도탄에 빠진 백성들을 거들떠보지도 않습니다."

견훤은 아버지의 얼굴을 정면으로 바라보며 말을 이었다.

"지금은 말없이 살아가지만 백제의 유민들은 아직도 지난날을 잊지 못하고 있습니다. 이러한 때 누군가 나서 백제 중흥을 외친다면 사방에 흩어진 백제의 유민들은 너나없이 힘을 모을 것입니다. 그 힘으로 능히 백제를 재건하고도 남을 것입니다!"

"네 속에 그리 큰 뜻이 있는 줄은 몰랐구나."

견훤의 아버지는 내심 감탄하고 또 감탄했다.

견훤의 아버지 아자개는 어려서부터 맏아들인 견훤이 범상치 않은 인물임을 알고 있었다.

견훤이 아직 갓난아기였을 적 어느 날, 아자개와 그의 아내는 나무 그늘에 아기를 눕혀 놓고 밭일을 하고 있었다. 그때 어디선가 집채만한 호랑이가 나타나더니 아기에게 젖꼭지를 물려 젖을 먹이고는 다시 어슬렁거리며 사라진 것이었다.

그때부터 아자개는 아들 견훤을 하늘이 내린 인물이라 여기고 오로지 글공부와 무예를 익히는 데 전념하도록 했다.

견훤은 아버지의 뜻에 따라 글공부와 무술에 전념했는데 특히 무술에 출중한 재주를 보였다.

그런 아들이 이제 백제를 재건하겠다는 큰 뜻을 품었으니 이 얼마나 대견한 일이랴.

"가거라! 그리고 네가 품은 뜻을 이루기 전에는 돌아올 생각을 말아라. 네가 백제를 재건한다면 이 아비는 평생의 꿈을 이루는 것이다!"

"아버지!"

견훤은 자리에서 일어나 아버지에게 큰절을 올렸다.

"부디 만수무강하십시오!"

"내 걱정일랑 말아라. 집이나 식구들도 걱정하지 말아라. 장부가 뜻을 품었으면 오직 거기에만 마음을 쏟아야 하느니라."

견훤의 아버지는 집안에 돈이 될 만한 물건들을 챙겨 극구 마다하는 아들의 손에 쥐어 주었다.

"네가 백제를 재건하는 날, 그때 다시 만나자구나!"

아버지의 마지막 바람을 뒤로 한 채 견훤은 백제의 재건을 머릿속에 그리며 미명의 새벽 길에 힘찬 발걸음을 내딛었다.

출생의 비밀

마을의 촌장 앞에 불려온 아낙네는 고개를 들지 못하고 방바닥만 쳐다보았다.

방 안에는 촌장을 위시한 마을의 여러 노인들이 굳은 표정으로 앉아 있었다.

"무슨 일로 불렀는지 내 굳이 말하지 않아도 알고 있을 테지?"

"……."

아낙네는 말없이 그저 고개만 조아리고 있을 뿐이었다.

"어험! 더 이상 말할 것도 없소! 우리 마을에서 그놈을 내쫓기만 하면 만사가 다 편해질 게요."

옆에 앉아 있던 노인 한 명이 제법 언성을 높여 끼여들었다.

"촌장 어르신! 불쌍한 아이입니다. 제가 앞으로 각별히 단속하겠으니 한 번만 용서를……."

"어허, 이게 어디 한두 번이라야지!"

노인이 다시 한 번 언성을 높였다.

"그놈이 하는 짓거리를 생각해 보시오. 온 동네를 쑥대밭으로 만들고 다니잖소? 내 지금껏 살아오면서 그놈 같은 망나니는 본 적이 없소!"

다른 노인이 말참견을 하고 들었다.

"이제는 마을 사람들 모두가 그놈이 사람이나 죽이지 않을까 싶어 불안해하고 있소. 이게 어디 열 살짜리 아이를 두고 하는 소리겠소?"

아낙네는 소리 없이 흐느끼기 시작했다.

"안됐지만 이런 일은 나 혼자 결정할 일도 아니고 워낙 마을 사람들의 공론이 강경한 터라 어쩔 수 없네."

"어르신!"

촌장을 비롯한 마을 노인들은 어느 누구 하나 아낙네의 말을 귀담아들으려 하지 않았다.

아낙네는 눈물로 호소했지만 더는 어쩔 수 없었다.

집으로 돌아온 아낙네는 방으로 곧장 들어가지 않고 뒤꼍에 있는 미루나무 아래에 앉아 멍하니 먼 하늘을 바라보았다.

노을이 지고 주위가 어둑어둑해져서야 아낙네는 자리에서 일어났다. 부엌으로 들어간 아낙네는 늦은 저녁을 지어 방으로 가져갔다.

방에는 열 살짜리 아들이 불도 켜지 않은 채 엄마를 기다리고 있었다. 희미한 어둠 속에서 우두커니 앉아 있는 아들은 불쌍하게도 한쪽 눈이 없는 애꾸였다.

아낙네는 불을 밝히고 아들에게 더운 저녁밥을 먹였다. 아들은 배가 고팠던지 밥 한 공기를 단숨에 비웠다.

저녁상을 물린 후, 아낙네는 아들을 바로 앉히고 큰절을 했다.

아들이 깜짝 놀라며 아낙네의 치맛단을 붙잡고 늘어졌다.

"어머니, 잘못했습니다. 왜 이러시는 겁니까?"

그러나 아낙네는 아들을 다시 바르게 앉힌 다음 말했다.

"마마! 지금부터 소인이 하는 말을 새겨들으셔야 하옵니다."

"어머니, 마마라니 그게 무슨 말씀이십니까? 그런 말은 나랏님께나 쓰는 말이 아닙니까?"

"그러하옵니다, 마마! 지금은 비록 이렇게 비천하게 살고 있사오나 마마께서는 원래 이 나라의 왕자님이셨습니다."

아들은 왕자라는 말에 기가 질린 듯 말을 잃었다.

"마마! 소인은 마마님을 모시던 유모였답니다. 마마께서는 억울한 오해를 받으시어 죽임을 당할 뻔하였사온데……."

아낙네의 아들은 원래 헌안왕의 왕자로 태어났다. 그러나 왕자는 태어나자마자 국운을 해칠 불운을 타고났다는 일관의 모함을 받아 결국 다락 아래로 던져졌다. 다행히 유모의 손에 목숨은 건졌지만 그만 유모의 손가락에 한쪽 눈이 찔리는 바람에 애꾸가 되고 말았다.

아낙네의 말을 모두 들은 아들의 한쪽 눈에서 주르르 눈물이 흘렀다.

"그게 정말입니까? 어머니?"

"마마! 어머니라뇨? 당치 않으십니다. 그리고 소인같이 미천한 것에게는 하대를 하시는 것이 옳으시옵니다."

아낙네의 말에 아들은 한동안 말이 없었다.

"그럼 내 진짜 이름은 무엇이오?"

"궁예 왕자님이십니다."

"내 친어머니는 살아 계시오?"

"마마! 황송하옵게도 소인이 왕자님을 품에 안고 도망친 후 왕자님을 빼돌렸다는 모함을 받아 그만…… 흑흑!"

궁예는 잠자코 앉아 서럽게 흐느끼는 유모의 모습을 물끄러미 바라보았다. 지금껏 어머니라고 부르며 살아온 그녀가 애처롭게 느껴졌다.

"울지 마오. 그래도 사지에서 나를 살리고 또 지금껏 키워준 것은 모두 유모의 은혜요."

궁예의 말에 유모는 더욱 흐느껴 울었다.

잠시 후 눈물을 멈춘 유모가 조심스럽게 입을 열었다.

"마마! 소인이 마마께 이 같은 말씀을 드리는 것은 부디 행실을 바르게 하시고 덕을 쌓기를 바라는 간절한 염원에서이옵니다. 이제 이 마을에서는 더 이상 살 수 없게 되었사오니 날이 밝는 대로 짐을 꾸려 다른 마을을 찾아 떠날까 하옵니다."

"그것이 좋겠소. 나도 내 출생의 비밀을 안 이상 더는 이런 망나니로 살지는 않을 것이오."

나이답지 않게 의젓하게 말하는 궁예를 보며 유모는 적이 안심이 되었다.

다음날 아침, 아침밥을 짓기 위해 일찍 눈을 뜬 유모는 소스라치게 놀라 자리에서 벌떡 일어났다.

궁예가 없어진 것이었다. 간밤에만 해도 자신의 옆에서 곤히 잠든 것을 보았는데 어느새 어디론가 종적을 감춘 것이었다.

유모가 궁예를 찾아 온 동네를 미친 듯 헤매고 있을 무렵, 궁예는 산 속에 있는 절의 문을 두드리고 있었다.

열 살밖에 안 된 어린 궁예가 새벽 이슬을 맞으며 찾아간 절의 현판에는 세달사라는 세 글자가 희미하게 새겨져 있었다.

목숨을 걸고 오른 비장의 직위

고향을 떠난 견훤은 신라의 군사가 되었다. 자신의 뜻을 이루기 위해서는 군사들이 필요했고 그러기 위해서는 장군이 되는 길밖에 없다고 생각했던 것이다.

그는 지금은 일개 미미한 군졸에 지나지 않지만 머지않아 뜻을 이룰 날이 있을 거라고 자위하며 하루하루를 보내고 있었다.

당시 신라의 서남해 일대는 어지러운 신라의 정세를 틈타 바다를 건너온 왜구들이 부녀자를 겁탈하고 노략질을 일삼는 등 그 폐해가 극심했다.

이에 조정에서는 노당弩幢을 대장으로 임명하여 왜구들을 토벌하라고 명했다.

견훤은 그것을 하늘이 준 기회라 여기며 스스로 토벌대에 자원하고 나섰다.

"왜놈들의 목을 전부 베어라! 단 한 놈도 살려 보내서는 안 된다!"

신라군의 대장인 노당의 우렁찬 호령이 떨어지자 때를 기다렸다는 듯이 군사들이 일제히 말을 몰아 적진으로 내달렸다.

여기저기서 군사들의 요란한 함성 소리가 울려 퍼졌다. 그러나 신라군은 포악하기 이를 데 없는 왜구들에게 조금씩 뒤로 밀리기 시작했다.

신라군의 대장 노당은 큰소리로 군사들을 독려했지만 싸움은 점점 아군에게 불리해지고 있었다.

신라군이 점점 수세에 몰리자 왜구들의 공격이 더욱 거세졌다. 신라군은 어느새 하나둘 등을 보이며 도망치기 시작했다.

노당은 일단 후퇴하는 것이 좋겠다고 판단하고 군사들에게 후퇴 명령을 내리려 했다.

그때였다. 퇴각하는 군사들 속에서 젊은 군사 한 명이 장검을 휘두르며 왜구들을 향해 달려나왔다.

"이놈들! 내 칼을 받아라!"

젊은 군사는 닥치는 대로 왜구들의 목을 베었다. 처음에는 대수롭지 않게 여기던 왜구들도 젊은 군사의 기세에 눌려 점차 위축되었다.

단신으로 적진에 뛰어든 젊은 군사가 왜구들을 닥치는 대로 쓰러뜨리자 이에 고무된 신라군의 사기는 다시 하늘을 찌를 듯 높아졌다.

"공격하라! 왜구들의 목을 베어라!"

진영을 가다듬은 노당은 또다시 진군 명령을 내렸다.

"와!"

신라군들은 물밀듯이 왜구의 진지를 향해 나아갔다.

장검을 휘두르며 왜구의 목을 베던 젊은 군사는 여전히 선두에서 맹렬한 기세로 왜구들을 공격하고 있었다.

싸움의 대세는 이제 신라 쪽으로 기울어졌다. 왜구들은 서둘러 배에 올라 돛을 올리고 황급히 달아났다. 신라군은 활을 쏘며 마지막까지 왜구들을 향해 공격을 계속하여 대승을 거두었다.

이날 싸움의 일등 공신은 뭐니 뭐니 해도 장검을 휘두르며 단신으로 왜적의 진영으로 뛰어든 젊은 군사였다.

노당은 그 젊은 군사를 불렀다.

"이름이 무엇인가?"

노당 앞에 무릎을 꿇고 앉은 젊은 군사는 머리를 조아리며 대답했다.

"견훤이라 하옵니다!"

"오늘 그대가 세운 공은 만고에 길이 빛날 전공이로다. 그에 걸맞은 후한 포상이 내려질 것이다."

"포상이라니 당치않으십니다, 장군! 소인은 마땅히 소임을 다했을 뿐이옵니다!"

견훤의 말에 노당은 매우 흡족해했다.

왜구 토벌을 성공리에 마치고 서라벌로 돌아오자 견훤에게는 비장裨將 벼슬이 내려졌다.

견훤은 서라벌에서 그렇게 자신의 야망을 서서히 실현해 나가고 있었다.

까마귀가 물어다 준 뼛조각

"이것이 다 무엇이냐?"

하루 일과를 끝마치고 자신의 방으로 들어서던 궁예는 스승인 큰스님의 호통 소리에 놀라 흠칫 제자리에 멈춰 섰다.

"네 이놈! 산에 사는 중놈에게 이게 다 무슨 필요가 있느냐?"

큰스님은 벽장에 있는 물건들을 방바닥에 모조리 집어던졌다. 칼과 창, 활과 화살 등 평소 무예를 연마해 오던 궁예의 병기들이 날카로운 금속성을 내며 방바닥에 쏟아졌다.

궁예는 어찌할 바를 몰라 장승처럼 우뚝 서 있기만 했다.

"말해라! 이 중놈아! 이것들을 다 어디에 쓰는 게냐? 이것들을 가져다 산짐승이라도 잡아먹는 게냐? 오호라! 그래서 네놈 얼굴에 그렇게 기름기가 잘잘 흘렀구나, 이 더러운 중놈 같으니라고!"

"스승님!"

궁예는 그 자리에 털썩 무릎을 꿇고 앉았다.

"누가 네 스승이냐? 법당에서는 불경을 외고 산 속에 들어가서는 산짐승을 잡아 포식하는 네놈의 스승이란 자는 대체 어떤 놈이냐?"

"스승님! 그것이 아니라 소승 무술을 익히고픈 마음에……."

"중놈이 무술을 익혀 어디다 쓰려고 하느냐? 가사 장삼을 벗고 산적이라도 되겠다는 게냐?"

궁예는 차마 입이 떨어지지 않았다.

세달사에 들어온 지 몇 년이 지나도록 자신의 출생의 비밀 때문에 남몰래 속을 앓아온 궁예였다.

궁예는 언젠가는 자신과 어머니의 복수를 하겠다고 다짐하고 있었다. 또한 한 나라의 왕자로서 못다 이룬 한을 풀기 위해 새로운 나라를 세워야겠다는 야망을 품고 있었다.

그래서 큰스님 몰래 틈틈이 칼과 활을 익히며 무예를 연마하고 있었던 것이다.

"말해라, 이놈! 네놈의 시커먼 속을 누가 모를 줄 아느냐?"

"스승님, 그건 말씀드릴 수가 없습니다."

궁예는 단호하게 말했다.

"저를 거두어 지금까지 보살펴 주신 스승님의 은공을 모르는 것은 아니오나 지금은 아무것도 말씀드릴 수가 없습니다."

큰스님은 궁예를 바라보며 한숨을 쉬었다. 어떻게든 궁예의 마음을 돌리려고 했으나 자신의 힘으로는 더 이상 어찌할 수 없었던 것이다.

"업보로세, 업보야."

큰스님은 다시 한 번 깊은 한숨을 쉬며 궁예를 혼자 남겨둔 채 방을 나갔다. 궁예는 참담한 표정으로 방바닥에 어지럽게 널려 있는 물건들을 바라보았다.

한참 후, 궁예는 자리에서 일어나 천천히 그 물건들을 다시 벽장 속에 하나둘 집어넣었다.

그로부터 며칠 후, 궁예가 재를 올리러 가는데 도중에 까마귀 한 마리가 날아오더니 들고 있는 바리에 뭔가를 툭 떨어뜨리고 숲속으로 사라졌다.

이상한 일도 다 있구나, 생각하며 궁예는 서둘러 바리 속에 떨어진 것을 살펴보았다. 그것은 무당들이 점을 칠 때 쓰는 젓가락처럼 생긴 뼛조각이었다. 그런데 뼛조각 한가운데에 임금 왕王자가 금빛으로 새겨져 있는 것이 아닌가.

궁예는 깜짝 놀랐다. 그는 이것을 하늘의 뜻이라 여기며 허리춤에 소중히 간직하였다.

그는 그 길로 하산하기로 마음먹고 절에 내려와 큰스님께 하직 인사를 올렸다.

"그래, 어디로 가겠다는 게냐?"

"소승 아직 갈 길을 정하지 않았습니다. 그저 세상 구경이나 하렵니다."

큰스님은 근심 어린 낯빛으로 궁예를 바라보았다.

"너무 큰 욕심은 부리지 말거라! 과욕은 결국 스스로를 해치게 하느니라!"

"명심하겠습니다, 스승님!"

궁예는 큰스님 앞에 큰절을 올리고 바랑을 꾸려 세달사를 나왔다.

그러나 궁예는 큰스님의 마지막 말을 가슴 깊이 새기지 않았다. 큰스님의 말을 가슴 깊이 간직하며 그대로 실행에 옮겼더라면 궁예의 말로가 그처럼 비참하지는 않았을 것이다.

후백제 창업의 꿈을 이룬 견훤

신라 진성여왕 6년, 신라의 국력이 쇠약해진 틈을 타 전국 각지에서는 호족들이 득세하여 자신의 세력을 키워 나가고 있었다.

각 지방의 호족들은 자체적으로 군사들을 훈련시키고 양성하여 이미 신라의 조정을 위협할 지경에까지 이르렀다.

그 중에서도 북원(원주)의 양길이나 죽주(안성)의 기훤, 국원(청주)의 청길, 중원(충주)의 원회 같은 자들은 무시할 수 없는 세력으로 자라나 차츰 자신들의 영역을 넓혀 나가고 있었다.

위협을 느낀 신라 조정에서는 견훤에게 군사 1천 명을 주어 호족들을 토벌하라는 명을 내렸다.

그때 이미 견훤은 장군으로 지위가 격상되어 있었고 그 용맹스러움이 서라벌 내에 자자했다.

이제나저제나 때가 오기만을 기다리던 견훤은 내심 쾌재를 불렀다. 지금이야말로 자신의 야망을 이룰 절호의 기회라고 생각했다.

견훤은 자신의 속내를 드러내지 않은 채 대신들과 백성들의 환송을 받으며 서라벌을 나섰다.

그러나 견훤은 도성을 벗어나자마자 자신의 계획을 하나하나 실행에 옮겼다.

일단 서라벌 근처의 여러 성을 돌며 많은 군사들을 확충한 그는 군사들의 군기를 엄정하게 확립해 민심을 얻는 데 성공했다. 그리하여 남쪽의 무진주로 향하니 그를 따르는 무리가 5천이 넘었다.

무진주에 당도한 견훤은 치열한 접전 끝에 철통 같은 방벽을 뚫고 성을 장악하였다. 성을 장악한 그는 민심을 수습하는 한편 완산주(전주)를 공략할 준비를 차근차근 진행해 나갔다.

완산주를 향해 출정하는 날, 견훤은 성안의 백성들과 군사들을 모아놓고 큰소리로 외쳤다.

"우리가 죽음을 무릅쓰고 이곳 무진주까지 온 것은 나 하나 잘살려고 하는 것이 아니다. 지금의 나라꼴이 어떠한가? 백성들은 도탄에 빠져 울부짖는데 조정의 대신들은 날마다 기름진 고깃덩어리를 앞에 두고 술이나 마시고 있지 않은가."

견훤의 말에 여기저기서 동조하는 소리가 들려왔다.

"들어라! 우리는 이제 완산주로 갈 것이다! 나는 그곳에다 비통하게 스러져 간 백제를 재건하여 나라를 잃고 헤매는 백제의 유민들을 불러모아 동고동락할 것이다!"

견훤의 말이 끝나자 성안에는 함성과 만세 소리가 울려퍼졌다.

견훤은 모든 것이 자신의 계획대로 되어 가자 마음이 흐뭇했다.

'무진주를 비롯한 완산주는 옛 백제의 영토가 아닌가? 이곳에 살고 있는 사람들은 누구보다 망국의 설움을 많이 겪었을 것이다. 그러한 서러운 감정에 불을 지피기만 하면 백제의 영화를 재건하는 일은 그렇게 어려운 일은 아닐 것이다.'

견훤은 파죽지세로 완산주를 함락하고 성을 수중에 넣었다.

892년. 마침내 견훤은 완산주에 도읍을 정하여 나라를 세우고 국호를 백제라 하였다.

궁예와 양길의 운명적 만남

세달사를 나온 궁예는 뜻을 펴기 위해서는 군사력을 갖추어야 한다고 판단하고 죽주에 있는 기훤의 밑으로 들어갔다. 그러나 곧 포악하고 무자비한 기훤에게 환멸을 느낀 그는 기훤의 심복인 신훤, 원회 등과 함께 북원에서 큰 세력을 펴고 있던 양길을 찾아갔다.

양길을 만난 궁예는 정중하게 예를 갖추어 인사를 올렸다.

"소승 세달사에서 중 노릇을 하던 궁예라고 하옵니다. 난세에 고통받는 중생들을 구제하고자 환속을 했으나 마땅한 방법을 몰라 세상을 떠돌던 중 장군의 명망이 높다는 말을 듣고 이렇게 찾아왔습니다. 부디 거두어 주십시오!"

승복 차림에다 애꾸눈인 궁예의 모습을 보고 양길은 선뜻 판단이 서지 않았다.

"중이었다니 불경은 잘 욀 것이고……, 그것 이외에 또 잘하는 것이 무엇이냐?"

양길의 물음에 궁예가 미소를 띄우며 대답했다.

"소승 칼과 활을 좀 다룰 줄 아옵니다."

"음, 칼과 활이라?"

양길은 뭔가 탐탁지 않은 듯 혼잣말로 중얼거렸다.

"좋다, 그럼 나와 팔씨름 한번 해보겠느냐?"

양길의 뜻밖의 제안에 궁예는 예의 그 미소를 잃지 않고 흔쾌히 응했다.

양길의 부하들이 다소 껄끄러운 표정으로 궁예를 쏘아보고 있었지만 궁예는 개의치 않고 팔을 걷어부치고 앞으로 나섰다.

"합!"

"얍!"

두 사람은 팽팽하게 맞섰다. 두 사람의 맞잡은 팔뚝 가득 정맥이 퍼렇게 돋아났다. 둘은 서로 지지 않으려고 손에 더욱 힘을 가했다.

몇 분이 지나자 그들의 이마에선 굵은 땀방울이 배어 나오기 시작했다.

두 사람은 미처 모르고 있었지만 그 팔씨름은 몇 년 후 있게 될 둘의 힘 겨루기와도 같이 치열한 일전이었다.

이윽고 궁예의 손목에 맥이 풀렸다. 궁예는 순순히 자기 쪽으로 팔목을 젖혔다.

"대단하십니다, 장군!"

"궁예라 했는가?"

"예, 장군!"

"오늘부터 네가 있고 싶은 날까지 예서 머물러도 좋다."

"고맙습니다, 장군!"

양길은 그 말을 남기고 자리를 떠났다. 물론 신훤과 원회 등도 궁예와 마찬가지로 양길의 부하가 되었다.

양길은 궁예를 처음 보았을 때부터 단번에 그가 보통 인물이 아님을 간파했다. 무공은 그리 뛰어나지 않았지만 궁예에게서는 사람을 끌어들이는 무언가가 느껴졌다.

싸움으로 상대방을 제압하는 것보다는 피 한 방울 흘리지 않고 상대방을 감화시켜 내 편으로 끌어들이는 것이야말로 병법 중에 으뜸이라 할 것이다.

그런 면에서 궁예는 사람을 끌어들이는 강인한 흡인력을 지니고 있었다. 게다가 환속한 승려의 신분이라고는 하지만 아직까지 승복을 벗지 않고 머리를 기르지 않은 점이 불교를 신앙하고 있는 민심을 얻는 데도 도움이 될 게 틀림없다고 양길은 생각하였다.

양길은 궁예를 일단 싸움터에 내보내기로 결정하였다.

"그대에게 군사 백 명을 줄 터이니 나가 싸워 보겠느냐?"

"분부만 내리십시오, 장군!"

궁예는 기다렸다는 듯이 힘차게 대답했다.

"좋다! 내 그대를 한번 믿어보겠노라!"

그렇게 해서 겨우 군사 백 명을 거느리고 출정한 궁예는 놀랍게도 치악산 근처를 비롯한 10여 고을을 점령하면서 점차 그 기세를 떨쳐 나가기 시작했다.

왕건을 찾아온 도선대사

송악의 호족인 왕융은 도선대사의 예언대로 아들이 태어나자 이름을 건建이라 짓고 지극 정성으로 훈육했다.

도선대사의 예언대로라면 장차 왕건은 천하를 다스릴 인물이었기에 왕융은 늘 엄하고 절도 있게 아들을 대했다.

왕건은 어릴 적부터 총명함과 슬기로움이 남달랐으며 용모도 훤칠해서 귀한 상이 보였고 목소리까지 웅장하여 장부다운 기상을 두루 갖추고 있었다

왕건이 17세 되던 해, 과연 도선대사는 왕융과 한 약속을 잊지 않고 다시 송악으로 왕융을 찾아왔다.

"대사님! 이날이 오기만을 학수고대했습니다."

왕융은 도선대사를 안으로 모신 다음 큰절을 올렸다.

도선대사는 큰소리로 웃으며 왕융의 환대에 화답했다.

왕융은 아들 왕건을 불렀다.

"어서 큰절을 올려라. 이분이 바로 너의 스승이 되실 도선대사님이시다."

왕건은 옷매무새를 가다듬고 공손하게 큰절을 했다.

"소인 건이라 하옵니다."

도선대사는 지그시 왕건의 얼굴을 살펴보았다. 자신의 짐작이 틀림없었다.

"짐을 꾸리거라. 갈 길이 멀다."

"예, 대사님!"

왕건이 물러가자 왕융이 말했다.

"대사님! 누추하나마 하룻밤이라도 저희 집에서 쉬어 가시는 게 어떻겠습니까?"

"시일이 촉박하오. 한시바삐 저 아이에게 내가 알고 있는 모든 것을 가르쳐야만 하오."

그 말에 왕융은 입을 다물었다. 대사의 깊은 의중을 한낱 범인에 불과한 자신이 어찌 알랴 싶었다.

그 길로 왕융의 집을 나선 도선대사는 왕건을 데리고 송악을 떠나 깊은 산중으로 들어갔다.

도선대사는 왕건에게 병법에서부터 풍수지리에 이르기까지 실로 방대한 지식을 전수했다.

총명하고 지혜가 출중한 왕건이었지만 대사의 가르침을 쉽게 배울 수 없었다. 그만큼 대사의 가르침은 심오하였다.

또한 도선대사는 한번 가르쳐 준 것은 두 번 다시 일러 주는 법이 없었다. 그런 까닭에 왕건은 제때에 먹지도 자지도 못하고 사력을 다해 대사의 가르침에 귀를 기울이며 온 정신을 집중해야만 했다.

가르침은 한 곳에서만 이루어지지 않았다.

때로는 동굴 속에서, 때로는 산중의 바위 위에서, 때로는 계곡을 흐르는 물가에서, 그리고 깊은 밤 불도 켜지 않은 깜깜한 어둠 속에서도 가르침이 이루어졌다.

가르침의 방법도 여러 가지였다.

말로써 설명하고 글로써 가르치는 것은 기본이었고 깨달음에 이를 때까지 좌선을 했으며 침묵 속에서 상대방의 뜻을 읽어 내야 할 때도 있었다.

마침내 왕건이 혜안을 체득하게 되었을 때 도선대사는 한마디 말도 없이 홀연히 어디론가 떠나버렸다.

왕건은 도선대사의 가르침에 감읍해하며 천지 사방을 향해 큰절을 올렸다.

며칠 후 해가 서해를 제왕의 색깔인 붉은 색으로 뒤덮는 저녁 무렵, 왕건은 앳된 소년의 티를 벗고 당당하고 늠름한 청년이 되어 송악으로 돌아왔다.

송악에 우뚝선 고려

처음에 양길의 군사 백 명을 거느리고 출정했던 궁예는 그 세력을 날로 확장하여 나중에는 무려 3천500명의 대군을 거느리는 장수가 되었다.

차츰 자신의 세력을 키워 나가던 궁예는 양길과 결별하고 독자적인 세력을 형성해 갔다.

궁예의 막강한 힘과 명성은 온 나라에 자자하였다. 그가 경기 지역의 여러 성을 거쳐 강원도 북부에 이르는 동안 궁예의 이름만 듣고도 성을 내어 주는 성주도 있었다.

그렇다고 치열한 접전이 없었던 것은 아니었다. 그때마다 김대검, 모흔, 장일, 장귀평 등 부장들의 공로로 승전고를 울릴 수 있었다.

강원 북부를 손에 넣은 궁예는 서서히 송악으로 세력을 뻗쳤다.

자신의 미력한 힘으로는 궁예를 대적할 수가 없다고 판단한 왕융은 궁예에게 순순히 송악을 내주었다.

왕융은 아들 왕건을 데리고 궁예를 찾아갔다.

"장군! 장군께서 앞으로 더 큰 나라를 세우시려거든 송악에 궁성을 축조하여 교두보로 삼으옵소서. 그리고 궁성의 축조 공사는 소인의 아들에게 맡기시면 빠른 시일 내에 차질 없이 진행할 것이옵니다."

궁예는 왕융이 자신에게 송악을 내주자 크게 기뻐하며 그의 건의를 받아들였다. 그는 곧 왕건을 송악 성주에 임명하고 궁성을 축조할 것을 명했다. 왕융은 금성 태수로 임명되었다.

왕건의 아버지 왕융은 자기의 오랜 근거지였던 송악을 떠나서인지 금성 태수로 임명된 다음해에 세상을 뜨고 말았다.

그러나 왕융은 비록 아들 왕건이 새 나라를 건국하는 것은 직접 보지 못했지만 도선대사의 예언을 굳게 믿으며 마음 편히 생을 마감할 수 있었다. 그는 훗날 세조 위무대왕으로 추대되었다.

송악의 젊은 장수 왕건은 궁예의 휘하에서 패서도와 한산주 일대의 30여 성을 함락시키는 등 개가를 올리며 궁예의 총애를 받는 인물로 부각되었다.

궁예는 이렇게 차츰 주변 지역을 아우르며 송악을 기점으로 새로운 나라를 개국하는 기틀을 마련하게 되었다.

이 소식을 들은 양길은 분통을 터뜨리며 자신의 과오를 자책했다.

"호랑이 새끼를 키우면 은공을 모르고 되레 주인을 문다더니, 궁예 이놈이 그런 꼴이로세! 허나 그렇게 얕잡아볼 만큼 만만한 양길이가 아님을 내 똑똑히 가르쳐 주마!"

양길은 청길과 신훤, 원회를 앞세우고 서둘러 북원을 출발하여 궁예가 있는 송악으로 향했다.

궁예도 그 소식을 접하고는 직접 대병력을 거느리고 양길을 기다렸다.

그리하여 궁예와 양길의 피할 수 없는 한판 승부가 시작되었다.

처음에는 양길이 우세하였으나 갈수록 궁예에게 번번이 패하였다. 분을 삭이지 못한 양길은 죽기 살기로 총공격을 감행했으나 역시 대패하여 퇴각할 수밖에 없었다.

궁예는 기회를 놓치지 않고 퇴각하는 양길을 뒤쫓아 두 번 다시 재기할 수 없을 정도로 큰 타격을 입혔다.

양길을 대파한 궁예는 의기양양해져서 1년 후 왕건을 보내 정주, 국원, 괴양을 치고 그 지방을 다스리던 청길의 항복을 받아냈다.

이어 양길을 따르던 신훤과 원회도 궁예 앞에 무릎을 꿇으니 이제 후백제의 견훤을 제외하고는 더 이상 궁예에게 대항할 자가 없었다.

901년, 마침내 궁예는 송악에 도읍을 정하고 국호를 고려라 정했다.

궁예의 광기

견훤이 옛 백제의 위업을 이어받아 후백제를 재건하고 궁예가 고려를 개국하는 동안 신라의 국력은 극도로 쇠약해졌다.

국고는 바닥을 보이고 생활고에 찌들 대로 찌든 백성들은 약탈을 일삼는 도적이 되거나 국경을 넘어 견훤이나 궁예 밑으로 정처 없이 흘러들어갔다.

이를 틈타 견훤이 신라의 대야성을 공격해 왔다. 그러나 워낙 성이 견고한 데다 방비가 철저하여 견훤은 뜻을 이루지 못하고 군사들을 후퇴시킬 수밖에 없었다.

견훤은 분한 마음으로 이를 갈며 본국으로 돌아오는 길에 갑작스레 군사들을 돌려 금성(나주)의 여러 마을을 수중에 넣어 그나마 위신을 세웠다.

그러나 이 소식을 들은 궁예는 왕건을 보내어 금성을 공격하도록 명했다.

왕건은 서둘러 수군을 진두 지휘하여 해로를 통해 금성으로 들어가 후백제 군사들을 금성에서 몰아내고 금성의 지명을 나주로 바꾸었다.

또한 궁예는 신라에 대한 적개심을 불태우며 나라 안에 남아 있는 신라의 잔존 세력에 대한 억압을 계속해 나갔다.

휘하 장수들의 활약으로 몇 번의 전쟁에서 승리하며 큰 세력을 형성하자 기고 만장해진 궁예는 차츰 잔혹성과 야만성을 드러냈다.

고려를 개국한 지 3년이 지난 후 궁예는 풍수설을 내세워 국호를 마진摩震으로 바꾸고 연호를 무태武泰로 개칭했다. 그리고 이듬해에는 송악에서 철원으로 도읍을 옮겼다.

궁예는 이전의 검소하고 겸손했던 모습을 버리고 철원에 대규모의 역사를 벌여 화려한 궁궐과 누각을 짓게 하고 도성을 새로 축조했다.

그것뿐만이 아니었다. 신하들 중 누구라도 직언을 고하면 지위 고하를 막론하고 가차없이 죽였으며 마음에 들지 않는 자가 있으면 없는 죄를 만들어서라도 사형에 처했다.

궁예는 그해 8월, 군사들을 이끌고 죽령을 넘어 상주를 포함한 경상도 북부 지역의 30여 주현을 무력으로 복속시키고, 다음해에는 평양성을 수중에 넣었다.

궁예는 더욱 기고만장해져 다시 국호를 태봉으로 바꾸고 연호를 수덕만세라고 개칭했다.

이때부터 궁예는 자신을 일러 미륵보살이라 칭하고 자신의 두 아들도 청광보살과 신광보살로 바꿔 부르도록 했다. 그리고 머리에는 금으로 만든 둥근 책을 쓰고, 몸은 화려한 방포로 감쌌다.

궐 밖으로 행차할 때면 머리와 꼬리를 금실과 비단으로 장식한 백마를 타고 일산과 향화를 받든 동남 동녀를 앞세운 다음 자신의 행차 뒤로는 2백 명의 비구승들이 염불을 하며 따르게 했다.

또한 스스로 20여 권의 경전을 지어 신하들로 하여금 봉송케 하고 자신은 그 경전을 가지고 설법을 늘어놓았다.

이를 보다 못한 당대의 고승인 석총이 궁예에게 진언하였다.

"폐하! 폐하께서 지으신 경전은 황당한 얘기와 괴담에 지나지 않으며 논하시는 설법은 근거 없는 억설에 불과하오니 이는 부처님의 법을 더럽히는 것에 지나지 않사옵니다. 하오니 이제 그만……."

궁예는 석총의 말이 채 끝나기도 전에 철퇴로 석총의 머리를 내리쳐 그 자리에서 죽여버렸다.

"괘씸한 중놈 같으니라고! 감히 살아 있는 생불을 두고 죽은 부처를 들먹이다니!"

궁예의 포악함은 갈수록 더해 광기로 변해 갔다.

때를 기다리는 왕건

궁예의 광기가 철원성을 피로 물들이고 있을 때 왕건은 주로 전장에 나가 있었다.

왕건은 영토 확장을 위해 호시탐탐 기회를 노리는 후백제의 견훤을 맞아 서로 승패를 주고받으며 치열한 접전을 벌였다. 특히 전라도 나주를 두고 벌인 싸움은 여러 해를 거듭하며 일진일퇴를 거듭했다.

나주는 지리상으로 전라도 일대의 곡창 지대와 근접해 있었기 때문에 유사시에 군량미를 조달하는 데 중요한 역할을 하는 지역이었다. 군사적으로도 수군을 이용하면 주변국들에 대한 침략이 용이했기 때문에 견훤이나 궁예는 한치의 물러섬도 없이 서로 나주를 차지하려고 했다.

909년, 궁예는 후백제 수군에 의해 차단된 송악과 나주 간의 수로를 다시 잇기 위해 왕건을 해군 대장군에 임명하여 나주에 급파했다. 이때 전남 영광까지 진입했던 왕건은 견훤이 오월국에 보낸 사신을 생포하는 등의 전과를 올렸다.

이듬해인 910년에는 후백제의 수군 기지인 진도를 선제 공격하고 고이도에 진을 쳤다.

이에 견훤이 대규모의 병력을 이끌고 반격해 왔는데 왕건은 교묘한 전술로 후백제군을 격퇴시켰다.

913년, 궁예의 부름을 받아 철원으로 입성한 왕건은 파진찬 관등에 광치나 벼슬을 제수받았다.

그러나 왕건은 조금도 기쁘지 않았다.

오히려 더욱 광기를 부리는 궁예로 인해 자신의 처지가 어느 때보다도 불안하다고 느낀 왕건은 모든 관직을 버리고 어디론가 홀쩍 떠났으면 하는 바람을 가지고 있었다.

왕건은 재상의 지위에까지 올랐으면서도 자기를 시샘하는 신하들의 눈길을 의식하며 바늘방석에 앉은 것처럼 마음이 편치 못했다.

그러나 그때마다 왕건의 뇌리를 주마등처럼 스치는 얼굴이 있었다. 아버지와 도선대사의 얼굴이었다.

두 사람은 아무 말이 없었으나 왕건은 그 표정만으로도 그들의 의중을 역력히 읽을 수 있었다.

'때를 기다려라! 도탄에 빠진 백성들을 구제하라!'

왕건은 다시금 입술을 지그시 깨물며 자신을 기다리고 있는 운명의 순간을 예비하는 데 전력을 기울이기로 다짐했다.

왕건은 우선 광기를 보이는 궁예의 시야에서 벗어나야 한다고 생각하고 다시 나주로 보내달라고 궁예에게 주청했다.

사람의 목숨을 파리 목숨보다 더 가볍게 여기던 궁예였지만 왕건에 대한 총애는 변함이 없어 그 청을 받아들여 왕건을 다시 나주로 내려보냈다.

그러나 갈수록 궁예의 광기는 극에 달했다. 심지어 자신이 독심술에 능해 상대방의 속마음을 읽을 수 있다며 조금이라도 자기의 비위에 거슬리면 가차없이 인명을 살상했다.

궁예의 이 같은 잔인한 살육을 보다 못한 왕비 강씨가 직언을 했다가 오히려 시뻘겋게 불에 달군 쇠방망이에 음부를 찔려 처참하게 죽임을 당하였다. 궁예는 그 방망이로 자신의 두 아들조차 머리를 깨뜨려 죽였다.

인두겁을 쓰고는 도저히 상상조차 할 수 없는 실로 참혹한 일을 궁예는 태연자약하게 하고 있었다.

그런 와중에 궁예는 또 무슨 생각에서인지 나주에 있는 왕건을 다시 철원으로 불러올렸다.

왕건은 점점 자신의 처지가 불안함을 느끼며 몸가짐을 더욱 조신하게 하고 조용히 때를 기다렸다.

거울에 새겨진 고려 창업의 예언

때는 918년 3월, 하루는 도성에서 장사를 하는 왕창근이란 자가 저잣거리에서 한 노인을 보았는데 꾀죄죄한 행색과는 달리 노인에게서는 알 수 없는 위엄이 느껴졌다.

노인은 한 손에는 도마를, 다른 한 손에는 오래되어 낡은 거울을 들고 있었는데 왕창근의 눈길을 사로잡은 것이 바로 그 거울이었다.

왕창근은 곧 노인에게로 가 흥정을 벌였고 결국 쌀 두 말과 거울을 맞바꿨다.

집으로 돌아온 왕창근이 자신의 방에 거울을 걸어 놓고 흡족한 마음으로 바라보는데 창문을 통해 햇빛이 거울에 비치자 거울에 적혀 있던 글귀가 나타나는 것이 아닌가?

上帝隆子於辰馬(상제융자어진마)
先操鷄後搏鴨(선조계후박압)
於巳年中二龍見(어사연중이용견)
一則藏身靑木中(일즉장신청목중)
一則顯形黑金東(일즉현형흑금동)

이를 이상하게 여긴 왕창근은 이웃에 사는 선비에게 거울 속 글귀를 보여 주었다. 그 선비는 아마도 귀한 보물인 것 같으니 왕에게 보이면 좋아할 것이라고 일러 주었다.

그리하여 왕창근은 거울과 그 속에 적힌 글귀를 따로 종이에 적어 궁예에게 가져갔다.

궁예는 왕창근이 바친 글귀를 보고 알 수 없다는 표정을 지었다.

"이 거울의 본래 임자가 누구더냐?"

궁예의 물음에 왕창근은 자초지종을 이야기했다

왕창근의 말을 들은 궁예는 아무래도 그 노인이 수상쩍어 왕창근에게 노인을 데리고 다시 입궐하라는 엄명을 내렸다.

그날부터 왕창근은 노인을 처음 만난 저잣거리를 돌며 사람들에게 노인의 행방을 수소문했지만 아무도 그 노인에 대해 아는 자가 없었다.

그러기를 보름쯤 지났을 무렵, 왕창근은 저잣거리 한 쪽에서 구걸을 하고 있는 동냥아치에게서 노인의 행적을 듣게 되었다.

노인은 왕창근에게 받은 쌀을 동냥아치들에게 나눠주었는데 그들이 뉘시냐고 묻자, 발삽사의 여래불이 보내서 왔다, 하는 알 수 없는 말을 남기고 사라졌다는 것이었다.

왕창근은 그 즉시 발삽사로 찾아갔으나 그 노인을 아는 이가 아무도 없었다. 다만 절 입구에 놓인 조각상의 형상이 한 손에 거울을 들고 있고 또 한 손엔 도마를 들고 있는 것이 틀림없는 전날의 그 노인이었다.

왕창근은 그 즉시 궁예를 알현하고 자신이 보고 들은 것을 그대로 아뢰었다.

궁예는 비밀리에 송사홍, 백탁, 허원 등 내로라 하는 학자들을 내전으로 불러 그 글귀를 해석하도록 명했다.

글귀를 가운데 두고 둘러앉은 세 사람은 서로 번갈아 읽어내려 가다가 난감한 표정을 지었다.

먼저 말문을 연 것은 송사홍이었다.

"큰일이구려, '상제융자어진마' 라 함은 하늘의 상제께서 그 아들을 진한과 마한 땅에 내려보냈다는 뜻이고, '선조계후박압' 은 먼저 닭을 잡고 나중에 오리를 친다는 뜻으로 예서 닭은 신라요, 오리는 고려를 이르는 것으로, 먼저 신라를 얻고 나중에 고려까지 차지한다는 말이 아니오?"

백탁이 이어 해석해 내려갔다.

"세 번째 글귀는 '어사연중이용견' 이니 사년巳年에 두 마리의 용이 나타나니, '일즉장신청목중, 일즉현형흑금동' 이라 함은 그 중 한 마리는 푸른 나무 속에 몸을 감추고, 다른 하나는 흑금의 동쪽에 형상을 나타내리라……."

백탁의 표정이 점차 굳어져 말끝을 흐리자 허원이 뒤를 이었다.

"푸른 나무는 소나무를 가리키니 이는 송악을 일컬음이요, 흑금은 검은 금金, 즉 철을 이르는 것으로 이곳 철원이 아니겠소?"

송사홍이 낮은 목소리로 속삭이듯 말했다.

"어쩔 것이오? 이 글귀대로라면 장차 이 나라의 주인은 지금의 폐하가 아닌 게 분명하오."

그 말은 바로 왕건이 왕이 될 것이라는 소리였다.

"왕 대인을 이대로 폐하의 손에 죽게 할 순 없소. 우리가 적당히 둘러대어 이 일을 무마시키고 넘어갑시다."

허원의 말에 백탁도 고개를 조용히 끄덕였다.

세 사람은 죽을 때까지 이 일에 대해서는 함구하기로 맹세하고 궁예에게는 장차 신라를 치고 압록강 전역을 차지할 것이라고만 보고했다.

궁예는 기쁨에 들떠 이 모두가 자신이 살아 있는 미륵불이기 때문이라고 자화자찬을 늘어 놓았다.

왕건을 시험하는 궁예

궁예는 왕비 강씨와 두 아들을 죽인 후 광기가 더욱 심해져 만나는 사람마다 자신의 독심술을 시험하려 들었다.

그리하여 조금이라도 자신의 말에 거스르는 답변을 하는 자는 남녀 노소, 지위 고하를 막론하고 그 자리에서 죽여버렸다.

궁예는 자신이 그토록 총애하는 왕건에게도 부쩍 의심이 늘어갔다.

하루는 왕건을 속히 입궐하라는 명을 내렸다.

명을 받은 왕건은 황급히 입궐하여 어전에 무릎을 꿇었다.

"폐하! 소신을 찾아 계시옵니까?"

그런데 입궐을 명한 궁예는 태연자약하게 결가부좌를 하고 앉아 두 눈을 지그시 감고 있었다.

한동안 불안한 침묵이 어전을 감싸고 돌았다.

"내가 공의 마음을 들여다보니 어젯밤 모반하는 자들을 집으로 불러 역모를 꾀한 것으로 보이는데 그리했는가?

궁예의 말에 왕건은 극구 부인했다.

"폐하! 그 무슨 당치않으신 말씀이십니까?"

"당치않다니? 그럼 공은 과인의 말이 거짓이라는 것이오?"

왕건은 속으로 당황했지만 마음을 다잡고 다시 아뢰었다.

"그것이 아니옵니다, 폐하! 신은 그저 그런 일은 죽어도 없었기에 드리는 말씀이옵니다."

"허! 죽어도 없다?"

순간 왕건은 아차 싶었으나 이미 엎질러진 물이었다.

궁예는 한쪽 눈을 맹수처럼 번득이며 왕건을 내려다보았다.

"그렇다면 내 독심술을 한번 써보겠다."

그러면서 궁예는 외눈을 감고 주문을 외며 중얼거렸다.

꼼짝없이 걸려들었다고 판단한 왕건은 질끈 눈을 감았다. 죽음이 두려운 게 아니라 이렇게 죽기에는 너무 허망하다는 생각이 든 것이었다.

아버지 왕융과 도선대사의 모습이 희미한 영상이 되어 눈앞을 스쳐지나갔다.

그때 난데없이 붓 하나가 툭, 하고 바닥에 떨어졌다. 최응이란 신하가 일부러 붓을 떨어뜨린 후 붓을 줍기 위해 바닥에 몸을 굽히면서 왕건의 귀에다 대고 재빠르게 속삭였다.

"무조건 사죄하시오! 그것만이 살길이외다!"

그러면서 최응은 붓을 주워 들고는 다시 아무 일도 없던 것처럼 천천히 일어섰다.

'지금껏 궁예 앞에서 그 말에 반대하고 나선 이는 모두 죽임을 당했다.'

왕건은 그 사실을 깨닫고는 다급한 목소리로 소리쳤다.

"폐하! 죽여 주옵소서! 소신 폐하의 말씀처럼 어젯밤 역모를 꾀했나이다!"

그 말에 궁예의 외눈이 번쩍 뜨였다.

"오호! 확실히 공은 진실한 사람이외다! 사람은 누구나 실수하는 법이니 이제 다시는 그런 불충을 저지르지 말도록 하오!"

"폐하! 성은이 하해와 같사옵니다!"

궁예는 크게 기뻐하며 왕건에게 금과 은으로 장식한 말안장과 굴레를 하사했다.

최웅의 기지가 아니었더라면 왕건은 무참하게 죽임을 당했을 것이었다.

그러나 이미 조정의 많은 신료들은 어질고 총명한 왕건에게로 마음이 기울어져 있었다. 최웅도 그러한 마음에서 죽음을 무릅쓰고 그 같은 기지를 발휘했던 것이다.

훗날 고려를 개국한 왕건은 최웅을 늘 가까이 두고 오랜 벗처럼 대하고 아꼈다고 한다.

마침내 일어선 왕건의 의기

왕창근이 궁예에게 진상한 거울 속의 글귀를 송사홍 등이 궁예에게 거짓 보고한 일은 그리 오래가지 못하고 들통이 났다.

궁예의 심복 중 한 명이 어디서 들었는지 원문의 숨은 뜻을 그대로 궁예에게 고했기 때문이었다.

이로 인해 궁예는 왕건을 급히 대궐로 불러들였고 송사홍을 비롯한 세 학자들은 참형을 당하고 말았다.

내일이면 입궐하여 궁예에게 참담한 죽임을 당할지도 모른다는 불안감에 휩싸인 왕건은 늦도록 잠을 이루지 못하고 방에 불을 훤히 밝히고 앉아 있었다.

유씨 부인은 왕건의 곁에 다소곳하게 앉아 남편의 안색만 살피고 있었다.

'이 모든 것이 이제 허사가 되는가? 아버지의 뜻도, 도선대사님의 가르침도 모두 수포로 돌아가고 만단 말인가?'

왕건의 머릿속으로는 수만 가지의 생각들이 가을날 낙엽처럼 흩날리고 있었다.

"왕 대인! 안에 계십니까?"

밖에서 들리는 느닷없는 소리에 왕건과 유씨 부인은 동시에 자리에서 일어났다.

"왕 대인! 왕 대인!"

밖으로 나가려는 왕건의 팔을 잡으며 유씨 부인이 나지막하게 속삭였다.

"문단속을 모두 끝냈는데 집안에 어찌 들어왔을까요?"

왕건은 아내의 손을 살며시 풀며 안심하라는 눈짓을 보냈다.

"뉘신가? 들어오시게."

이어 인기척이 부산스레 들리더니 네 명의 장정이 한꺼번에 방으로 들어왔다.

"왕 대인! 저희들입니다."

왕건의 눈은 휘둥그레졌다. 방 안에 들어선 네 명의 장정은 다름 아닌 홍유, 배현경, 신숭겸, 복지겸이었다.

"어서들 오시오! 이 야심한 밤에 어인 일로……."

"왕 대인과 긴히 상의할 일이 있어 이렇게 월장을 하여 찾아왔습니다."

유씨 부인은 뭔가 짐작이 가는 바가 있는지 손님들에게 눈인사를 하고는 밖으로 나와 방문을 닫았다.

그러고는 살며시 방문에 귀를 대고 안에서 오가는 대화를 엿듣고 있었다.

"왕 대인! 이제 때가 온 것 같습니다!"

홍유가 낮은 목소리로 먼저 운을 떼었다.

"때라니오? 그게 무슨 말이오?"

왕건의 물음에 배현경이 답답하다는 듯이 말했다.

"정녕 모르시겠소? 왕 대인! 작금의 나라꼴을 보시오. 미신에 미친 왕은 사람을 짐승 죽이듯 함부로 죽이고 죄 없는 왕후와 왕자들까지 차마 눈뜨고 볼 수 없을 정도로 처참하게 죽이지 않았소? 이대로 더 가다가는 우리들 모두 언제 어떻게 억울한 누명을 쓰고 죽을지 알 수 없는 노릇이오!"

"그렇소! 가난에 허덕이는 백성들을 구제하고 무너진 나라의 기강을 바로 세우기 위해서라도 지금의 왕을 저대로 둘 수는 없는 노릇이오!"

신숭겸의 말에 왕건은 놀란 표정으로 말했다.

"아니, 그럼 지금 역모를 꾀하자는 말이오?"

"그렇소, 왕 대인! 우리들은 이미 죽음을 각오하고 왕을 폐하고 왕 대인을 추대하기로 결정했소! 왕 대인, 부디 우리의 청을 받아주시오!"

복지겸이 왕건의 손을 잡고 간곡하게 말했다.

"안 될 말이오! 나는 이미 지금의 폐하께 충성을 맹세한 몸이오! 비록 폐하의 실덕이 크다고는 하나 신하된 도리로서 어찌 역모를 꾀한단 말이오?"

왕건의 강력한 반발에 부딪힌 네 사람은 잠시 말을 끊었다.

"왕 대인! 하늘이 내린 기회를 부디 저버리지 마시오. 왕 대인도 내일 입궐하면 생사를 가늠하기 어려운 형편이오! 때를 놓치면 두 번 다시 돌이킬 수 없는 노릇이오."

홍유가 다시금 왕건을 회유하고 나섰다. 그러나 왕건은 말이 없었다.

그때 방문이 소리 없이 열리더니 유씨 부인이 안으로 들어왔다. 유씨 부인은 공손하게 고개를 숙이면서 말했다.

"밖에서 엿들은 것을 용서하십시오."

"부인!"

다소 책망하는 듯한 왕건의 말투에 아랑곳하지 않고 유씨 부인이 입을 열었다.

"무얼 그리 망설이시는 것입니까? 불의를 보고도 모른 척한다면 어찌 사내 대장부라 할 것이며, 자기를 알아주는 사람들을 몰라준다면 그 역시 큰 인물은 아닐 것입니다. 일어나십시오. 이분들의 뜻에 따라 어지러운 이 나라를 구하셔야 합니다."

그러면서 유씨 부인은 왕건의 갑옷을 꺼내 직접 왕건의 몸에 입혔다.

"아버지의 뜻과 도선대사님의 가르침을 잊지 마십시오."

유씨 부인은 왕건의 속마음을 훤히 읽은 것처럼 말했다.

왕건도 더는 마다하지 않았다. 왕건이 앞장서서 집 밖으로 나오자 어둠 속에서 숨어 있던 수많은 군사들이 그 뒤를 따랐다.

왕건과 그 일행이 대궐로 향해 가는 동안 소문을 들은 백성들은 저마다 칼과 창, 심지어 낫이나 괭이를 들고 대열에 합류했다.

신숭겸은 큰소리로 백성들을 깨웠다.

"일어나시오! 왕 대인께서 궁예왕을 응징하러 대궐로 가고 있소! 뜻있는 자들은 모두 여기에 동참하시오!"

그렇게 해서 순식간에 무려 만여 명의 군사와 백성이 모였다.

한편 잠에 곯아떨어져 있던 궁예는 내관으로부터 그 소식을 듣고 옷도 제대로 챙겨 입지 못하고 비몽사몽간에 대궐을 빠져 나왔다.

궁예는 자기를 뒤쫓는 군사들의 눈을 피하기 위해 산 속에서 잠을 자고 풀뿌리와 나무 열매로 주린 배를 채웠다.

그러나 그것만으로 허기를 면할 수 없었던 궁예는 강원도 평강이라는 곳에 이르러 들판에 쌓아 둔 보리 이삭을 훔쳐 먹다가 주인에게 들켜 심한 매질을 당한 끝에 허무하게 죽었다.

나라를 세운 영웅 호걸의 말로치고는 너무 쓸쓸하고 어이없는 죽음이었다. 처자를 비롯하여 수없이 많은 무고한 사람들을 죽인 죄과에 대한 하늘의 벌이었을까?

궁예가 세달사를 떠나올 때, 스승인 큰스님의 말씀처럼 과욕을 부리지 않았더라면 궁예의 생애는 또 어떻게 달라졌을까?

고려의 개국과 견훤의 말로

918년 무인년 6월 병진일, 드디어 왕건은 포정전에서 즉위식을 거행하였다. 왕건은 국호를 고려高麗라 하고 연호를 천수天授라 하였다.

왕건은 즉위하자마자 백성들에게 다음과 같은 교지를 내렸다.

이전 임금(궁예)이 백성 보기를 초개같이 하면서 오로지 자신의 욕심만 채우려고 하였다. 그리하여 망령된 도참을 믿고 갑자기 송악을 버리고 철원으로 돌아가 궁궐을 지으니 백성들은 모두 노역에 시달리고 그로 인해 농사철을 빼앗겼다. 게다가 기근이 거듭 들고 역질이 계속 번져 집을 버리고 길거리에서 굶어 죽는 자가 허다했다.

또 곡식 값이 폭등하여 가는 마 한 필이 겨우 쌀 5승밖에 안 되어 백성들은 자기 몸과 처자를 팔아 남의 노비가 된 자가 많았다. 나는 이를 심히 긍휼히 여기노니 이들을 모두 지금 현재 있는 곳에서 등록하여 내게 보고토록 하라.

그 이듬해 왕건은 도읍을 철원에서 예전의 송악으로 다시 옮기고 백성들의 민심을 수습하는 데 주력했다.

또한 왕건은 각 지방의 호족들을 견제하고 한편으로는 그들과의 우의를 돈독하게 하기 위해 정략결혼을 맺었다.

왕건은 대내적인 융화 정책에 힘쓰는 것과 동시에 대외적으로는 신라와 후백제에 호의적인 태도를 보였다.

이에 신라와 후백제에서도 고려에 대해 예전과는 달리 우호적으로 대했다. 특히 후백제의 견훤은 고려의 개국을 축하하는 사신을 보내기도 하였다.

신라의 조정에서는 날로 쇠퇴해 가는 국력을 의식해서인지 후백제의 침공으로부터 고려가 보호해 주기를 바라는 공론이 일고 있었다.

후백제의 견훤은 나름대로의 입지를 다지기 위해 나라 안팎으로 부산한 움직임을 보였다.

920년, 견훤은 신라의 대야성을 침공하여 함락시키니 고려 건국 2년 만의 일이었다.

이로써 평화는 깨어지고 삼국은 다시 전쟁의 소용돌이에 휩싸이게 되었다. 전쟁을 두려워한 경상도 북부 지역의 호족들은 고려에 투항하였다.

925년, 고려는 조물성 전투를 시작으로 후백제와 다시 맞붙게 되어 후삼국은 격렬한 전쟁터로 변하게 된다.

그러나 쉽사리 싸움의 승패가 나지 않자 후백제와 고려는 화친을 맺고 그 징표로 왕건의 사촌동생 왕신과 견훤의 친척인 진호를 서로 인질로 교환하고 휴전했다.

그러나 고려에 인질로 갔던 진호가 병사하자 견훤은 이를 독살로 규정짓고 왕신을 죽인 뒤 곧바로 공주성을 공격했다.

후삼국은 다시 전쟁의 소용돌이에 휘말리게 되었다.

견훤은 불시에 신라를 공격해 들어갔는데 때마침 포석정에서 연회를 벌이고 있던 신하들을 모조리 죽이고 경애왕과 왕비마저도 무참하게 죽였다.

견훤은 신라가 고려에 요청한 원병이 당도하기 전에 왕족인 김부(경순왕)를 허울뿐인 임금의 자리에 앉히고 신라에서 철수했다.

이 소식을 접한 왕건은 자신이 친히 군대를 이끌고 신라를 지원하기 위해 출병하였다. 그러나 왕건은 이 전투에서 신숭겸 등 휘하의 장수들만 잃은 채 견훤에게 대패하였다.

그후 다시 힘을 비축하고 군사력을 재정비한 고려는 경상도 고창에서 벌어진 병산전투에서 견훤을 대파하여 전날의 원수를 갚았다. 이 싸움 이후 후삼국의 주도권은 고려로 넘어왔다.

화려한 재기전을 펼친 왕건은 선필 장군의 주선으로 신라를 방문하였다. 이때 주변의 많은 성주들이 왕건 앞에 무릎을 꿇고 자진하여 군사들을 이끌고 고려에 투항하는 사태가 속출하였다.

934년 9월, 왕건은 직접 군사들을 이끌고 운주성을 공격하여 또다시 백제의 견훤과 운명의 한판을 벌였다.

운주성 전투는 혁혁한 공을 세운 유금필 장군의 활약으로 고려가 대승을 거두었다.

견훤은 이 전투에서 아끼는 수하들을 한꺼번에 잃고 심한 허탈감에 빠졌다. 이후 나주까지 고려에게 내어 준 견훤은 이미 쇠퇴 일로를 걷고 있었다.

결정적으로 백제가 멸망의 길에 접어든 것은 왕위 계승 문제 때문이었다.

운주성에서의 대패로 심한 정신적인 갈등을 겪고 있던 견훤은 왕위를 평소 아끼고 총애하던 사남 금강에게 넘겨 주기로 결정하였다. 이에 불만을 품은 장남 신검은 반란을 도모하여 견훤을 금산사에 유폐시키고 태자로 지목된 금강을 죽여버렸다.

이 반란에는 장자인 신검을 비롯한 둘째 양검과 셋째 용검까지도 가담하였는데 이들은 적출이었고 죽임을 당한 금강은 서출이었다.

이로 볼 때 이 반란의 밑바닥에는 적자와 서출 간의 미묘한 감정과 알력이 깔려 있었던 셈이다.

한편 금산사에 유폐되어 감금 생활을 하던 견훤은 절을 탈출하여 고려에 귀순하였다.

왕건은 크게 환대하여 반기며 견훤을 상부尙父라는 호칭으로 존대했다.

아버지 견훤을 몰아낸 신검이 왕위에 오른 다음날 신라의 마지막 왕 경순왕 또한 고려에 귀순해 왔다.

한편 936년 2월에는 견훤의 사위인 박영규가 신검에게 불만을 품고 고려에 투항해 왔다.

이로써 왕건은 마침내 백제와의 최후의 전쟁을 준비하였다. 이때가 936년 9월이다.

견훤은 왕건에게 군사를 받아 직접 백발을 휘날리며 전장에 참가해 아들 신검을 공격하였다. 자신이 세운 나라, 자신의 자식을 치러 가는 견훤의 마음은 피를 토하고도 남음이 있었으리라!

고려군은 아이러니하게도 견훤과 그의 사위 박영규의 활약으로 후백제의 도성을 향해 파죽지세로 쳐들어갔다.

결국 고려군이 황산을 넘었다는 소식을 들은 신검은 항복할 의사를 전했고 왕건이 직접 완산주에 가서 신검의 항복을 받았다.

이로써 고려 태조 왕건은 마침내 대대손손 영광을 누릴 것이라던 도선대사의 예언대로 후삼국을 통일하여 새로운 역사의 장을 열었다.

그러나 백제를 재건하고 한때는 후삼국의 패권을 쥐었던 견훤은 불운하게도 자식들의 어리석은 욕심으로 인해 자신의 꿈을 접어야 했다. 자신이 이룩한 백제가 고스란히 물거품으로 사라지는 것을 두 눈을 부릅뜨고 지켜보아야 했던 견훤은 백제가 무너진 지 얼마 되지 않아 황산의 한 절에서 등창을 앓다가 고통스럽게 일생을 마감했다. 그때 그의 나이 일흔이었다.

왕건이 아직 궁예 밑에서 장군으로 있던 때, 경기도 정주貞州에 그 마을의 재력가인 유천궁이라는 사람이 있었다.

유천궁에게는 금지옥엽으로 키워 온 딸이 하나 있었는데 그 미모와 총명함이 견줄 곳이 없었다.

그리하여 그 일대 사람들 중에는 유천궁의 딸을 탐내지 않는 사람이 없었다.

하지만 유천궁은 곱게 키운 딸을 아무에게나 줄 수 없었다. 그래서 딸에게 어울릴 만한 재목을 고르고 또 고르고 있었다.

유 처녀는 그런 아버지의 마음을 아는지 모르는지 하루하루 곱게 자라났다.

그러던 어느 날, 유 처녀는 홀로 뒷동산에 올라가 따뜻한 햇살을 즐기며 마을 정경을 정겹게 내려다보고 있었다.

그때 저 멀리서 먼지 구름을 일으키며 한 무리의 군사들이 다가오더니 근처에 있는 커다란 버드나무 밑에서 멈춰 섰다.

먼길을 달려온 군사들을 쉬게 하기 위함인 것 같았다.

유 처녀는 갑자기 가슴이 두근거려 차마 그쪽을 쳐다보지도 못하고 고개를 돌려 마을을 보는 척했다.

'혹, 언젠가 이곳을 지나가게 될 것이라던 왕건 장군의 무리가 아닐까? 앞장서서 오던 그분이 혹……'

그 무렵 왕건은 궁예 밑에서 대단한 공을 세우며 활약하고 있는 젊은 장수로 모든 처녀들의 선망의 대상이었다. 그런데 그 왕건의 모습을 이렇게 보게 될 줄 꿈에도 몰랐던 유 처녀는 도무지 마음이 진정되지 않았다.

그런 생각에 몰두하고 있는 유 처녀에게 한 병사가 다가왔다.

"저, 이보시오. 우리 왕건 장군께서 낭자를 잠시 뵙기를 청하는데 저와 같이 가주시오."

유 처녀는 뜻하지 않은 일에 얼굴을 붉히더니 이내 마음을 다잡고 병사를 따라갔다.

왕건은 버드나무 밑에서 병사가 떠다 준 물을 마시고 있다가 유 처녀가 가까이 다가오자 흡족한 미소를 지으며 일어섰다.

왕건은 이곳으로 오면서부터 먼발치에서 처녀의 모습을 보고는 눈길을 돌릴 수가 없었다.

가까이 다가온 처녀의 모습은 예상대로 아름답고 기품이 있었다. 왕건이 물었다.

"어디 사는 낭자이시오?"

"네, 소녀는 저기 내려다보이는 큰 집에 살고 있습니다."

유 처녀의 말에 왕건이 마을을 내려다보니 꽤 커다란 집이 보였다. 그 마을의 재력가의 딸임을 눈치챈 왕건이 다시 물었다.

"그래요? 그럼 성이 어떻게 되는지?"

"버들 유자 유가이옵니다."

"아버지의 함자는?"

"하늘 천天자 활 궁弓자이옵니다."

"유천궁이라……."

왕건이 되뇌이자 유 처녀가 말했다.

"하오나 마을 사람들 사이에서는 유 장자長者라고 불립니다."

"꽤 부자인 모양이군."

"그렇지도 않습니다."

왕건은 잠시 생각을 하더니 유 처녀에게 청을 했다.

"낭자께 한 가지 청할 일이 있는데……, 다른 것이 아니라 날도 늦었고 해서 군사들을 하룻밤 묵게 하고 싶은데 낭자의 집을 빌릴 수 있을까요?"

왕건의 청에 유 처녀의 눈이 반짝였다.

"저야 문제 될 것이 없습니다만 아버지께 여쭤 봐야 답해 드릴 수 있사옵니다."

"물론, 그렇게 해야지요. 내가 직접 여쭈어 보겠으니 앞장서 주시겠소?"

왕건의 말에 유 처녀는 길을 안내했다.

과연 유 처녀의 집은 마을 최고의 재력가의 집다웠다. 유천궁은 딸의 말에 황급히 나와 왕건 일행을 맞이하였다.

유천궁은 그 나라의 최고 실력가인 왕건을 자신의 딸이 직접 모시고 오자 너무 기뻐 어쩔 줄을 몰라했다.

서둘러 하인들에게 군사들이 쉴 수 있는 방을 정리하게 하고 왕건은 사랑방으로 모셨다.

그럭저럭 군사들은 여정을 풀고 유천궁이 대접한 푸짐한 저녁식사를 했다.

왕건은 저녁상을 물린 후 유천궁과 차를 마시며 담소를 나누었다. 이런저런 이야기 끝에 유천궁이 조심스럽게 왕건에게 말했다.

"저, 소인이 장군께 청이 하나 있사온데……."

"무슨 말씀인지 어려워 말고 하십시오. 이렇게 저의 군사들을 편안하게 대접해 주셨는데 제가 들어 드릴 수 있는 것이라면 무엇이든지 들어 드리지요."

유천궁은 왕건의 말에 힘을 얻어 말문을 열었다.

"장군도 보았듯 저에게 딸이 하나 있사온데, 평소 장군 같은 분을 모시는 것이 소원이었습니다. 저, 오늘 하룻밤만이라도 제 딸을 거두어 주실 수는 없는지요."

왕건은 뜻밖의 청에 다소 놀란 듯했다.

"따님을요?"

"예, 아까 장군을 모시고 온 아이 말입니다."

"아……, 올해 나이가 어떻게 됩니까?"

"열여섯입니다."

왕건은 유 처녀에게 마음이 없는 것은 아니었지만, 유천궁의 속뜻을 알 수 없어 쉽게 대답하지 못했다.

'이자가 딸을 위해 나를 사위로 삼으려는 것인가? 아니면 자신의 세력을 굳건히 하려고?'

왕건이 대답이 없자 유천궁은 왕건의 얼굴을 조심스럽게 살펴보았다. 자신의 딸이 왕건과 혼인만 할 수 있다면 그 이상 좋은 일은 없었다. 딸에게는 늠름한 남편이, 자신에게는 더욱 확고한 입지가 마련되는 것이었다.

"왜 마음에 없으십니까?"

"글쎄요."

왕건은 유 처녀의 얼굴이 떠올랐다. 눈을 뗄 수 없던 그 모습이.

"뜻이 정 그러시면 따님을 이 방으로 보내 주십시오."

"진정이십니까?"

유천궁은 반가운 목소리로 다시 확인하였다.

"진정으로 드리는 말입니다. 저도 따님을 한 번 더 보고 싶군요."

유천궁은 얼굴에 희색이 만면하여 방을 나갔다.

잠시 후, 유 처녀가 다소곳한 모습으로 방 안으로 들어왔다.

유 처녀는 아버지의 말이 뇌리에서 떠나질 않았다.

'이제 왕건 장군을 지아비로 섬기느냐 못 하느냐는 네 하기 달렸다. 정식으로 혼인도 올리지 못하고 이렇게 초야를 치르게 한 것은 애비된 도리로 미안하다만 훗날을 기약한다면 이보다 더 좋은 기회는 없다. 내 말 명심하거라.'

하지만 왕건 앞에 앉아 있는 유 처녀는 무엇을 어찌해야 할지 몰랐다. 어떻게 무슨 약조를 받아낼 수 있단 말인가.

이제 열여섯 어린 처녀가 스물이 갓 넘은 남정네와 초야를 치르는 이 마당에 무슨 말을 할 수 있을까?

왕건은 수줍어하는 유 처녀의 모습에 흡족해하며 이런저런 일상적인 이야기를 나누었다.

잠시 후 유 처녀는 떨리는 마음으로 왕건의 손길에 이끌려 침상에 누웠다. 유 처녀는 어떤 말도 할 수 없었다. 불이 꺼지고 그들의 초야는 깊어만 갔다.

다음날 아침 일찍 왕건은 유 처녀에게 그 어떤 언약의 말도 없이 군사를 이끌고 떠났다.

왕건이 사라져 가는 모습을 먼발치에서 보며 서 있던 유 처녀는 왕건과의 초야를 가슴 깊이 묻어 두었다.

'비록 어떤 말씀도 없었지만 언젠가는 나를 부르실 거야.'

유 처녀의 마음은 뿌듯함으로 가득 차 올랐다.

하지만 날이 가고 달이 가고 해가 가도 한번 가버린 왕건에게서
는 아무런 소식이 오지 않았다.

유 처녀의 마음은 하루에도 몇 번씩 갈등을 일으켰다.

'나를 잊으신 걸까? 처음부터 나 같은 것은 안중에 없었던 것
을……. 나 혼자만의 생각이었던 것일까?'

'아냐, 그분은 지금 바쁘신 몸이야. 그래서 내게 기별을 못 하고
계시는 것뿐이야. 방정맞은 생각은 지우고 기다려야지. 그것이 인간
의 도리인 것을……'

하지만 세월은 무심하여 3년이라는 시간이 훌쩍 지나가고 말았다.

유천궁은 왕건을 사위로 맞이할 수 있다는 기쁨에 처음 얼마간
은 시간이 흐르는 것이 마냥 즐거웠다. 하지만 딸의 나이가 스물이
다 되어가도록 왕건에게서 기별이 없자 점점 초조해졌다. 자신의 욕
심 때문에 딸이 잘못되는 것은 아닌가 싶어 답답하기만 했다.

그러던 어느 날, 유천궁은 왕건을 포기하기로 마음먹었다. 자신
의 욕심 때문에 딸을 더 이상 노처녀로 남겨둘 수는 없었다.

"얘야, 이젠 너도 시집을 가야 하지 않겠느냐?"

아버지의 말에 유 처녀는 단호히 말했다.

"아버지, 소녀는 다른 곳으로 시집 갈 생각은 없사옵니다."

유천궁은 딸의 마음을 이해한다는 듯 한숨을 쉬었다.

"휴, 네 나이가 벌써 스물을 앞두고 있다. 장군에게서 기별이 올
것 같으면 벌써 왔겠지. 이젠 미련을 버리는 것이 현명할 것 같구나."

하지만 이런 아버지의 말에도 유 처녀는 자신의 고집을 꺾지 않
았다.

유천궁은 버럭 화를 냈다.

"네가 그렇게 아비의 말을 듣지 않는다면 내 이제부터 너를 내

자식으로 생각하지 않겠다!"

"아버지께서 그리한다 하셔도 저는 제 뜻을 포기할 수 없습니다. 그러하오니 제가 집을 나가겠습니다."

유 처녀는 그 길로 옷가지 몇 벌만 챙기고는 집을 나왔다. 막상 집을 나왔으나 유 처녀가 갈 만한 곳은 없었다.

무작정 걸어가다 얼마 전 황해도 해주에 있는 신광사에 갔던 일이 생각났다. 그곳은 여승들만이 모여 사는 절이었기에 자신이 기거하기에 적당할 것 같았다.

걷고 또 걸어 신광사에 도착한 유 처녀는 그날부터 부처님께 정성스럽게 불공을 드렸다.

신광사의 여승들은 유 처녀가 신념을 다해 불공을 드리는 것에 감동하여 유 처녀를 정성껏 보살펴 주었다.

한편, 유천궁은 딸이 없어졌다는 소식에 처음에는 별반 걱정을 하지 않았다. 특별히 갈 곳도 없으니 어련히 돌아오겠지 싶은 마음이었던 것이다.

하지만 며칠이 지나도 딸이 돌아오지 않자, 불안한 마음으로 사람을 시켜 딸을 찾게 했다. 수소문 끝에 유천궁은 딸이 신광사에 있다는 것을 알아냈다.

유천궁은 딸에게 바로 집으로 돌아오라고 기별했다. 하지만 유 처녀는 왕건을 위한 불공에 모든 정성을 쏟으며 집으로 돌아가지 않았다.

'왕건 장군의 앞날에 큰 복이 있게 해주십시오.'

유 처녀는 오로지 이것 하나만을 빌고 또 빌었다.

그렇게 몇 달이 지나지 않아 유 처녀의 정성에 부처님이 감동했는지 왕건에게 유 처녀의 소식이 들어갔다.

왕건은 유 처녀의 소식에 반신반의하면서도 그냥 지나칠 수 없었다. 왕건이 사람을 보내 진위를 확인한 결과 소문이 사실로 판명되었다.

왕건은 당혹스러웠다. 유 처녀의 집을 떠나온 후 한 번도 유 처녀를 생각하지 않은 것은 아니었으나 그냥 그렇게 무심히 지나쳤었다.

왕건은 자신이 너무나도 무책임한 사나이로 느껴졌다.

'어떤 언약의 말도 하지 않았는데 나만을 기다리며 절에서 불공을 드리고 있다니…….'

왕건은 당장 사람을 보내 유 처녀를 불러들여 정식으로 혼례를 치렀다.

이렇게 해서 유 처녀는 왕건의 정실이 되었다.

유 처녀는 이렇듯 아버지 유천궁이 왕건을 포기하자고 권유하였을 때 자신의 고집을 꺾지 않는 등 단호한 면이 있었는데 이는 고려의 건국에도 지대한 영향을 미쳤다.

후일 궁예의 폭정이 계속되자 여러 대신들이 왕건을 찾아와 궁예를 몰아내자고 건의했는데 이때 유 처녀는 주저하는 왕건이 행동에 나서도록 적극 권유하였다. 결국 왕건은 유 처녀의 권유를 받아들여 궁예를 몰아내고 고려를 건국하였다.

덧없는 정절의 언약

고려 초, 수덕사에서 불도에 정진하던 서정대사라는 이가 있었다.

몇십 년을 수도에 정진하던 서정대사는 어느 정도 해탈의 경지에 이르렀다고 생각되자 절을 떠나 속세로 내려와 참하고 어여쁜 여인을 아내로 맞아들여 부부의 연을 맺고 금실 좋게 살아가고 있었다.

어느 날, 서정대사가 집 근처를 산책 나갔다 들어와서는 아내에게 말했다.

"내 조금 전 해괴한 일을 보았소."

"무슨 일인데요?"

아내가 궁금하다는 듯 물었다.

"아 글쎄, 젊은 과부가 자기 남편 무덤에 열심히 부채질을 하고 있지 않겠소. 그 과부가 왜 부채질을 하는지 혹 알겠소?"

"글쎄요, 아마 남편이 화병으로 돌아가서 죽은 후에나마 그것을 위로하는 것이겠지요."

서정대사는 큰소리로 웃음을 터뜨렸다.

"허허허, 나도 처음에는 그리 생각했소만 그 과부의 말이, 남편의 무덤에 흙이 마르기 전에는 재가할 수 없다고 하니 흙을 빨리 마르게 하려고 그런답니다, 하더군. 쯧쯧, 여자의 마음이란……."

서정대사의 말에 아내는 얼굴을 붉히며 말했다.

"어머, 무슨 말을 그리하십니까. 여자라고 다 똑같은 것은 아니지 않습니까? 아마도 그 여자는 교양 없는 일자 무식인 여자일 것입니다. 저는 그런 천박한 여인네하고는 다르니 똑같이 취급하지 마시어요. 저까지 그렇게 취급하신다면 전 정말 섭합니다."

부인의 말에 서정대사는 빙그레 웃을 따름이었다.

그런 서정대사의 모습에 부인은 약이 오르는지 입을 삐죽거리며 말했다.

"맹세하건대 대사께서 설령 돌아가신다 해도 전 절대 재가 같은 것은 아니할 것입니다. 3년상을 지내는 것은 물론 평생을 대사를 기리며 혼자 살 것입니다."

"허허, 앞으로의 일은 장담하는 법이 아니라오."

"아니, 대사께서는 저를 믿지 못한다는 말씀입니까? 저는 어엿한 대사의 아내입니다. 대사께서 자기 아내를 믿지 못하다니 이런 경우가 어디 있단 말입니까?"

"알겠소, 부인. 당신이 그리도 나를 사모하는 줄은 몰랐구려. 내 사과하리다."

그런 대화가 있은 지 며칠이 지나지 않아 서정대사는 이유 없이 시름시름 앓아 누웠다.

아내는 지극 정성으로 서정대사를 보살폈지만 병세는 더욱 악화되어만 갔다.

고운 노을이 창문을 봉숭아 빛으로 물들이던 어느 저녁 무렵, 서정대사는 자신의 수명이 다했음을 느꼈는지 아내의 손을 잡으며 말했다.

"내 이제 가야 할 날이 머지않았나 보오. 부인을 두고 가려니 마

음이 편치 않구려. 내가 죽거든 개의치 말고 좋은 사람을 골라 재가
하도록 하시오."

아내는 서정대사의 말에 일전의 대화가 떠올랐는지 흥분하며 말
했다.

"아니, 무슨 말씀을 그리하십니까? 일전에도 말씀드렸듯이 저는
재가 같은 것은 하지 않을 것입니다. 그렇게 믿지 못하신다면 제가
이 자리에서 먼저 죽겠습니다."

"아니, 그렇게 할 필요는 없소. 부인의 마음은 내 죽어서도 잊지
않으리다. 이젠 진정으로 편히 눈을 감을 수 있겠소."

서정대사는 그렇게 말하고는 편안한 모습으로 숨을 거두었다.

서정대사는 불가의 몸으로 세속에 나와 젊은 아내를 맞아 세속
적인 삶을 누리다가 그렇게 세상을 떠났다.

과부가 된 부인은 남편의 시체를 좋은 관에 안치하고는 서글프
게 곡을 했다.

서정대사가 급서急逝했다는 소식에 많은 조문객이 찾아왔다. 하
지만 부인은 방에 칩거한 채 그 누구와도 만나려 하지 않았다.

그렇게 며칠이 지난 어느 날이었다.

한 청년이 늙은 하인을 앞장 세워 찾아왔다. 청년은 서정대사의
관이 안치된 방 안에 들어서자마자 큰소리로 통곡했다.

젊은이는 스스로를 서정대사의 제자라고 소개한 뒤 그날부터 대
사의 관 곁에 머물러 꼼짝하지 않았다.

그렇게 다시 며칠이 지나도록 청년은 그 방을 벗어나지 않았다.

자신의 방에서 나오지 않던 부인에게도 이 청년의 이야기가 들
려왔다.

부인은 아무리 제자라고는 하나 그토록 남편의 죽음을 애도하는

그 젊은이가 어떤 사람인지 궁금했다.

부인은 마침내 고맙다는 인사라도 해야겠다는 생각에 남편의 관이 있는 방으로 가서 그 청년을 만나 이야기를 나누었다.

"대사의 죽음을 이렇게 애도해 주시니 감사할 따름입니다."

"아닙니다, 부인. 그간 얼마나 상심이 크셨습니까?"

이렇게 대화를 시작한 부인과 청년은 이런저런 이야기를 나누었다.

그러는 동안 부인은 청년의 수려한 외모와 총명함에 조금씩 호감을 갖게 되었다.

그후 부인과 청년의 만남은 잦아졌고 두 사람의 관계는 더욱 깊어졌다. 서로를 바라보는 눈길 또한 애절하기 그지없게 되었다.

그러던 어느 날, 청년이 부인에게 말했다.

"부인, 부인의 마음이 저의 마음과 같을 것이라 믿습니다. 하지만 지고하신 대사님의 부인과 제가 합치게 되면 세상의 모든 사람들이 우리를 두고 말이 많을 것입니다. 사태가 어지러워져 부인에게 폐를 입히기 전에 저는 이만 떠날까 합니다."

부인은 깜짝 놀라 청년의 손을 잡으며 매달렸다.

"그것이 무슨 말이오. 남편은 죽고 없는데 우리가 합치지 못할 이유가 어디 있단 말입니까? 사람들의 이목 같은 것은 상관없습니다. 도련님만 괜찮다면 혼례 준비는 제가 알아서 할 터이니 걱정하지 마십시오."

그리하여 부인은 청년과 혼례를 치르기로 약조하고는 혼례 준비를 서둘렀다.

부인은 우선 하인들에게 서정대사의 관을 뒤쪽 헛간에 옮기도록 하고 자신이 쓰던 방을 신방으로 꾸미도록 했다. 그리고 자신은 그날로 소복을 벗어버리고 빛깔 고운 옷으로 갈아입었다.

기다리던 혼례일이 되었다.

곱게 몸단장을 하고 신부 옷을 입은 부인은 하늘에서 내려온 선녀 같았다. 청년은 부인의 아름다운 모습에 넋을 잃은 듯했다.

부인은 두근거리는 마음으로 혼례를 치르고 청년의 손에 이끌려 신방으로 들어갔다.

신랑이 된 청년이 함박 웃음을 지으며 호롱불을 껐다.

그때였다. 갑자기 신랑이 쓰러지면서 온 몸을 뒤틀더니 입에서 허연 거품을 뿜어냈다.

부인은 갑작스러운 변고에 깜짝 놀라 청년이 데리고 온 하인을 불렀다.

"여보게 할아범. 이것이 무슨 일이란 말이오."

늙은 하인은 송구스러운 듯 부인에게 말했다.

"마님, 실은 도련님께는 어릴 적부터 발작하는 병이 있었습니다. 요사이 발작이 없어 이젠 다 나으신 줄 알았더니……."

"아니, 그럼 나을 수 있는 약도 없단 말이오."

"용한 약이 있기는 하지만 워낙 구하기가 어려운 것이라서……."

늙은 하인이 말끝을 흐리자 부인은 다급해져서 물었다.

"그게 무엇이오? 내 어떻게든 구해 볼 터이니 어서 말해 보시오!"

늙은 하인은 우물쭈물하더니 대답했다.

"저……, 그것은 다름이 아니라 사람의 골이옵니다. 도련님의 아버님께서는 발작이 일어나면 노비들 중 한 명을 죽여 그것을 구했습니다."

부인은 눈앞이 캄캄했다.

이제 겨우 젊은 신랑을 만나 행복하게 살 수 있나 했는데, 그녀는 자신도 모르게 눈물을 흘렸다.

"아니, 어찌 그런……."

부인은 어쩔 줄을 몰라 방 안을 왔다갔다하며 고민했다.

그러던 순간 갑자기 눈물 범벅이 된 부인의 얼굴에 돌연 미소가 떠올랐다.

"할아범, 죽은 사람의 골은 쓸 수 없는 것이오?"

"제가 알기론 죽은 지 오래되지 않은 것이라면 그다지 문제 될 것은 없다고 들었습니다."

늙은 하인의 말에 부인은 결심한 듯 자못 비장한 목소리로 말했다.

"그렇다면 내 당장 구해 오리다."

부인은 서둘러 자신의 남편 서정대사의 관이 놓여 있는 헛간으로 달려갔다.

주위는 어두웠으나 부인은 두려울 것이 없었다. 초야도 못 치르고 젊은 신랑을 보낼 수는 없는 노릇이었다.

부인은 도끼를 찾아 들고는 떨리는 손으로 관을 힘껏 내리쳤다.

그런데 다음 순간 관의 뚜껑이 저절로 스르르 열렸다. 깜짝 놀란 부인은 벌어진 입을 다물지 못한 채 뒤로 나자빠졌다.

이어 관 속에 누워 있던 서정대사가 유유히 일어나는 것을 본 부인은 그만 입에 거품을 물고 기절하고 말았다.

서정대사는 한숨 잘 잤다는 듯 기지개를 켜고는 쓰러진 부인을 바라보며 빙긋 웃었다.

잠시 후 정신을 차린 부인은 방 안에 누워 있는 자신을 발견하고는 주변을 살펴보았다.

'분명 이곳은 신방을 차렸던 곳인데…….'

부인이 일어나자 서정대사가 다가와 자신의 수의를 살피며 말했다.

"부인, 이제야 정신을 차리는구려. 헌데 내가 왜 이런 옷을 입고 있는지 기억이 나지 않는구려."

부인은 놀란 가슴을 진정시키며 말했다.

"다, 당신은 한 달 전에 돌아가셨어요. 기억이 나지 않으시는 모양이군요. 제가 그 동안 얼마나 적적한 시간을 보냈는지, 얼마나 많은 눈물을 흘리며 지냈는지 모르실 거예요."

부인은 이렇게 시치미를 떼면서 방 안을 살펴보았다. 분명 신방이 맞는데 신랑과 하인은 물론 신방의 모습은 어디로 사라졌는지 감쪽같이 없어졌다.

부인은 문득 그것이 문제가 아님을 느꼈다. 그녀는 서정대사에게 아양을 떨며 말했다.

"그 동안 제가 당신의 관 곁을 떠나지 않고 있다가, 오늘 저녁 문득 관 속에서 이상한 소리가 들리기에 열어 보았지요. 그랬더니 당신이 이렇게 살아나는 것이 아닙니까? 얼마나 기쁜지 모르겠어요. 하늘이 저를 가엾게 여기신 게 틀림없어요."

서정대사는 부인의 말에 미소를 지으며 말했다.

"당신이 그렇게 생각한다니 정말 고맙구려. 그런데 당신의 옷은 어쩐지 상중인 여인네의 복장은 아닌 듯하오. 마치 갓 혼례를 치른 신부 같구려."

부인은 당황한 얼굴을 감추며 말했다.

"저…… 왠지 오늘은 당신이 살아올 것만 같아서 혹시나 하고 이 옷을 입고 있었지요. 저, 제가 이렇게 기쁜 날을 그냥 지나칠 수는 없지요. 주안상이라도 차려 올 테니 잠시 기다리십시오."

부인은 그렇게 말하고는 밖으로 나와 집안을 살폈다.

청년과 늙은 하인은 어디서도 찾을 수 없었다. 안도의 한숨을 내쉬며 아마도 대사가 살아난 것을 알고는 어디론가 숨었나 보다고 생각했다.

부인은 급히 주안상을 차려 방으로 들어가 대사에게 온갖 애교를 부리며 술 시중을 들었다.

서정대사는 취기가 돌자 흥에 겨운 듯 노래 한 자락을 뽑았다.

"봄날의 꽃과 같은 어여쁜 얼굴에 초생달 같은 두 눈썹, 겉으로 보기엔 아름답지만 부부는 안 될 말일세. 도끼로 머리를 노린다면 즐기는 낮잠도 모두 글렀다네."

서정대사가 노래를 마치자 청년과 노인이 불쑥 방 안으로 들어왔다. 부인은 너무 놀라 또 한 번 그 자리에서 기절하고 말았다.

서정대사는 술잔을 마저 비우고 호탕한 웃음을 터트리며 밖으로 나갔다.

서정대사의 웃음 소리는 쓸쓸한 가을바람 소리 같기도 했고 싸락눈이 온 세상을 덮는 날 밤 천지를 맴도는 세찬 강풍 같기도 했다.

서정대사가 밖으로 나가자 청년과 늙은 하인의 모습은 한낱 허깨비처럼 천천히 허공으로 사라졌다.

이어 서정대사의 웃음 소리도 조금씩 잦아들면서 청명한 하늘의 작은 구름처럼 흩어졌다.

순간 처녀는 놀라 잠자리에서 벌떡 일어나 앉았다. 그러고는 두려움에 잔뜩 질린 표정으로 방 안을 천천히 둘러보았다.

방금 전 꿈속에서 보았던, 붉은 여의주를 입에 문 황룡黃龍의 이글거리는 눈동자가 어둠 속에서 자신을 노려보고 있는 것만 같아 절로 몸서리가 쳐졌다.

처녀는 황급히 불을 밝혔다. 환하게 제 모습을 드러낸 방 안은 잠들기 전과 다름없었다. 윗목엔 바느질 바구니가 놓여 있었고 벽에 걸린 옷가지들도 모두 그대로였다.

처녀는 자신도 모르게 얕은 안도의 숨을 몰아쉬며 찬찬히 꿈속의 일을 떠올렸다.

꿈속에서 처녀는 푸른 바다가 끝없이 펼쳐진 이름 모를 해변을 혼자 거닐고 있었다. 바다가 얼마나 깊은지 물빛은 푸르다 못해 시퍼렇기까지 했다.

해변가엔 근심 없이 자란 아름드리 해송들이 하늘을 향해 길게 뻗어 있었고 햇빛은 옅은 안개와 더불어 은은하게 바닷물에 비치고 있었다.

처녀는 선녀들이 입는 것과 같은 화사한 날개옷을 입고 무언지 모르지만 즐거운 목소리로 콧노래를 흥얼거리며 해송 사이사이에 자라난 아름다운 꽃들을 꺾고 있었다.

처녀는 꽃으로 화관을 만들어 머리에 왕관처럼 쓰고 가느다랗게 주름져 흘러내린 윗옷 위로 형형색색의 꽃으로 만든 꽃 목걸이를 만들어 걸고서는 무작정 해변가를 걷고 있었다.

자신이 어디를 가는지, 지금 이곳이 어디인지도 처녀는 생각하지 않았다. 다만 언젠가 꼭 한 번은 와보고 싶었던 선경의 세계일 거라고만 막연히 느낄 뿐이었다.

처녀가 바다와 햇살과 꽃 향기에 취해 정신 없이 해변가를 걷고 있는데 일순 수평선 멀리 오색 무지개가 서리는 듯싶더니 작은 구름 한 점이 처녀가 있는 해변가로 천천히 흘러 왔다.

처음에는 손바닥만하게 작던 구름이 해변가 쪽으로 다가오면서 점점 거대해지더니 처녀의 머리 위에 이르자 하늘을 뒤덮을 만큼 큰 뭉게구름으로 변했다.

처녀가 의아한 눈초리로 구름을 바라보고 있는데 갑자기 구름 사이로 드문드문 섬광 같은 햇살이 강하게 내리쬐더니 광풍이 불면서 번개가 번쩍였다.

두려움을 느낀 처녀가 뒷걸음질치며 도망가려는 찰나, 구름을 헤치고 나타난 황룡이 거대한 몸을 비틀며 처녀에게 다가왔다.

처녀가 놀라 비명을 지르며 도망가려는데 발이 땅에 붙어 떨어지지가 않았다. 처녀가 사색이 되어 꼼짝도 못하고 있는 사이 두 눈을 이글거리며 다가온 황룡은 여의주를 입에 물고서 처녀의 뱃속으로 빨려드는 것처럼 들어가버렸다.

그와 동시에 처녀는 눈을 떴다. 일어나 앉은 처녀는 황급히 자신의 아랫배를 내려다보며 반사적으로 두 손을 모아 감싸 쥐었다.

처녀는 무섬증이 와락 전신을 엄습해 오는 것을 느끼면서도 자신의 꿈이 필경 예사롭지 않은 하늘의 계시일지도 모른다고 생각하며 스스로 위안을 삼았다.

며칠이 지났다. 그날은 송악의 젊은 장수 왕건이 후백제를 치러가는 길에 처녀의 마을을 지나간다고 해서 아침부터 마을 전체가 떠들썩했다.

그러나 처녀는 집에서 한나절 내내 길쌈을 하다 저녁때가 다 되어서야 저녁을 준비할 요량으로 동네 우물에 물을 길러 갔다.

우물은 처녀가 사는 동네의 한길 쪽에 있었는데 길가엔 이미 마을 사람들이 남녀노소 할 것 없이 모두들 나와 웅성거리며 왕건의 행차를 기다리고 있었다.

처녀는 물동이를 머리에 이고 사람들 사이를 비집고 천천히 우물가로 향했다. 처녀 또한 마을 사람들과 마찬가지로 왕건의 얼굴을 멀리서나마 보고 싶었으나 별다른 기색 없이 그저 우물가에 물동이를 내려놓고 조용히 두레박을 우물 깊숙이 드리웠다.

두레박이 깊고 고요한 우물물에 닿아 둥근 파문을 일으킬 적마다 처녀의 가슴에도 알 수 없는 야릇한 울렁거림이 동심원을 그리며 전신으로 퍼져 나갔다.

왕건의 행차가 지나가는지 처녀의 귓전에 마을 사람들의 함성이 잔잔하게 메아리쳤다.

처녀는 뒤돌아보지 않고 묵묵히 두레박으로 길어 올린 물을 물동이에 담았다. 물을 한 방울이라도 흘리지 않으려고 처녀는 조심스럽게 두 손으로 두레박질을 했다.

그런데 어느 순간, 사람들의 함성이 잦아들더니 자잘한 웅성거림마저도 뚝 끊어졌다.

처녀는 왕건의 행차가 지나갔다고 생각하곤 천천히 물동이를 머리에 이고 돌아섰다.

"목이 마르니 물 한잔 얻어 마실 수 있겠소?"

어느새 다가왔는지 부드러운 음성으로 처녀에게 물을 청하는 이는 다름 아닌 왕건이었다.

처녀는 숨이 멎을 것 같이 가슴이 뛰었지만 며칠 전에 꾸었던 꿈을 떠올리고는 얼른 물동이를 내려놓고 두레박으로 물을 길어 왕건에게 내밀었다.

왕건은 처녀가 내미는 물을 시원하게 들이켜고는 처녀의 얼굴을 찬찬히 살펴보았다.

"그런데 그대의 몸에 서린 이 빛은 무엇인가?"

왕건의 말에 처녀는 놀란 눈으로 자신의 몸을 살펴보았다. 그런데 놀랍게도 오색의 무지개 같은 빛이 어느새 자신의 몸을 휘감고 있는 것이었다.

처녀는 할말을 잃고 그저 멍한 눈으로 왕건을 바라보며 자신도 모르는 일이라는 듯 가만히 고개를 가로 저었다.

왕건은 한참 동안 처녀의 얼굴에서 시선을 거두지 못하고 있다가 처녀의 집과 이름을 묻고는 우물가를 떠났다.

처녀는 두근거리는 가슴을 안고 황급히 물동이를 머리에 이고 집으로 돌아왔다.

그날 저녁, 마을 사람들에게서 우물가에서 있었던 일을 전해 들은 처녀의 아버지는 무슨 생각에선지 딸의 혼사 준비를 서둘렀다.

후백제를 치고 다시 개경으로 돌아가던 왕건은 처녀가 사는 마을 부근에 이르러 미리 마음먹었던 대로 군사들에게 진을 치게 하고 하룻밤을 묵었다.

왕건은 부하를 불러 처녀의 집에 가서 정중하게 자신의 의중을 밝히고 처녀를 데려오도록 명했다.

왕건의 뜻을 전해 들은 처녀의 아버지는 딸을 곱게 단장시킨 다음 그 동안 준비해 두었던 예물들과 함께 왕건에게 보냈다.

산자락을 휘감고 도는 바람 소리마저도 남녀의 뜨거운 숨결처럼 느껴지는 밤이었다.

왕건은 처녀를 품에 안고 한껏 부풀어오른 욕망을 주체하지 못해 가쁜 숨을 몰아쉬었다. 처녀도 왕건의 어깨를 두 팔로 껴안고 생전 처음 느끼는 희열에 몸을 떨었다.

이윽고 왕건과 처녀가 한 몸이 되어 절정의 순간에 올랐다고 느낀 순간, 웬일인지 왕건은 황급히 몸을 빼더니 돗자리가 깔린 바닥에다 대고 사정하는 것이었다.

처녀는 놀랍기도 하고 무슨 영문인지 알 수가 없어 그저 가만히 왕건의 얼굴만 바라보았다. 왕건도 머쓱했던지 헛기침을 두어 번 하고는 옆으로 돌아누워 버렸다.

돌아누운 왕건의 등을 물끄러미 바라보는 처녀의 머릿속으로 여러 가지 생각이 스쳐 지나갔다.

왕건에게는 이미 정실 부인인 유씨가 있었다. 그렇게 보면 자신의 처지로는 아들을 낳아도 제대로 인정받지 못하게 된다.

따라서 왕건이 자신의 몸 속에 사정을 하지 않고 돗자리가 깔린 바닥에다 사정을 한 것은 아마도 자식이 생길 것을 염려한 까닭이라고 짐작했다.

더군다나 처녀는 집안도 미미하여 내세울 만한 게 아무것도 없었다.

처녀는 한동안 생각에 잠겼다가 결심이 선 듯 조심스럽게 돗자리에 묻은 왕건의 정액을 손가락에 묻혀 자신의 몸 깊숙이 집어넣었다.

한 번, 두 번……. 처녀는 왕건이 잠에서 깰까 봐 숨을 죽여 몇 번이고 그 일을 반복했다. 처녀는 자신이 꾸었던 황룡의 꿈을 철석같이 믿고 있었던 것이다.

다음날에도 그 다음날에도 왕건은 처녀와 동침을 했지만 사정만은 처녀의 몸 속에 하지 않았다. 그러나 그때마다 처녀는 자신만의 은밀한 행동을 계속 되풀이했다.

처녀의 그러한 행동이 헛되지 않았던지 그로부터 열 달 후 처녀는 사내아이를 낳았다.

후일 왕건이 궁예를 몰아내고 왕위에 오르니 처녀가 낳은 아이 무武는 어엿한 왕자가 되었고, 처녀는 장화왕후에 봉해졌다.

왕자 무는 태어나면서부터 한쪽 뺨에 얽은 자국이 있었는데 그 모양이 꼭 돗자리 무늬 같았다.

사람들은 그런 무의 얼굴을 보고 옥에 티라며 애석해했다. 물론 어머니인 장화왕후의 마음이야 그 누구보다 쓰리고 아팠다.

왕자 무는 건강하고 활달한 귀공자로 자라났다. 무술도 뛰어나고 학식도 남달랐다. 왕건은 정실인 신혜왕후 유씨에게서 자식이 생기지 않자 왕자 무를 태자로 삼고 싶어했다.

그러나 무에게는 다른 왕후들의 소생과 견줄 만한 지지 세력이 미미하였다.

신혜왕후는 소생이 없다손치더라도 집안이나 배후 세력이 든든한 다른 왕후에 비해 어느 것 하나 내세울 만한 게 없는 장화왕후의 소생을 장남이라는 이유 하나만으로 태자에 책봉한다면 다른 신하들의 반대에 부딪힐 게 뻔했다.

그런 데다 세 번째 부인인 신명순성왕후가 왕자 태泰를 낳자 문제는 더욱 심각해졌다. 왕자 태의 외척 세력이 너무나 강했던 것이다.

일이 이렇게 되자 왕자 무를 바라보는 왕건의 시선은 사뭇 애처롭고 애잔하기까지 했다.

며칠을 번민하던 왕건은 어느 날 밤이 이슥해진 후 장화왕후의 침소를 찾았다.

장화왕후는 반가운 마음이 드는 한편 무슨 일인지 궁금하여 왕건의 얼굴만 바라보고 앉아 있었다.

"이리 가져오너라!"

왕건은 밖에서 기다리고 있던 나인을 방으로 불러들였다. 나인은 허름하고 군데군데 칠이 벗겨진 작은 나무 상자 하나를 들고 와서 왕건 앞에 다소곳하게 내려놓고 나갔다.

왕건은 장화왕후의 얼굴을 보며 나지막하게 말했다.

"내 마음이오. 내가 나간 뒤 열어보도록 하오."

"폐하, 무슨 말씀이신지……."

"열어 보면 알 수 있을 것이오."

왕건은 그렇게 말한 후 방에서 나갔다.

혼자 남겨진 장화왕후는 불안하고 두려운 마음이 들어 얼른 상자를 열어 보지 못했다. 칠이 벗겨지고 낡은 것으로 보아 그리 귀중한 물건은 아닌 듯싶었다.

장화왕후는 떨리는 손으로 나무 상자를 앞으로 끌어당겼다. 가슴이 방망이질치는 것이 손끝까지 전해졌다.

떨리는 손으로 조심스럽게 나무 상자를 연 장화왕후의 얼굴에 놀라는 빛이 역력했다. 이어 방울방울 흐르는 눈물이 손에 든 자황포에 떨어졌다.

'황공하옵니다, 폐하! 황공하옵니다…….'

장화왕후는 왕건의 의중을 분명히 읽을 수 있었다. 비록 겉으로 보기엔 허름한 나무 상자지만 그 속에 임금이 입는 자황포가 들어 있다면 이는 필시 자신의 소생인 무의 외가가 힘이 없고 무력하다고 해도 왕위를 잇게 할 것이라는 왕건의 약속이 아니겠는가?

그날 밤을 왕건의 성은에 복받치는 눈물로 지새운 장화왕후는 이튿날 대광 박술희를 자신의 처소로 은밀히 불러들였다.

장화왕후는 박술희에게 왕건이 준 나무 상자를 보여주었고 그 뜻을 알아차린 박술희는 곧 왕건에게 왕자 무를 태자로 책봉할 것을 주청했다.

다른 신하들은 나름대로 이유를 들어 왕자 무를 태자로 삼는 것을 반대했지만 대광 박술희가 워낙 강력하게 밀어붙이는 데다 왕건의 재가가 정식으로 이루어진 마당에는 순순히 받아들이고 따를 수밖에 없었다.

그렇게 해서 무는 태자가 되어 나중에 왕건의 뒤를 이어 왕위에 오르니 다름 아닌 고려의 제2대 임금 혜종이다.

한쪽 볼이 돗자리처럼 얽은 혜종을 두고 백성들은 '돗자리 임금'이라 불렀는데, 이는 왕위에 오른 후에도 한평생 형제들로부터 왕위 찬탈 위협에 시달리느라 얼굴에 주름살이 펴질 날이 없었던 혜종의 애타는 심사를 빗댄 것인지도 모른다.

"저 애는 아무래도 전생에 별이었을 게야."

"혹시 별귀신이 붙은 거 아닐까?"

"밤하늘에 떠 있는 별이 뭐가 좋다고 매일 밤 저리 쳐다볼까?"

밤하늘에 총총히 떠 있는 별을 하루도 빼놓지 않고 바라보는 소년 최총진을 두고 하는 말이었다.

전라도 영암 땅에서 태어난 최총진은 어렸을 때부터 별을 쳐다보는 것을 즐겼다. 별을 한참 동안 뚫어지게 쳐다보다 빙그레 웃기도 하고, 때로는 훌쩍훌쩍 울기도 했다.

그는 수많은 별의 아름다움을 이미 가슴 깊이 느끼고 있었다. 또한 별의 존재 가치에 대해서도 아는 듯했다.

늘 별을 가까이하며 자란 최총진은 천문학과 주역에 능통했는데 별을 보고 치는 그의 점괘는 백발백중이었다.

이런 소문은 꼬리에 꼬리를 물고 퍼져 마침내 왕건의 귀에도 들어가게 되었다.

마침 왕건은 한동안 해괴한 꿈 때문에 마음이 몹시 불편했던지라 곧 사람을 시켜 최총진을 대궐로 불러들이기로 마음먹었다.

"여봐라! 내일 당장 최총진이란 자를 데려오도록 하라."

왕건의 명에 한 신하가 나서며 아뢰었다.

"폐하! 허나 그자는 전라도 영암 땅에 사는지라 입궐하기까지는 사흘 정도가 걸릴 것으로 사료되옵니다."

"좋다! 사흘 안에 당장 그자를 내 앞으로 데려오도록 하라!"

왕건의 명령을 받든 유사라는 사람은 그 길로 말을 재촉해 영암으로 달렸다.

원래는 왕복 닷새도 넘게 걸리는 먼 곳이지만 왕건이 급하게 재촉하자 유사는 전속력으로 말을 몰았다.

마침내 최총진의 집에 도착한 유사는 다급하게 외쳤다.

"이리 오너라. 게 아무도 없느냐?"

잠시 후 늙은 하인이 대문을 열었다.

"뉘시오?"

"이 집의 주인이 최총진이라는 어른이신가?"

"예! 그러하옵니다만, 주인 어른은 지금 안 계십니다. 아침 일찍 집을 나서 아직 돌아오시지 않았는뎁쇼."

"이를 어쩐담……. 혹 어디 가셨는지 모르는가?"

"본래 어디 가신다는 말씀을 안 하시고 나가시는 분이라……, 소인은 잘……."

유사는 안타까워 발을 동동 굴렀다. 지금 당장 출발해도 사흘 안에 송도에 이르기는 힘들 것이라는 생각에서였다.

그러나 유사가 낭패를 당해 어찌할 줄 몰라 할 때 최총진은 이미 송도에 도착해 대궐을 지키는 수문장을 만나고 있었다.

최총진은 서슴없이 수문장에게 말을 건넸다.

"나는 전라도 영암 땅에서 온 최총진이란 사람이오. 폐하께 해몽을 해드리기 위해 왔으니 어서 아뢰도록 하시오."

84

최종진의 말에 수문장은 어이가 없어 웃었으나 말하는 투나 행색으로 보아 거짓은 아닌 듯하여 상부에 보고하였다.

잠시 후, 상부에서 내려온 지시를 받은 수문장은 황급히 최종진을 대궐 안으로 들였다.

최종진은 곧 궁인들의 안내를 받아 왕건 앞에 무릎을 꿇고 앉았다.

왕건은 최종진의 얼굴을 한 번 쳐다보고는 물었다.

"내가 사흘이라는 시간을 주고 너를 불러오라 했는데, 어찌 하루 만에 오게 되었느냐?"

"실은 사흘 전에 별을 보고 폐하께서 저를 부르리라는 것을 알았습니다. 그래서 바로 폐하를 배알하려고 했으나, 너무 빨리 와도 놀라실 것 같아 오늘 아침에서야 집을 떠났습니다."

그 말에 왕건의 눈이 휘둥그레졌다.

"아니, 하루에 천릿길을 오다니? 그 무슨 당치않은 망발이냐?"

최종진은 침착하게 다시 고개를 숙여 아뢰었다.

"폐하! 실은 소인이 축지법을 조금 합니다. 그래서……."

왕건은 최종진의 재주가 범상치 않음을 알고 가까이 다가오도록 명했다. 가까이서 본 최종진의 눈은 초롱초롱 빛나는 것이 정말로 밤하늘의 별빛을 닮은 듯했다.

왕건은 신중한 어조로 말했다.

"짐이 며칠 전 꿈을 꾸었는데 그 꿈이 영 흉몽인 것 같구나. 내가 어떤 산중으로 사냥을 나갔는데 어쩌다 보니 내가 사는 이 대궐보다도 더 큰 벌집에 들어가게 되었다. 그런 벌집은 생전 처음이었다. 그런데 그 벌집 속의 벌들이 일제히 과인을 향해 큰절을 하는 게 아니겠느냐?

짐이 보기에 이 꿈은 아무래도 흉몽인 듯싶은데 네 생각은 어떠하냐? 짐이 벌집을 쑤셨으니 어찌 벌들이 가만 있겠느냐. 당연히 무슨 변이 생기거나 전쟁이 날 징조가 아니겠느냐?"

왕건의 얘기를 조용히 듣고 난 뒤 최총진은 입을 열었다.

"폐하! 그 꿈은 아주 좋은 길몽이옵니다. 보통 사람이 벌집을 뒤집어쓰면 좋지 않으나 폐하께서는 이 나라의 대왕이 아니시옵니까? 그리고 벌들이 일제히 폐하께 큰절을 올렸다면 이는 필시 머지않아 폐하께옵서 이 나라를 통일하여 큰 업적을 이루실 것이라는 하늘의 계시가 분명하옵니다."

최총진의 말을 들으며 왕건의 얼굴은 점점 환하게 생기가 돌았다.

"과연 듣고 보니 그러한지고. 내 오늘부터 너를 가까이 두고 정사를 함께 의논하리라."

그런 다음 왕건은 최총진에게 지몽이라는 이름을 하사하고, 약속대로 늘 자신의 곁에 두고 조정의 모든 대소사를 함께 의논했다.

훗날 최지몽의 해몽대로 왕건은 후삼국을 통일하여 고려의 태조에 등극할 수 있었고 최총진 즉 최지몽은 금중고문이라는 높은 벼슬에 올랐다.

태조의 뒤를 이은 혜종대에도 최지몽은 역시 일관으로서 별자리와 꿈을 통해 왕실의 길흉이나 나라의 앞일을 예견하는 일을 하였다.

그날도 역시 최지몽은 밤하늘을 바라보며 별자리의 움직임을 관찰하고 있었다.

하늘에는 별들이 서로 다투어 아름다운 빛을 뿜어내고 있었다. 매일 밤 보는 별빛이었지만 그 밤 따라 유독 별들은 경쟁이라도 하듯 빛을 발하고 있었다.

별들의 간격과 위치가 마치 어떤 규칙에 의해 자리한 듯 일정했고 별빛은 마치 시퍼런 물에 반짝이는 구슬들이 콕콕 박혀 있는 듯

보여 보면 볼수록 아름답기 그지없었다.

최지몽이 별빛에 홀린 듯 넋을 놓고 있을 때 갑자기 유성 하나가 북두칠성 동쪽 끝자락에 위치한 자미성권 위를 지나가는 것이 보였다.

최지몽은 그때까지의 황홀경에서 깨어나 이내 예상치 않은 일이 조정에 일어날 것을 직감했다.

다음날 날이 밝자마자 최지몽은 혜종을 알현하고 이렇게 고했다.

"폐하! 소신이 간밤에 천체의 움직임을 읽은 바로는 장차 나라에 큰 변란이 일어날 징조가 보였습니다. 하오니 폐하께서는 어소를 틈틈이 바꾸시는 것이 그 화를 면하시는 길이옵니다. 같은 어소에만 계시면 변을 당하기 쉬우니 자주 어소를 옮기시어 역적들의 음모를 미연에 방지하소서!"

혜종은 최지몽의 말을 받아들여 그날부터 어소를 한 곳에 정하지 않고 여러 차례 옮겼다. 과연 며칠 뒤 혜종이 신덕궁에서 침소를 들던 날 평소 혜종이 잠을 자던 어소에 자객이 드는 변이 일어났는데 이로 인해 또 한 번 최지몽의 예언은 정확하게 맞아떨어졌다.

그후 혜종이 병으로 승하하고 뒤를 이어 정종이 즉위한 다음에도 최지몽의 출세 가도는 변함이 없었다.

그러나 원숭이도 나무에서 떨어지는 날이 있는 법인가?

별자리를 읽으며 평생을 별의 뜻에 따라 살아온 최지몽은 어전 연회에서 정종과 술을 마시다가 술이 얼큰하게 취해 그만 실언을 하고 말았다.

그로 인해 그간 쌓았던 공로가 한낱 물거품처럼 사라진 최지몽은 귀양살이는 물론 10년 동안이나 등용되지 못했다.

세월이 흘러 경종이 즉위한 후 다시 왕의 부름을 받은 최지몽은 성종대에 이르기까지 점성술을 바탕으로 한 예리한 예언으로 왕의 총애를 받았다.

그러나 사람은 기가 있으면 승이 있고 승이 있으면 결이 있는 법, 나이가 들어 노인이 된 최지몽은 병을 얻어 자리에 드러눕게 되었고, 급기야 영영 이 세상을 등지고 말았다.

평생을 별과 대화하며 산 최지몽은 유성이 사라지듯 조용히 천체 저편으로 사라져 갔다.

최지몽이 죽자 성종은 그의 죽음을 슬퍼하며 말 2필과 시를 써서 애도의 마음을 전하였다.

명장 서희의 가풍

거란의 장수 소손녕과의 멋진 담판으로 유명한 서희 장군의 집안은 대대로 청렴 결백한 집안이었다.

서희 장군의 할아버지 서신일徐神逸은 본시 신라의 아전이었으나, 태조 왕건이 고려를 세운 후 벼슬에 미련을 버리고 부인과 함께 서원西原골에서 농사를 지으며 지냈다.

불행하게도 서신일에게는 대를 이을 자식이 없었다. 서신일은 자신에게 덕이 없어 후사가 없다고 여기며 미안해하는 아내를 오히려 위로하고 다독거려 주는 자상한 인품의 소유자였다.

그날도 서신일이 여느 날과 마찬가지로 들에 나가 밭일을 하고 있는데 어디선가 사슴 한 마리가 피를 흘리며 뛰어왔다.

사슴의 몸에는 화살이 박혀 있었고 멀리서 사냥꾼이 사슴을 쫓아 들판으로 내려오는 것이 보였다.

서신일은 얼른 사슴을 밭 옆에 무성히 자라난 풀숲 속에 숨겼다.

잠시 후 사냥꾼이 헐떡이는 숨을 내쉬며 서신일에게 물었다.

"여보시오. 여기로 사슴 한 마리가 내려오지 않았소?"

"……."

"못 보았소?"

"보긴 보았소만⋯⋯. 왜 그러시오?"

"아니, 왜 그러시오라니? 내가 잡은 사슴인데⋯⋯. 어디다 감춘 거요?"

"아니! 그런 게 아니라⋯⋯ 사슴이 벌벌 떠는 것이 불쌍해 서⋯⋯."

서신일이 주저하자 사냥꾼은 인상을 쓰며 소리쳤다.

"여보시오! 쓸데없는 소리 하지 말고 내 사슴이나 내놓으시오!"

사냥꾼의 닦달하는 소리에 서신일은 달래듯이 말했다.

"저⋯⋯, 노형은 어차피 사슴을 잡아다 팔려고 하는 것이 아니 오? 그러니 나에게 저 사슴을 팔면 안 되겠소?"

사냥꾼은 서신일의 간곡한 말에 사슴을 팔기로 하였다. 서신일은 당장 집으로 사냥꾼을 데리고 가서는 사슴 값을 후하게 치러 보냈다.

사냥꾼을 보낸 서신일은 부인과 함께 온갖 정성을 다해 사슴을 치료했다.

그렇게 여러 날이 지나자 사슴의 상처는 완전히 나았고 서신일 내외는 사슴을 산 속으로 돌려 보냈다.

그러한 일이 있은 지 얼마 되지 않아 서신일의 부인에게 태기가 있었다. 열 달 후 건장한 아들이 태어났는데 그 아이가 서희의 아버지 서필이다.

부모의 청렴한 기질을 이어받은 서필 역시 고려의 재상의 지위에까지 올랐지만 항상 검소하게 생활했다.

서필이 광종 임금 시절 내의령內議令이라는 벼슬을 지내고 있을 때였다.

광종이 서필을 비롯한 신하들의 공로를 치하하며 금술잔을 하사했다.

그러나 서필은 금술잔을 사양하며 아뢰었다.

"소신이 지금까지 받은 은총도 황송하거늘 거기에 금으로 만든 술잔까지 받는 것은 분수에 넘치는 일이옵니다. 게다가 복용服用에는 차등差等이 있어야 하는데 신하가 금그릇을 사용한다고 하면 전하께서는 도대체 무엇을 사용하시렵니까?"

서필이 이런 말로 광종의 하사품을 받지 않자 광종은 크게 감동하여 그의 청렴함을 칭찬하였다.

이 무렵 고려에는 송나라 사람들이 귀화歸化하는 일이 잦았는데 광종은 그들을 우대하여 백성들의 집을 강제로 빼앗아 그들의 거처로 삼게 했다.

이것을 안타깝게 여긴 서필은 자신의 집을 나라에 헌납하겠다고 광종에게 아뢰었다.

이에 광종이 놀라 물었다.

"집을 주고 나면 경은 어디서 살겠다는 것이오?"

"소신은 성은으로 재상이 되어 지금까지도 편안하게 살았습니다. 하물며 어떻게 저의 자식까지 재상의 집에서 살기를 바라겠습니까? 소신은 나라에서 받는 녹봉綠峰으로 작으나마 집을 장만하겠나이다."

이렇게 해서 서필은 나라의 재상인데도 자신의 집을 내놓고 초가에 거처를 정했다. 이후 광종은 더 이상 백성들의 집을 빼앗지 않았다.

서희가 훗날 명신名臣이자 명장名將으로 이름을 남길 수 있었던 것은 모두 이러한 청렴한 가풍 덕이라 해도 과언이 아닐 것이다.

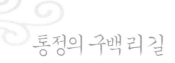

전라도 나주목羅州牧에서 서기書記로 재직하고 있는 정통鄭通은 벌써 며칠째 식음을 전폐하다시피 하며 먼 북녘 하늘만 뚫어지게 바라보았다.

'구백 리나 되는 먼길을 어찌 떨어져 있는단 말인가…….'

생각이 거기까지 미치자 정통은 마음속 깊이 또 다른 슬픔이 몰려드는 듯하여 숨이 찼다.

고향인 송도에서 서기라는 관직을 임명받고 나주로 부임해 온 지 벌써 삼 년째. 정통은 송도에서 이미 혼례를 치러 어엿한 정실 부인이 있었으나 이곳 나주목에서 관기인 소매향小梅香을 만나 살림을 차렸고, 얼마 전에는 예쁜 딸아이까지 낳아 오붓하게 살고 있었다.

그런데 며칠 전 조정으로부터 다시 송도로 돌아오라는 명이 내려졌다. 정통은 두고 가야 하는 소매향과 딸아이와 떨어져 있을 생각을 하니 그만 눈앞이 캄캄하였다.

비록 자신과 살림을 차리고 아이까지 낳았다고는 하지만 그래도 소매향은 엄연히 관기의 몸이었다. 그러니 정통이 제아무리 소매향을 데려가고 싶어도 자신의 지위로는 도저히 불가능한 일이었다.

정통이 처음 나주로 부임하였을 때 송도에 있는 아내에게서 여러 번 자신도 데려가달라는 편지를 받았으나 그때마다 정통은 모른 척 외면하였다.

아내에게 별달리 미운 감정은 없었지만 소매향을 만나고 나서부터는 도무지 아내에게 정이 가지 않았다.

더군다나 아내와의 사이에는 아직 자식도 없는 데다 소매향이 딸아이를 낳자 더더욱 마음이 멀어지는 것만 같았다.

처음엔 이런저런 정담이 섞인 편지를 보내 오던 아내도 어느 날인가, 이번에도 답장이 없으면 친정으로 돌아가겠다는 내용의 편지를 끝으로 소식이 끊긴 지 꽤 여러 날이 되었다.

그러나 정통은 그런 아내의 일은 전혀 염려되지 않았다. 어쩌면 소매향과 자신을 위해 잘된 일인지도 모른다고 은근히 속으로 좋아하기까지 했다.

그런 정통에게 송도로 돌아오라는 명령은 마른 하늘의 날벼락과도 같은 것이었다.

"왜 그러세요? 아직도 그 일 때문에 고민하고 계신 거예요?"

방문을 열고 들어오는 소매향의 목소리에 정통은 얼른 눈가에 괸 눈물을 훔쳤다.

"아, 아니오. 그냥 마음이 좀 심란하여서……."

말끝을 얼버무리는 정통을 바라보는 소매향의 얼굴에도 근심의 빛이 가득했다.

"내일은 꼭 지체하지 말고 길을 떠나시라는 목사牧使님의 분부가 계셨어요."

"내일? 내일 당장 말이오?"

"예! 좀 전에 관아에서 사람이 다녀갔어요."

소매향은 포대기에 싸인 아이를 들어올려 젖을 물리며 말했다.

소매향도 정통도 아무 말이 없었다. 해거름이 되어 방 안에 어두운 기운이 먹먹하게 짙어 오는데도 두 사람은 그저 멍하니 앉아 있기만 했다.

먼저 눈물을 터뜨린 쪽은 정통이었다. 원래 천성이 심약한 데다정이 많아 마음이 여린 정통은 소매향을 부여안고 어린아이처럼 흐느꼈다.

그 바람에 놀란 아이가 따라 울음을 터뜨리자 소매향도 더 이상슬픔을 감추지 못하고 왈칵 눈물을 쏟아내었다.

"나주에서 송도까지 구백 리란 말이오, 구백 리! 그 먼 거리에 당신과 이 어린 핏덩이를 외로이 남겨 두고 내 어이 살아갈 수 있단 말이오! 흑흑⋯⋯!"

정통은 아예 드러내 놓고 통곡했다.

정통의 여린 심성을 잘 아는 소매향으로서는 그 어떤 위로의 말도 필요없다는 것을 알고 있었기에 한 손으로는 아이를 품에 안고다른 한 손으로 정통의 목덜미를 가만가만 쓸어 주었다.

밤이 깊어도 방 안에 불이 켜질 기미는 보이지 않고 세 식구의 울음소리만 간간이 새어 나오는 것을 지켜보며 마당에 선 소매향의 어머니도 연신 옷고름으로 눈가를 찍어내고 있었다.

다음날 소매향이 정성껏 차려온 아침상을 앞에 두고 앉은 정통은 멀거니 소매향의 얼굴만 바라볼 뿐이었다.

부석부석해진 얼굴에 핏기라곤 하나도 없는 소매향의 얼굴을 바라보는 정통의 얼굴도 까칠하고 마른 나뭇잎처럼 바싹 메말라 있었다.

"먼길 나서는데 한술이라도 뜨고 가세요. 자요."

소매향이 숟가락을 들어 정통의 손에 쥐어 주었으나 정통은 이

내 맥없이 숟가락을 상에 내려놓았다.

"기다릴 수 있겠소? 내 무슨 수를 써서라도 당신을 꼭 데려가리다."

"그런 걱정일랑 마세요. 서방님께서 오실 때까지 무슨 일이 있어도 여기에서 한 발짝도 떠나지 않을 테니까요."

"내 꼭 돌아오리다. 약속하오, 여보!"

소매향은 대답 대신 말없이 고개를 끄덕이며 정통의 손에 다시 숟가락을 쥐어 주었다. 그리고 평소처럼 밥을 뜬 숟가락 위에 이것저것 반찬을 올려놓아 주었다.

소매향의 성화에 못 이겨 마지못해 몇 숟갈 뜨기는 하였으나 정통은 밥을 먹는 것이 아니었다. 그는 밥을 목구멍으로 꾸역꾸역 삼킬 수도 있다는 것을 생전 처음 깨달았다.

정통은 동구 밖까지 배웅을 나온 소매향과 어린 딸, 그리고 장모를 몇 번이나 뒤돌아보며 떨어지지 않는 발걸음을 돌렸다.

가기 싫은 길을 억지로 가자니 길은 멀고도 더디었다. 천근이나 되는 듯한 발걸음을 땅바닥에서 한 걸음씩 뗄 적마다 도살장에 끌려가는 소마냥 싫은 기색이 역력했다.

'구백 리…… 이 먼길을 언제 다시 올 것인가?'

정통은 송도에 가는 길을 며칠이라도 미룰 요량으로 남경南京(지금의 서울)에 있는 친구 집에 잠시 들르기로 작정했다. 송도에서 자신을 기다리고 있는 것은 정이 없는 아내뿐이라는 생각을 하며.

남경에 있는 친구는 정통을 반갑게 맞아주었다. 정통은 친구의 집에 들어서자마자 술을 청해 마셨다.

"어허, 이 친구! 왜 그리도 급히 마시는가? 술이 꽤 동했던가 보구먼. 하하!"

정통은 친구의 농담에 별 반응도 없이 연거푸 술잔을 비웠다. 술잔 저 밑바닥에 보고 싶은 소매향의 얼굴이 바다 속 해초처럼 흔들거렸다.

"나리!"

밖에서 하인의 목소리가 들렸다.

"무슨 일이냐?"

"예! 희관사 주지승께서 나리를 찾아왔사옵니다."

"알았다. 사랑채로 모시도록 하라."

"예! 나리!"

친구는 자신이 먹던 술을 입 속에 털어넣고 술잔을 정통에게 건네며 말했다.

"이보게, 나와 함께 그 스님을 만나러 가지 않겠나? 아주 명망 있는 스님이시라네. 그 스님이 타고 다니는 말이 천하에 둘도 없는 천리마라는 것만 봐도 가히 대단한 분이라는 게 짐작될 걸세."

정통은 천리마라는 말에 귀가 솔깃했다.

"아닐세, 나는 술이나 좀더 마시고 있겠네. 기다릴 터이니 혼자 다녀오게."

"그런가? 그럼 잠시만 기다리게."

친구는 정통을 혼자 방 안에 남겨 두고 주지승이 기다리는 사랑채로 건너갔다.

친구가 방에서 나가자 정통은 급히 행장을 챙겨 마당으로 나왔다. 그리고 천리마를 매어 둔 뒤꼍으로 돌아가 누가 볼세라 얼른 말 위에 올라탔다.

"이랴!"

정통은 말고삐를 움켜쥐고 채찍을 휘둘렀다.

"가자! 나주로! 나주로 가자!"

정통은 쉴새없이 말을 달렸다. 걸어서 며칠이 걸리는 거리이긴 했지만 밤새 말을 달리고 또 달려 다음날 밤늦게 나주에 당도했다.

정통은 말발굽 소리에 사람들이 깰까 봐 마을 초입에 있는 주막에 말을 맡기고 혼자 소매향이 기다리는 집으로 몰래 들어갔다.

소매향은 어머니와 소곤소곤 얘기를 나누고 있었다. 정통은 그리운 마음에 얼른 방문을 열고 들어갔다.

누구보다 놀란 것은 소매향이었다. 지금쯤은 정통이 송도에 거의 당도했을 것이라고 생각했는데 난데없이 방문을 열고 들어오자 아연실색했다.

"여보! 보고 싶었소! 얼마나 당신이 그리웠는지 모르오!"

"아니, 서방님. 여길 어찌……!"

정통은 번개같이 소매향을 끌어안고 울음을 터뜨렸다. 옆에 있던 장모가 아이를 품에 안고 자리를 피해 조용히 밖으로 나갔다.

"여보. 난 이대로 혼자 갈 수가 없소. 아무래도 당신이 있어야 겠소."

정통이 혼자 몸으로는 송도로 떠나지 않을 것이라고 판단한 소매향은 일단 따라나서기로 마음먹었다.

날이 채 밝지 않은 새벽의 여명을 틈타 두 사람은 아기를 품에 안고 장모와 작별 인사를 나누고 마을을 빠져 나왔다.

정통은 주막에서 말을 찾아 소매향을 태우고 자신은 아이를 등에 업은 채 말고삐를 잡고 걸었다.

"서방님, 힘드시지 않으세요?"

"무슨 소리? 당신과 함께라면 걷는 것도 즐겁지, 하하!"

정통은 호쾌하게 웃으며 가볍게 콧노래까지 흥얼거렸다.

"그러시면 아이라도 이리 주세요. 남들 보기에 민망스러워요."

"민망스럽긴. 내 아이를 내가 업고 간다는데 누가 뭐라 한단 말이오?"

"서방님도 참⋯⋯."

그렇게 말하는 소매향의 두 볼이 연한 홍조를 띠었다. 세 사람은 남들이 보기에 어느 모로 보나 단란하고 행복한 가족이었다.

정통이 말을 타고 다시 나주로 되돌아온 시간을 상쇄하기 위하여 주야로 걸음을 재촉한 세 사람이 송도가 그리 멀지 않은 넓은 들판의 나무 그늘 아래에서 잠시 쉬고 있을 때였다.

흙먼지가 유난히 많은 날이었다. 말 위에 탄 소매향은 그럭저럭 괜찮았지만 아이를 등에 업고 황톳길을 가는 정통의 행색은 말이 아니었다.

며칠째 갈아입지 못한 도포는 흙먼지와 때에 절어 꾀죄죄했으며 등에는 아이가 흘린 누런 콧물 자국이 군데군데 흉물스럽게 얼룩져 있었다.

그래도 무엇이 좋은지 연신 입을 다물지 못하고 웃고 있는 정통의 모습은 어찌 보면 실성한 사람처럼 보일 정도였다.

그때 맞은편에서 근사하게 꾸며진 가마가 하인들의 호위를 받으며 오더니 정통 앞에서 멈춰 섰다.

가마 행렬 앞에서 길잡이를 하던 제일 나이 많은 노복이 정통의 얼굴을 뚫어지게 살피더니 이내 놀란 표정으로 가마 쪽으로 달려갔다. 그러고는 가마에 탄 사람과 무어라 말을 주고받는 눈치였다.

이어 가마 문이 위로 들어올려지며 안에서 한 여인이 나왔다. 여인은 다름 아닌 정통의 아내였다.

정통이 놀라 가마를 멘 하인들을 둘러보니 모두가 송도 자기 집에서 부리는 노비들이었다.

정통의 아내는 소매향과 정통을 싸늘한 눈초리로 훑어보더니 비웃는 투로 말했다.

"꼴이 어찌 그리되셨소?"

"아니, 여보, 그게……, 이렇게 심심풀이 놀이 삼아서 한번 노는 것도 재밌을 듯해서……."

정통이 말을 잇지 못하고 얼버무리는데 아내의 한마디가 정통의 뒤통수를 쳤다.

"심심풀이 노는 꼴이 그 정도면 아예 판을 벌이고 놀면 거지 중의 상거지가 되겠군요!"

"여보……, 그러니까, 그게 말이오. 저……."

"나는 그런 상거지의 아내는 될 수 없으니 이만 친정으로 돌아가겠어요."

정통의 아내는 다시 가마 안으로 들어갔다.

"가자!"

아내의 호령에 가마를 멘 하인들이 일어나 떠날 채비를 했다.

"여보! 그게 아니오. 내 말 좀 들어보오!"

"어서 가자! 무엇 하는 게냐?"

부인의 불 같은 호령에 가마를 멘 노비들은 천천히 걸음을 옮겼다. 하인들은 누구 하나 정통에게 아는 체를 하지 않았고 모두들 한심하다는 표정을 지을 뿐이었다.

가마는 점점 멀어지고 정통은 단념한 듯 고개를 돌려 소매향을 바라보았다.

소매향은 훌쩍 말 위에 오르더니 정통을 바라보지도 않고 냉랭한 목소리로 말했다.

"심심풀이 놀이가 아직 끝나지 않았으니 마저 계속해야겠지요."

그러면서 소매향은 말 엉덩이를 힘껏 채찍으로 내리쳤다. 말은 큰소리를 지르며 힘차게 앞으로 내달렸다.

그 소리에 놀라 정통이 업고 있던 딸아이가 자지러지게 울어댔다. 정통은 우는 아이를 달랠 겨를도 없이 소매향의 이름을 목놓아 부르며 달려가는 말 뒤꽁무니를 쫓아 허겁지겁 뛰어가기 시작했다.

그때 한적한 들판에서 논일을 하고 있던 마을 사람들은 그 광경을 보고 너나없이 폭소를 터뜨리거나 쯧쯧 하며 혀를 찼다.

헌애왕후 황보씨는 고려 제5대 왕 경종의 세 번째 비로, 유일한 경종의 아들, 송을 낳은 왕비이다. 경종이 세상을 떠났을 때, 송의 나이가 2살이어서 왕위를 계승하지 못하고 경종의 사촌 동생이자 송의 숙부인 치가 왕위에 오르니, 그가 바로 제6대 임금 성종이다.

성종의 치세는 16년간 지속되었으나 그에게는 후세를 이을 왕자가 없었다. 그리하여 경종의 아들 송이 왕위를 계승하니 7대 임금 목종이다.

목종이 열여덟의 나이로 왕위에 오르자 목종의 생모인 헌애왕후는 목종의 나이가 어리다는 이유로 수렴청정을 자청하여 천추전에 기거하며 자신을 천추태후라 칭하였다.

그런데 천추태후에게는 경종이 세상을 뜬 후 만난 김치양이라는 정부가 있었다.

성종 재위 시절, 성종은 그들의 불륜에 진노하여 김치양을 멀리 귀양 보냈으나, 이제 자신의 세상을 만난 천추태후는 즉시 김치양을 대궐로 불러들여 자신의 곁에 두었다.

일이 이렇게 되자 모든 권세는 자연 김치양의 것이나 다름없게 되었다. 하여 김치양은 궁궐 못지않은 화려한 집을 짓고 살면서 자신에게 아첨하는 무리들과 함께 온갖 행패를 부렸다.

천추태후의 아들 목종은 김치양의 하는 짓이 눈에 거슬렸으나 자신의 모후가 관계된 일이라 어찌하지 못하고 번번이 당하기만 하였다.

그러던 중 천추태후에게 태기가 있자 김치양은 더욱 의기양양해하며 권세를 누렸고, 열 달 후 천추태후가 아들을 낳자 김치양의 야망은 더욱 커져만 갔다.

"태후께서 소신의 아들을 낳다니 믿어지지 않습니다."

김치양은 어린 아기를 바라보며 눈물까지 글썽였다.

"대감, 우리의 아들이옵니다. 장차 큰일을 할 우리의 아들이오."

천추태후는 의미심장한 눈빛으로 김치양을 바라보며 말했다. 순간 김치양의 입가에는 야릇한 미소가 떠올랐다.

김치양은 천추태후에게 태기가 있다는 소식을 들은 그 순간부터 마음속으로 꿈꾸던 야망이 서서히 현실로 다가오고 있음에 희열을 느꼈다.

목종이 자신의 혈육인데도 천추태후는 김치양과의 정분이 두터워지면서 목종을 눈엣가시 같은 존재로 여겼다.

더군다나 김치양의 아들을 낳은 후부터는 그나마 목종에게 남아 있던 일말의 정마저 끊은 것 같았다.

그후 김치양과 천추태후는 자신의 아들에게 왕위를 계승하게 하고자 계략을 꾸미기 시작했다.

"우선, 대량원군을 멀리 내쳐야겠습니다."

천추태후가 김치양에게 은밀한 목소리로 말했다. 김치양은 듣던 중 반가운 소리가 아닐 수 없었다.

지금 이대로 가다가는 만일 목종이 죽더라도 대량원군이 버티고 있어 제아무리 천추태후의 힘이 막강하다 해도 왕위는 자신의 아들에게 돌아올 리 없기 때문이었다.

목종은 그때까지 후사가 없었기 때문에 그 뒤를 이을 제일 유력한 왕위 계승자는 대량원군이었다. 경종의 비이자 천추태후의 친동생인 헌정왕후 황보씨는 경종이 죽은 후 사가에 머물면서 삼촌격인 태조의 8남 안종 욱과 불륜을 저질러 아이를 낳았는데 그가 바로 대량원군이다.

"그럼, 우선 대량원군을 출가시키면 어떻겠습니까?"

"중이 되게 한다고? 중이 된다고 왕위 계승자의 위치를 완전히 벗어나지는 못할 텐데요."

천추태후는 김치양의 말이 못마땅한 듯 눈살을 찌푸리며 말했다.

"차후의 일은 제가 알아서 하도록 하지요. 태후께서는 그저 대량원군을 절로 내치시기만 하십시오."

다음날 천추태후는 대량원군을 강제로 출가시켜 개경의 숭교사에 보냈다가 다시 몇 달 후에는 양주에 있는 삼각산 신혈사에 보냈다.

김치양은 대량원군을 신혈사에 보낸 후 수차례에 걸쳐 자객을 보냈다. 하지만 대량원군은 그때마다 신혈사 노승의 지혜로 목숨을 건졌다.

이렇게 김치양과 천추태후의 왕위를 노리는 음모가 치열하게 전개되는 가운데 목종은 모든 기력을 상실하고 병을 얻어 자리에 눕게 되었다.

목종은 자리에 누워 누구를 자신의 후계자로 결정할지 고민을 거듭했다. 아무리 자신의 어미가 낳은 동생이 있기는 하나 왕의 혈통이 아닌 김치양의 혈육이기에 결코 그 아이를 후계자로 지목할 수는 없었다.

목종이 아무리 생각해 봐도 보위를 이을 사람은 대량원군밖에 없었다. 하지만 어떻게 대량원군을 데려올 것이며, 데려온다 해도 누가 그를 보호해 줄 것인가? 대궐에 있는 대부분의 사람들은 김치양의 사람이므로 믿을 만한 사람이 필요했다.

'누구를 불러야 한단 말인가.'

목종은 머릿속으로 멀리 외각에 나가 있는 장수들을 하나하나 짚어 보았다.

'그래! 서경에 가 있는 도순검사 강조가 있었군. 그라면 믿을 만하다. 강조를 불러들이자.'

목종은 이렇게 결정하고 은밀히 사람들을 불러 일을 진행시켰다. 우선 삼각산 신혈사에 사람을 보내 대량원군을 데려올 것을 명하고, 한편으로는 서경에 사람을 보내 강조에게 밀서를 전하게 하였다.

강조는 급히 개경으로 돌아오라는 왕의 밀서를 받고 군사들과 함께 지체하지 않고 길을 나섰다.

그러나 그 무렵 목종의 칩거가 워낙 길었으므로 백성들 사이에선 임금이 죽었다는 소문이 나돌고 있었다. 강조는 동주 용천역에 도착했을 때 목종은 이미 죽었으며 천추태후와 김치양이 군사권을 장악하기 위해 왕명을 사칭하여 자신을 불러들이는 것이라는 소문을 접하게 되었다.

강조는 그 소문이 뜬소문만은 아니라고 생각하고 다시 서경으로 군사를 돌렸다.

한편 개경의 김치양과 천추태후는 강조가 군사를 몰고 개경으로 온다는 소식에 위협을 느끼고 강조를 잡으려고 따로 군사를 풀었다.

이 소식을 개경에 있던 강조의 아버지가 듣게 되었다.

강조의 아버지는 자신의 아들이 위험에 직면했음을 알고는 서둘러 강조에게 편지를 보냈다.

"불행하게도 임금께서는 이미 승하하셨다. 지금 조정은 천추태후와 김치양의 손에 놀아나고 있으며 그 폐해가 이루 말할 수 없다. 그러니 네가 군사를 몰고 와서 이 어지러운 나라 형편을 바로잡거라."

부친의 편지를 받은 강조는 나라의 운명이 자신의 손에 달려 있다고 생각하고 김치양 일파를 없애고자 다시 개경으로 진군해 들어갔다.

그러나 강조 일행이 황해도 평주에 도착하였을 때 임금이 승하했다는 것이 잘못된 소문임을 알게 되었다.

강조는 심각한 고민에 빠졌다.

'이대로 진군을 강행한다면 오히려 내가 반역자로 몰리게 될 것이다. 그렇다고 돌아가기에도 또한 늦지 않았는가?'

강조의 고민을 눈치챈 부하들이 강조에게 건의했다.

"장군! 이미 지금의 임금은 힘을 잃었습니다. 이대로 두면 고려의 사직은 김치양의 손에 놀아나게 됩니다. 김치양을 없애고 임금 또한 폐립시키고 새로운 임금을 모시도록 합시다."

"같은 의견입니다. 이미 여기까지 온 이상 되돌아갈 수는 없습니다. 이대로 개경에 들어가십시다. 장군께서 새로운 세상을 만들어 주십시오!"

강조는 부하들의 간곡한 말을 받아들여 군사들을 이끌고 개경으로 진격하여 삽시간에 대궐을 장악했다.

목종은 강조가 군사를 이끌고 들어와 대궐을 장악했다는 소식을 듣고는 자신이 폐위될 것을 짐작하고 모후인 천추태후를 모시고 궁인 몇 명과 함께 급히 법왕사로 피신하였다.

강조는 목종을 폐위하고 대량원군을 새로운 왕으로 추대했다.

그런 후 김치양과 그 아들을 처형하고 천추태후의 친척들을 비롯한 여러 신하들을 귀양 보내거나 죽였다.

법왕사로 피신해 목숨을 건진 목종은 천추태후와 함께 충주로 보내졌다.

충주로 가는 목종은 말 한 필에다 모후인 천추태후를 태우고 자신이 직접 말을 몰고 가는 처량한 신세가 되었다.

자신의 어머니로부터 모진 박해를 받은 목종이었지만 그는 생모인 천추태후를 끝까지 극진히 모셨다.

그러나 목종을 그대로 살려둘 수 없다고 판단한 강조는 부하들을 시켜 강제로 독약을 먹여 죽인 후 목종 스스로 자살한 것처럼 꾸몄다.

한편 천추태후는 목숨을 부지한 채 황주로 내쫓겨 그곳에서 21년을 더 살다가 1029년 숭덕궁에서 66세의 나이로 생을 마감했다.

명장을 길러낸 이씨 부인

김숙흥 장군은 일찍이 아버지를 여의고 홀어머니 이씨 밑에서 자라났다.

김숙흥의 아버지는 임종하기 전 병석에 누워 아내에게 이렇게 한탄하곤 했다.

"훌륭한 무장이 되어 만주의 오랑캐들을 무찌르는 것이 나의 소망이자 가업인데……, 내 이렇게 세상을 떠나려 하니 조상님들을 어떻게 뵐지 막막하고 원통하구려. 만일 당신의 뱃속에 있는 아기가 아들이라면 내가 못다 이룬 꿈을 부디 그 아이가 이룰 수 있게 해주시오. 그래야만 내가 지하에서 편안히 누울 수 있을 것 같소."

어머니 이씨는 남편의 한을 잊지 않고 김숙흥을 어려서부터 남달리 강하게 교육시켜 무사로서의 자질을 키우게 했다.

이씨는 아들에게 겨울에는 옷을 얇게 입히고 맨발로 다니게 하여 추위를 이기게 했고, 여름에는 겹겹이 옷을 입히고 버선까지 신겨 더위를 물리치게 하였다.

또한 이씨는 어린 아들을 데리고 산으로 가서 그곳에서 먹을 수 있는 것이라면 무엇이든 먹을 수 있도록 했는데 토끼나 뱀은 물론 메뚜기나 두꺼비 등도 먹였다.

가끔 김숙흥이 먹기 어려워하면 어머니는 이렇게 말했다.

"네가 장차 무장이 돼서 전쟁터에 가게 되면 어떠한 일을 겪게 될지 모른다. 사람이 먹을 수 있는 것은 무엇이든 먹어야 한다. 그래야만 어떠한 상황에서도 살아날 수 있는 것이다."

어머니 이씨의 이러한 노력이 헛되지는 않아 청년이 된 김숙흥은 무과에 장원으로 급제하여 북쪽 국경 지대에 있는 구주龜州의 별장으로 임명되었다.

한번도 어머니 곁을 떠나본 적이 없던 김숙흥은 홀로 계신 어머니 곁을 떠나 멀리 국경 지대에 있자니 마음이 편치 않았다.

"부모님께 효도도 못하는 자식이 무슨 국가에 충신이 될 수 있으리. 어머니를 찾아뵈어야겠다."

김숙흥은 마음을 굳게 먹고 잠시 말미를 얻어 개경으로 향했다. 반가워하실 어머니의 얼굴을 그리며 길을 재촉하여 드디어 집앞에 당도하였다.

뜻하지 않은 아들의 출연으로 이씨 부인은 내심 반갑고 기뻤지만 잠시 생각을 가다듬은 후 이렇게 말했다.

"애야, 너의 직무가 이리도 한가한 자리란 말이냐! 어찌 그리 생각 없이 행동할 수 있단 말이냐! 너 같은 장군이 사사로운 감정 때문에 자리를 며칠씩이나 비운다면 누가 나라를 지킨다는 것이냐!"

김숙흥은 반갑게 맞아줄 것이라 믿었던 어머니가 정색하며 훈계를 하자 할말을 잃었다.

"네가 이렇게 어리석은 짓을 저지르는 사이에 혹여 오랑캐가 쳐들어온다면 어떻게 하겠느냐! 이렇게 나랏일을 그르친다면 내가 무슨 면목으로 너의 아버지와 조상님들을 대할 수 있겠느냐! 네 비록 이 어미와 몸은 떨어져 있다 하더라도 어미의 마음만은 항상 네 곁을 떠나지 않을 터인데 쓸데없는 걸음을 했구나. 이제라도 얼른 돌아가거라. 가서 네가 할 일을 하거라."

어머니의 엄한 훈계에 잘못을 깨달은 김숙흥은 고개를 떨구었다.

헌종왕 원년, 수십만 명의 거란군이 고려에 쳐들어와 온갖 만행을 일삼았다. 이때 거란군을 맞아 용감히 싸운 고려 장수들이 여럿 있었는데, 그 중 누구보다도 맹렬하게 싸운 이가 김숙흥이다.

김숙흥 장군은 거란군 2만여 명을 물리치고, 거란족에게 사로잡혀간 인질 3만여 명을 구해 내는 등 혁혁한 전과를 올렸으나 애석하게도 거란군과의 전투중에 장렬히 전사하였다.

추남 장군 강감찬

두 어깨가 떡 벌어지고 키가 큰 풍채 좋은 한 사람이 누군가를 기다리고 있었다. 깔끔한 차림새에다 수려한 외모하며 어느 것 하나 나무랄 데 없는 미남이었다.

그 사람 뒤에는 작달막한 천하의 추남 한 사람이 서 있었는데 키가 얼마나 작은지 소년이랑 키 재기를 해도 비슷할 정도였다.

게다가 눈, 코, 입 어느 것 하나 내세울 것이 없었으며 몸에 걸친 옷도 남루하기 이를 데 없었다.

두 사람이 지금 기다리고 있는 이는 송나라 사신이었다.

이윽고 그들 앞에 도착한 송나라 사신은 두 사람을 번갈아 쳐다보더니 훤칠한 미남을 제쳐두고 뒤에 서 있는 초라하기 이를 데 없는 추남에게 큰절을 했다.

절을 받은 추남은 당황하여 어찌할 줄 모르며 말했다.

"아니, 저에게 절을 하시다니, 왜 이러십니까?"

그러자 송나라 사신은 다시 한 번 큰절을 올리며 말했다.

"아니 문곡성(하늘의 9개 별 중에서 네 번째 별로 녹존성의 다음이며 염정성 위에 있다. 즉 강감찬을 높여 부르는 말)님께서 중국 땅에서 오랫동안 보이시지 않더니 언제 고려로 돌아오셨습니까?"

추남은 송나라 사신의 말을 끝까지 귀담아듣고는 껄껄 웃었다.

"공의 안목이 보통이 아니구려. 그렇소, 내가 강감찬이오. 공의 안목을 시험해 보려 내 일부러 하인과 옷을 바꿔 입었소. 너그러이 이해하시구려, 허허!"

이 작달막하고 보잘것없는 추남이 그 유명한 삼한벽상공신인 명장 강감찬이다.

어렸을 때부터 슬기롭고 글 읽기를 좋아한 강감찬은 성종 때 갑과에 장원 급제하여 예부시랑이 되었다.

그후 벼슬이 올라 한림학사, 중추사, 이부상서, 서경유수 등의 문관직을 두루 역임하였다.

또한 무관으로서는 행영도통사 등을 지내며 고려 역사 중 가장 뛰어난 명장으로 알려져 있는데, 평생 당당한 위풍으로 나라를 지키다 84세를 일기로 세상을 떠났다.

강감찬이 한성 판관으로 있던 때였다.

부경이라는 곳에 호랑이가 많아 백성들의 피해가 이만저만이 아니었는데 부윤이 이 일을 의논하기 위해 강감찬을 찾아왔다.

"호랑이 때문에 피해를 입은 백성들이 한둘이 아닌데 이를 막지 못하니 큰일입니다."

그런데 강감찬은 그의 말에 눈썹 하나 까딱하지 않고 이렇게 대답하는 것이었다.

"그깟 호랑이를 가지고 그렇게 염려하십니까? 별 문제 아닙니다."

부윤은 대수롭지 않은 듯 말하는 강감찬의 말에 약이 올랐다.

"아니 호랑이 정도라니, 그게 무슨 말씀이오. 호랑이는 워낙 사나워 잡지도 못하는 데다 한두 마리 잡아 보았자 어디 표시가 납니까? 백성들이 호랑이 때문에 일을 못하고 벌벌 떨고 있는데 어찌 그리 말씀하십니까?"

강감찬은 다시 태연하게 말을 이었다.

"호랑이를 잡으면 되는 것 아니겠소? 내가 사흘 안으로 그 호랑이를 쫓아버릴 테니 사흘 뒤 다시 찾아오시지요."

부윤은 강감찬의 말에 혀를 끌끌 찼다.

'실없는 사람 같으니……. 실컷 말한 내 입만 아프게 되었구나.'

부윤은 강감찬을 허풍이나 떠는 사람으로 여기며 돌아갔다.

다음날 아직 해가 뜨지 않은 이른 새벽이었다.

강감찬의 명을 받은 관리가 투덜거리며 산을 오르고 있었다. 아무리 생각해도 이해하기 힘든 일이었기 때문이다.

지난밤 부윤이 돌아간 후 강감찬은 관리를 불러 서찰 한 장을 내밀며 말했다.

"내일 날이 밝는 대로 이 서찰을 가지고……."

강감찬의 명령은 내일 이른 새벽 바위산에 오르면 늙은 중이 바위 위에 앉아 있을 것이니 서찰을 그 노승에게 전하라는 것이었다.

날은 꽤나 쌀쌀해 그 기운이 볼에 닿기만 하여도 볼이 싸늘하게 얼었다. 밤새 내린 서리는 산과 들의 흰 들국화처럼 하얗게 피어 있었다.

관리는 계속 투덜거리며 바위산을 올라갔다.

'도대체 이 새벽에 누가 있다는 말인가?'

그런데 관리가 바위산의 중턱에 이르렀을 무렵 주위의 다른 암석들보다 훨씬 크고 높은 바위 위에 누더기를 걸치고 흰 수건을 둘러쓴 한 노승이 앉아 있었다.

노승은 깊은 생각에 잠긴 듯 두 눈을 지그시 감고 있었다.

관리는 자신의 눈을 의심하면서도 천천히 노승에게 다가가 강감찬이 써준 서찰을 내밀었다.

노승은 말없이 서찰을 읽어내려 가더니 자리에서 일어나 관리의 뒤를 따라 바위산을 내려왔다.

그나마 조금씩 따스한 온기가 느껴지는 아침 햇살이 부챗살처럼 동쪽 하늘에 퍼지기 시작할 즈음 관가에 도착한 관리는 노승을 강감찬의 방으로 인도했다.

그 자리에는 어제 혀를 차며 돌아갔던 부윤도 함께 있었다.

늙은 중은 강감찬에게 공손히 절을 올렸고, 절이 끝나자마자 강감찬은 호되게 노승을 꾸짖었다.

"너는 짐승 중에서도 영특한 짐승이라 알고 있다. 그런데 그 영특함을 올바로 쓰지 못하고 왜 사람을 해치느냐? 당장 무리를 이끌고 이곳에서 멀리 떠나도록 하라. 만일 그렇지 않을 시에는 내 가만있지 않을 것이다! 오늘부터 닷새의 시간을 주겠다. 알겠느냐?"

그 말을 듣고 있던 부윤은 기가 찼다.

"판관이 말씀하시는 말투는 마치 호랑이에게 하시는 것 같습니다. 이 사람은 호랑이가 아니고 늙은 중이잖습니까? 자꾸 이상한 말씀만 하시니 이해가 안 갑니다."

그러자 강감찬은 빙그레 웃었다. 그러고는 늙은 중을 향해 이렇게 호령했다.

"네 본색을 드러내거라. 어서!"

그 말이 떨어지기가 무섭게 늙은 중은 어흥, 소리를 내며 큰 호랑이로 변했다. 호랑이는 마루로 뛰어나가 계속 울어댔는데 그 소리가 어찌나 큰지 천둥소리와 맞먹을 정도였다.

부윤은 그만 정신이 나가 방바닥에 얼굴을 쳐박고 와들와들 떨었다.

"이제 그만하거라."

강감찬이 점잖게 타이르자 호랑이는 이내 늙은 중의 모습으로 되돌아왔고, 강감찬에게 큰절을 하더니 어디론가 홀연히 사라졌다.

그날로부터 닷새가 채 되지 않아 사람들은 한 마리의 늙은 호랑이가 수십 마리의 작은 호랑이들을 이끌고 한성의 동쪽 산길에 있는 냇가를 건너 어디론가 사라지는 것을 놀란 눈으로 지켜보았다.

강감찬이 행영 도통사로 있을 때였다.

거란족의 소손녕이 수십만 군대를 이끌고 쳐들어왔다. 강감찬은 부원수 강민첨과 더불어 군사 20만 8천여 명을 앞세워 맞서 싸우게 되었다.

강감찬은 홍화진에 군대가 당도했을 때 행군을 멈추고 부장들에게 명령하였다.

"군사들 중에서 말을 잘 타는 자들만 선출해 보아라."

그리하여 각 부대에서 뽑힌 군사는 1만 2천여 명이 되었다.

강감찬은 그 군사들에게 명령을 내렸다.

"너희는 내 명령이 있을 때까지 건너편 숲에 숨어 있어라. 단 말 울음소리 하나라도 새어 나와서는 안 된다. 알겠느냐?"

"예!"

그런 다음 강감찬은 또 다른 명령을 내렸다.

"지금부터 진지에 있는 쇠가죽을 몽땅 한 곳에 모아라!"

군사들은 그 명령에 어안이 벙벙했다. 아무리 생각해도 쇠가죽은 전쟁에 필요가 없을 듯싶었다.

군사들은 영문을 몰라 속으로 투덜거렸지만 명령을 거역할 수 없어 쇠가죽을 모아들였는데 그 양이 엄청나게 많았다.

강감찬은 다시 군사들에게 명령했다.

"이 쇠가죽을 단단한 밧줄로 길게 엮도록 하라!"

이 또한 의아한 명령이었지만 군사들은 강감찬의 명령에 따랐다.

군사들이 쇠가죽을 길게 엮었을 때 강감찬은 또다시 명령을 내렸는데 이 명령 또한 그 뜻을 헤아릴 수가 없었다.

"엮은 쇠가죽으로 강물을 막아라! 허술하게 막았다가는 내 용서치 않으리라!"

군사들은 강감찬의 명령대로 엮은 쇠가죽으로 강물을 막았다. 도도하게 흐르던 강물은 금세 시냇물처럼 바닥이 얕게 드러났다.

얼마 지나지 않아 적군이 강 건너편에서 벌떼처럼 몰려왔다. 적들은 강바닥이 얕은 것을 보고는 아무런 생각 없이 물밀듯이 강을 가로질러 말을 달렸다.

적들이 강 한가운데 이르렀을 때 강감찬은 군사들을 향해 추상같은 명령을 내렸다.

"쇠가죽을 묶은 밧줄을 끊어라!"

강감찬의 명령이 떨어지자마자 쇠가죽을 엮어 묶은 밧줄을 자르니 막혀 있던 강물이 한꺼번에 강 하류로 쏟아져 내렸다.

그제야 강감찬의 계략을 눈치챈 적들은 말을 돌리려 하였으나 소용돌이치며 쏟아져 내려오는 물살을 피할 길이 없었다.

군사들은 강감찬의 계략에 감탄하며 큰소리로 강감찬의 이름을 부르며 환성을 올렸다.

적군은 제대로 싸워 보지도 못하고 거대한 강물에 휩쓸려 물귀신 신세가 되었다.

그나마 살아남은 적들이 주춤거리며 퇴각할 즈음 강감찬의 호령이 다시 한 번 우렁차게 천지를 울렸다.

"골짜기의 군사들은 적의 목을 한칼에 베어라!"

그 말이 떨어지기가 무섭게 산골짜기에 숨어 있던 복병들이 튀어 나와 적군의 목을 닥치는 대로 베었다.

싸움은 고려군의 대승리로 끝났다.

성종은 친히 영파역까지 나와 장막을 치고는 강감찬을 환대했다.

강감찬을 맞이하는 음악이 우렁차게 울릴 때 성종은 강감찬에게 다가가 그의 손을 잡았다.

"장군, 참으로 대단하오. 장하오, 장군!"

성종은 황금으로 만든 8가지 종류의 꽃을 강감찬의 투구에 꽂아 주었다. 그러고는 강감찬의 술잔에 친히 술을 따라 주었다.

그때 강감찬의 투구에 피어난 황금꽃들은 햇살에 비쳐 더욱 눈부시게 빛나 살아 있는 그 어느 꽃보다도 아름답고 화려했다. 그 순간 작은 키의 추남은 보이지 않았다. 오직 나라를 위해 공을 세우고 임금과 함께 술잔을 비우는 명장 강감찬의 늠름한 모습만이 있을 뿐이었다.

승려가 된 왕자

대각국사 의천은 고려 제11대 임금인 문종의 넷째아들로 어려서부터 불심이 깊고 총명함이 남달랐다.

의천이 11살이 되었을 때 부왕인 문종이 아들들을 불러 앉혀 놓고 다음과 같이 물었다.

"너희들 중에 누가 출가하여 부처님을 공양하고 복을 빌겠느냐?"

그러자 의천이 선뜻 앞으로 나서며 대답했다.

"폐하! 소자가 그 뜻을 받들겠습니다."

이에 문종은 크게 기뻐하며 영통사의 경덕국사를 경령전으로 불러 의천의 삭발 의식을 거행하였다.

그날부터 의천은 스승인 경덕국사를 따라 영통사로 들어갔다. 밤낮으로 불법을 익히고 공부하는 데 온 정신을 쏟은 의천은 단시일 내에 화엄경을 통달하는 등 실로 그 정진 속도가 남달랐다.

의천은 스승인 경덕국사가 입적한 후에는 당대의 내로라 하는 고승들과 계율종을 비롯한 법상종, 선적종의 법을 논하니 아무도 그를 따를 자가 없었다.

의천은 스승의 뒤를 이어 불법을 강론하고 설파했는데 의천의 법문을 들으러 오는 사람들로 인해 언제나 사찰 주위가 문전성시를 이루었다고 한다.

그때 의천은 15살밖에 되지 않았지만 문종은 그에게 승통僧統의 직함을 친히 하사하였으니 이는 실로 유례 없는 일이었다.

세월은 흘러 문종이 승하하고 그의 대를 이은 순종도 왕위에 오른 지 불과 석 달 만에 병사하는 불상사가 겹쳐 일어났다.

순종에게는 후사가 없었기에 다시 문종의 둘째아들이 대를 이어 즉위하니 이가 바로 고려 13대 임금 선종이다. 그때 의천의 나이 스물아홉이었다.

선종 2년, 의천은 선종을 알현하고 송나라로 유학 갈 것을 아뢰었다. 그러나 선종은 동생이 비록 출가한 몸이기는 하나 그 안위를 걱정하여 허락하지 않았다.

그러나 한번 뜻을 세운 의천은 방도를 강구하다가 모후를 찾아가 도움을 청했다.

선대왕의 유지를 받들어 불심이 지극한 의천의 모후는 송나라로 갈 수 있도록 후일 숙종이 되는 의천의 셋째형으로 하여금 도움을 주도록 조처했다.

의천은 수제자 몇 명만을 대동하고 송나라로 향하니 뒤늦게 이 일을 안 선종이 급히 신하들을 보내어 의천을 보좌하도록 했다.

송나라에 도착한 의천은 송의 황제 철종을 배알하고 성대한 환대를 받았음은 물론 화엄법사 유성을 소개받아 화엄사상과 천태사상에 대해 법을 논했다.

그리고 상국사의 원소종본, 천길상, 불인요원, 항주의 정원선사, 자변대사 등 송의 고승들과 교류하며 가르침을 주고받았다.

의천은 계속하여 천태산의 지자대사의 탑에 참례하고 명주의 대각혜련에 참여한 후 여러 쟁쟁한 고승 대덕들과 법을 논하며 가르침을 주고받았다.

그리하여 마침내 선종 3년 6월, 송나라에 간 지 1년 2개월 만에 진기한 불서 1천여 권을 배에 싣고 고려로 돌아오니 선종과 모후는 친히 봉은사에까지 나와 의천의 무사 귀국을 기뻐하였다.

의천은 귀국하자마자 흥왕사의 주지가 되어 교장도감을 설치하고 송나라에서 가져온 불서 이외에 일본이나 요나라 등지에서도 불서를 모으는 일에 전념하였다.

또한 국내의 남도 지방을 돌아다니며 오래된 불서와 고서들을 수집하여 간행하니 그 수가 무려 4,740부에 이르렀다.

불행하게도 지금 전해 내려오는 책은 얼마 되지 않지만 이 불서들이 바로 『고려속장경』이다.

의천의 나이 42세 되던 해 즉위한 숙종은 해인사에 있던 의천을 불러 올려 흥왕사의 주지로 머물게 하다가 이듬해 낙성사가 완공되자 다시 그곳의 주지로 자리를 옮기도록 했다.

낙성사의 주지가 된 의천은 비로소 천태교를 강론하기 시작했고 마침내 천태종을 개창하니 전국 각지에서 의천의 강론을 듣기 위해 몰려든 승려의 수가 천여 명을 넘었다.

또한 의천은 숙종의 셋째아들이 출가할 뜻을 내비치자 손수 머리를 깎아 주니 그가 후일 의천의 뒤를 이어 승통이 된 원명국사이다.

숙종 즉위 6년 10월에 의천이 병들어 자리에 눕자 그 소식을 들은 임금은 몸소 병문안을 와 의천을 국사國師에 봉했다.

그러나 의천은 끝내 자리에서 일어나지 못하고 입적하니 그의 나이 47세에 불과했다.

숙종은 슬픔을 감추지 못하고 대각이란 시호를 내려 그 높은 공덕을 기렸다.

대각국사 의천은 고려 불교 사상 그 불법의 경지를 따를 승려가 없을 정도로 가히 고승高僧 중의 고승이라 할 것이다.

이자겸의 헛된 야망

　　고려 제17대 왕인 인종의 외할아버지이자 장인인 이자겸에게는 네 딸이 있었는데 인종은 바로 그 이자겸의 네 딸 중 둘째딸의 소생이다.

　　14세의 어린 나이에 왕위에 오른 인종은 장인이자 외할아버지인 이자겸이 권력을 장악하고 있어 유명무실한 왕에 불과하였다.

　　이자겸은 허수아비일 뿐인 인종을 내세워 세도를 부리기 시작하여 모든 권력을 한 손에 쥐고 흔들었다.

　　이자겸의 눈밖에 났다 하면 그가 누구이든지 간에 목이 잘리거나 귀양살이를 면할 수 없었는데 당시 신하들 중 처형을 당한 자가 줄잡아 50여 명이 넘었으니 그 권세가 가히 하늘을 찔렀다.

　　또한 이자겸에게 잘 보여 출세의 야망을 채우려는 자들이 이자겸의 집을 수시로 들락거리기도 했는데 어찌나 많은 사람이 몰려오는지 집은 시장처럼 늘 북적거렸다. 곳간에는 이자겸에게 바친 곡식과 고기가 산더미처럼 쌓여 있었다.

　　사람의 욕심이란 끝이 없는 법인지, 이자겸 역시 욕심이 하늘을 찔러 급기야 병권마저 넘보게 되었고 이 같은 자신의 뜻을 인종에게 넌지시 강요했다.

마음이 순한 인종도 일이 여기까지 이르자 뻔뻔스러운 외조부 이자겸에게 화를 내지 않을 수 없었다.

인종의 이런 마음을 읽은 김찬, 안보린 등은 이자겸을 제거할 계획을 세웠다.

그 동안은 이자겸이 왕의 장인이자 외조부이며, 모든 권력을 쥐고 있어 이자겸의 행실이 과해도 감히 엄두를 못 내고 있었는데, 왕이 이자겸을 미워하니 이제는 두려워할 하등의 이유가 없었다.

그들은 인종에게 아뢰었다.

"대왕 폐하! 이자겸을 그냥 두었다가는 머지않아 큰 화를 입을 것입니다. 그러니 지금 당장이라도 나쁜 싹은 아예 잘라버리는 것이 어떨까 싶습니다."

인종 또한 이자겸의 일로 고심하던 터라 그 말이 몹시 반가웠다.

인종은 곧 이수, 김인존에게 김찬을 보내어 그와 같은 자신의 생각을 전하고 의견을 물었다.

그러나 이수와 김인존은 펄쩍 뛰었다.

"경솔하게 일을 추진했다간 오히려 이자겸에게 화를 입을 것입니다."

인종은 이 말에 굽히지 않고 최탁, 오탁, 권수, 고석 등의 무신을 불러 이자겸을 치기 위한 계획을 서둘러 진행했다.

인종 4년, 겨울이 끝자락에 걸쳐 마지막 꽃샘 추위를 뿜어낼 때였다.

인종의 뜻을 받든 무신들은 보란 듯이 이자겸과 한패인 척준신과 척준경의 아들 내시 척순 등을 죽여 그 시체를 대궐 밖으로 던져버렸다.

그 다음으로는 척준경과 이자겸을 기습할 작정이었다.

그런데 아뿔싸, 이 일은 이자겸의 심복들에 의해 이자겸의 귀에 들어가고 말았다. 이자겸은 놀라 자빠질 지경이었으나 정신을 가다듬은 후 군졸 230여 명을 거느리고 대궐로 향했다.

군졸은 적었으나 이자겸은 죽기를 작정하고 쳐들어가는 셈이라, 대궐 문전에 당도해서 목이 터져라 함성을 질러댔다.

그때의 소리가 어찌나 컸던지 대궐 안에 있는 무신들은 우왕좌왕하기만 할 뿐 어느 누구 하나 나가 대적하지 못하고 허둥거렸다.

이 틈을 타고 대궐에 난입한 이자겸, 척준경 일당은 나무를 쌓고 불을 질렀다. 대궐은 삽시간에 불바다가 되었고, 시뻘겋게 타오르는 불길 앞에서 신하들은 갈팡질팡했다.

활활 타오르던 불길은 인종이 머물고 있는 내전에까지 미쳐 인종은 열 명 남짓 되는 신하들의 호위만을 받으며 겨우 삼호정으로 피신했다.

화가 난 이자겸은 칼을 빼들고 궁녀든 신하든 보이는 대로 목을 잘라버렸다.

거기에다 이자겸의 아들 의장이 승병 300여 명을 거느리고 합세하여 대궐을 전쟁터로 만들어버렸다. 그들은 온갖 만행을 저지르며 인종의 기세를 무참히 짓밟아버렸다.

결국 이자겸을 치려던 계획은 완전히 수포로 돌아가고, 대궐은 불에 타 삼호정과 정자 등 제석원의 골마루 수십 칸만이 남게 되는 실로 어처구니없는 결과를 낳았다.

인종은 이자겸의 사택에 연금되어 일거일동을 감시받게 되었다. 인종은 모든 것을 이자겸과 척준경에게 빼앗겼다.

인종은 자신의 계획이 수포로 돌아가자 차라리 이자겸에게 왕위를 내놓는 것이 자신에게 화가 미치지 않는 일이다 싶어 이자겸에게 그 뜻을 전했다.

그런데 이수라는 사람이 이자겸과 다른 신하들이 있는 자리에서 이렇게 말했다.

"임금께서 어떤 말씀을 하셔도 이공께서는 왕위를 물려받을 사람이 아니오. 이공은 그런 욕심을 부릴 분이 아니지요."

이자겸은 자나깨나 왕위가 탐났지만 그렇다고 면전에 대놓고 말하는 이수 앞에서 속을 내보이듯 말할 수는 없는 노릇이었다.

"그럼요. 물론 그렇지요. 저도 왕위를 물려받을 생각은 없소이다."

인종이 왕위를 운운하자 속으로는 미치도록 왕위를 넘겨받고 싶었지만 사양할 수밖에 없었다.

이자겸의 집에 두 달여 동안 갇혀 있던 인종은 그해 5월에 연경궁으로 옮겨졌지만 마찬가지로 이자겸 일파에게 감시당하며 왕의 권리나 자유를 찾지 못했다.

그러던 어느 날 척준경의 하인과 이자겸의 하인 사이에 싸움이 벌어졌는데 급기야는 그 일로 인해 이자겸과 척준경 사이가 알게 모르게 벌어졌다.

인종은 이 기회를 놓치지 않았다.

인종은 척준경을 대궐로 불러들여 말했다.

"경은 들으시오. 내 지난일을 깨끗하게 잊은 지 오래요. 앞으로 왕실을 위해서 그대가 힘써 주기만을 바랄 뿐이오."

척준경은 인종의 말에 감복해 입을 떡 벌리고 다물지 못했다.

"황송하옵니다, 폐하! 부디 소신이 지난날 저지른 잘못을 용서하시고 굽어살펴 주옵소서! 소신 이제부터라도 왕실을 굳건히 지키는 데 심신을 바칠 것이옵니다."

한편 이자겸은 왕위를 사양하긴 했지만 그 자리에 대한 야망을 버릴 수 없어 밤낮으로 마음이 편치 못해 긴 한숨을 내쉬었다. 그 한숨이 얼마나 깊던지 마당 앞 소나무 잎이 흔들릴 정도였다.

이자겸의 마음은 급기야 부풀고 부풀어 왕의 목숨을 노리기로 작정하였다. 왕위 앞에서는 왕의 외조부라는 혈연도 온데간데없었다.

왕을 제거할 생각에 궁리에 궁리를 거듭하던 이자겸은 만두를 푸짐하게 빚어 자신의 딸인 왕비를 찾아갔다.

방금 솥에서 쪄낸 만두는 노르스름하고 먹음직스럽게 익어 김이 모락모락 피어올라 보기만 해도 얼른 입에 넣고 싶을 정도였다.

"이것은 소신이 특별히 정성을 들여 만든 것이니, 폐하께 드시도록 하옵소서."

이자겸은 낮은 목소리로 왕비를 재촉했다.

그러나 왕비는 이 말을 믿지 않고 의혹을 품었다. 자신의 아버지가 평소 눈엣가시같이 여기던 왕에게 그와 같은 음식을 진상할 리가 만무한 까닭이었다.

그래서 이자겸이 돌아간 후 왕비는 궐에서 기르는 사냥개에게 만두를 던져 주었다.

사냥개는 기다렸다는 듯 만두를 날름 받아먹었다. 그러나 몇 초도 지나지 않아 사냥개는 쓰러져 죽고 말았다. 그 만두 속에는 왕비의 짐작대로 독이 들어 있었던 것이다.

그러나 이자겸의 악행은 여기서 끝나지 않고 또 다른 음모로 이어졌다.

며칠 후 이자겸은 소고기로 우려낸 육수로 탕을 끓여 다시 왕비를 찾아 갔다. 물론 그 속에 독약이 든 것은 말할 필요도 없었다.

왕비는 이번에도 의혹을 품었지만 아버지인 이자겸이 지켜보고 있었기에 어쩔 수 없이 탕을 왕의 수라상에 올렸다.

이자겸은 왕비가 수라상에 탕을 올리는 것을 보고 야릇한 웃음을 지었다.

그런데 왕비는 수라상에 탕을 놓고 왕에게 가지고 가다가 일부러 발을 헛디딘 척하며 넘어졌다. 탕은 당연히 바닥에 다 쏟아지고 말았다.

"이를 어쩌나? 마마 황송하옵니다."

왕비는 그렇게 호들갑을 떨었지만 이미 이자겸의 음모를 눈치채고 있던 인종은 짐짓 모른 척하며 눈을 돌렸다.

인종은 이자겸이 자신을 죽이려고 한다는 것을 확신한 마당에 더는 이자겸을 그대로 둘 수 없다고 생각했다.

그러나 모든 권력이 이자겸에게 몰려 있는 이상 따로 어찌할 방도가 없어 그저 자신의 무력함을 한탄하며 지낼 뿐이었다.

그러던 어느 날이었다.

마침내 자신의 욕심을 더는 억제하지 못한 이자겸은 궁궐의 무기를 자신의 집으로 몰래 빼내어 반란을 획책했다.

이러한 사실을 미리 알아챈 인종은 척준경에게 편지를 써서 밀사를 보냈다.

"척준경 보시오. 이자겸이 지금 대궐 안의 무기를 자신의 집으로 빼내어 연경궁을 습격하려는 음모를 꾸미고 있소. 시간이 급하니 경의 도움을 바랄 뿐이오. 과인의 목숨은 두렵지 않으나, 왕통이 깨어진다면 이는 나만의 죄가 아니라 대신들에게도 크나큰 치욕으로 남을 것이오."

척준경은 인종의 편지를 받고는 마침 함께 있던 김향이라는 신하와 함께 부하들을 거느리고 연경궁으로 달려갔다.

척준경은 인종을 군기감軍器監(병기 만드는 일을 맡은 관아)으로 모셔 놓고는 곧 휘하의 군사들을 지휘하여 이자겸을 비롯한 그 무리들의 목을 단칼에 베었다.

인간의 욕망은 얼마나 허망하고 헛된 것인가?

한 나라의 임금까지 능멸하며 제멋대로 권세를 탐하던 이자겸은 결국 자신의 과욕으로 인해 스스로 제 무덤을 팠던 것이다.

승려 묘청과 김부식

묘청은 고려의 제17대 임금인 인종 때의 승려로, 풍수에 능통하여 서경을 거점으로 그 세력을 조금씩 키워 나갔다. 그는 이자겸의 난으로 조정이 어수선한 틈을 타 자신의 풍수설을 내세워 도읍을 개경(개성)에서 서경(평양)으로 옮겨야 한다는 서경천도론을 주장했다.

묘청은 우선 일관인 백수한을 자신의 제자로 삼은 뒤 이른바 서경 출신인 정지상을 비롯하여 홍이서와 김안, 이중부 등 조정의 여러 대신들을 자신의 세력으로 끌어들였다. 그들은 서경천도론이 현실화될 경우, 자신들이 조정의 중심부를 장악할 수 있다는 강한 권력욕에 이끌려 묘청과 뜻을 같이한 것이다.

정지상은 우선 조정의 여러 대신들을 설득하여 묘청을 천거하는 상소문을 인종에게 올린 후 묘청을 입궐시켜 인종을 알현토록 했다.

인종을 알현한 묘청은 스스럼없이 자신의 풍수설을 설파하며 서경천도론을 거론하고 나섰다.

"폐하! 소승이 보고 느낀 바에 의하면 지세로 볼 때 이미 개경에서의 국운은 다하였다고 사료됩니다. 그러나 서경의 지세는 바야흐로 크게 일어날 기운을 품고 있사옵니다. 하오니 폐하께서 국도를 서경으로 옮기시면 천하를 호령하게 되어 금金을 비롯한 여러 주변 국들이 폐하께 예를 갖추고 공물을 바칠 것이옵니다.”

묘청의 말에 현혹된 인종은 서경으로 행차하여 묘청이 지명한 땅에다 궁궐을 지으라는 하명을 내렸다.

때는 추운 날씨가 기세를 부리기 시작하는 11월(인종 6년, 1128)이었기에 궁궐을 신축하는 공사에 부역을 나선 백성들의 고충은 이만저만이 아니었다.

그러나 인종은 그 같은 백성들의 고충에는 아랑곳없이 궁궐을 빨리 완성하라고 독촉만 거듭했다.

이듬해 2월, 마침내 궁궐은 완성되었고 인종은 성대한 낙성식을 치르고 궁궐의 이름을 대화궁이라 칭했다.

인종은 대화궁에 한참 동안 머물렀다. 묘청은 매일같이 인종을 알현하고 서경으로 천도할 것을 주청했다.

그러나 궁궐이 완성된 뒤에도 천도는 쉽게 이뤄지지 못했다. 김부식을 비롯한 개경 세력의 반대가 의외로 거셌기 때문이다.

얼마 후 인종은 다시 개경으로 돌아갔고 묘청 일파의 실망은 이만저만이 아니었다.

인종은 묘청을 처음 만났을 때처럼 서경천도론에 그렇게 크게 마음이 동요되지는 않았으나 여전히 묘청을 가까이 두고 이것저것 의논하며 총애를 아끼지 않았다.

인종이 쉽사리 서경으로 천도하지 않을 것이라고 판단한 묘청은 갖가지 계책을 부리기 시작했다.

어느 날 묘청이 서경으로 행차한 인종을 모시고 강물에서 뱃놀이를 즐길 때였다.

한창 연회가 무르익어 가는데 난데없이 뱃전 주위로 색색의 기름이 영롱한 색채를 띠며 뭉게구름처럼 번지기 시작했다.

묘청은 이를 의아하게 여기는 인종 앞에 무릎을 꿇고 아뢰었다.

"폐하! 보옵소서! 이 강에 살고 있는 용이 폐하를 환영하는 뜻에서 부리는 신비한 조화이옵니다! 이것 또한 하늘의 뜻이 아니고 무엇이겠습니까? 하오니 한시바삐 도읍을 서경으로 옮기셔야 합니다."

묘청의 말에 인종은 그 참 신기한 조화라며 놀란 기색이었다.

뱃놀이가 끝난 후, 이를 이상히 여긴 한 신하가 심복을 시켜 조사해 본 결과 강물 밑바닥에는 여러 색깔의 기름이 발린 떡 바구니가 숨겨져 있었다.

그런데 그 다음해, 서경에 있는 중흥사 탑이 화재로 인해 소실되는 일이 생기자 개경 세력은 묘청의 말이 한낱 거짓에 불과하다며 들고 일어났다.

묘청은 이에 아랑곳하지 않고 오히려 더 기세 등등하게 인종에게 주청하여 대화궁 주변에 임원궁성을 쌓고 그 안에 여덟 보살을 모신 팔성당을 만들었다.

그후 개경에 머물던 인종이 다시 서경으로 행차하게 되었는데 갑자기 비바람이 불기 시작하여 왕을 호위하던 장군이 낙마하여 부상을 입는 사고를 당했다.

뿐만 아니라 대동강을 건너 대화궁으로 향하는 길에 자욱한 모래 바람이 불고 벼락이 내리쳐 모두들 혼비백산하며 한 걸음도 제대로 앞으로 나아가지 못하였다.

겨우겨우 대화궁에 도착한 그날 밤에는 눈보라가 휘날리고 우박이 내려 하늘의 재앙을 만난 듯했다.

그와 같은 일로 인해 더 이상 김부식을 비롯한 개경 세력은 묘청을 위시한 서경 세력을 두고볼 수만은 없다고 판단하고 인종에게 상소문을 올리는 등 강력하게 대처했다.

더 이상 자신의 입지가 약해지기 전에 인종의 마음을 붙잡아야 한다고 판단한 묘청은 몇 차례의 상소문을 통해 인종의 서경 행차를 강력하게 권유했다.

그렇지만 워낙 개경 세력의 반대가 심한 터라 인종은 번번이 묘청의 말을 무시할 수밖에 없었다.

마침내 인종 13년(1135) 정월에 들어 묘청은 인종의 마음을 돌이킬 수 없다고 판단하고 조광, 조창언, 유참 등과 합세하여 난을 일으켰다.

우선 개경으로 향하는 모든 도로를 폐쇄하고 서경에 와 있는 개경 사람들을 감금했으며 왕명을 날조하여 각 성의 지휘관들을 모두 창고에 가두었다.

묘청은 개경에 있는 부하 백수한에게 이 일을 통보하였고 백수한은 곧바로 인종에게 이 같은 사실을 아뢰었다.

처음에 인종은 그 말을 믿으려 하지 않았는데 도로가 폐쇄되었다는 소식을 접하고는 급히 신하들을 불러들였다.

묘청이 난을 일으키자 조정의 중론은 군사를 파견하여 난을 평정해야 한다는 쪽으로 기울어졌다.

인종은 곧 김부식을 선봉장으로 한 토벌군을 조직하라 명한 뒤 따로 서경으로 신하를 보내어 묘청에게 군사를 거두어들일 것을 명했다.

그러나 묘청은 최경을 개경으로 보내 다시 한 번 서경으로 천도할 것을 주청하는 상소문을 올렸다.

김부식을 비롯한 개경 세력은 묘청의 그와 같은 행동에 강하게 반발하며 묘청의 무리를 제거할 토벌군의 출병을 인종에게 종용했다.

인종은 하는 수 없이 김부식에게 서경으로 출병할 것을 명했다.

김부식은 서경으로 출병하기에 앞서 묘청과 뜻을 같이하여 서경 천도론을 주장했던 정지상, 백수한, 김안 등의 목을 베고 토벌군을 이끌고 서경으로 향했다.

김부식이 이끄는 토벌군은 성천成川에 당도하여 일단 얼마 동안 군사를 주둔시킨 다음, 주변의 성주들에게 협력할 것을 엄히 명했다.

그리고 다시 토벌대를 인솔하여 안주安州에 닿아 반란군의 후미를 차단하고 반란군의 우두머리인 조광에게 사람을 보내 항복을 권유했다.

전세가 점차 불리해지고 있다는 것을 눈치챈 조광은 심각한 갈등에 빠졌다. 그렇지만 조정의 처분이 두려워 갈피를 잡지 못하고 있었다.

김부식은 그러한 조광의 심중을 간파하고 인종에게 조광의 후일을 약속해 달라는 글을 올렸다.

인종은 평주 판관 김순부를 소윤少尹으로 서경에 보내어 조광에게 후일을 약속해 줄 터이니 항복하라는 명을 전했다.

조광은 더 이상 망설일 필요가 없다고 판단하고 그 즉시 묘청, 유호, 유담을 비롯한 반란 주모자들의 목을 베어 부하 윤첨을 시켜 개경으로 보냈다.

그러나 조정 중신들 중 일부는 반란군의 우두머리들이 제거된 것이 토벌군의 선봉장으로 나선 김부식의 공로로 돌아갈까 봐 일부러 언성을 높였다.

중신들은 김부식이 시간만 끌 뿐 별다른 성과 없이 지내다가 조정에서 보낸 소윤의 공로로 반란군의 우두머리들이 제거되었다고 김부식을 폄하하며 조광이 보낸 윤첨을 그대로 하옥시켜 버렸다.

그 소식을 전해 들은 조광은 항복할 결심을 바꿔 죽기를 각오하고 싸울 것을 다짐했다.

'어차피 잡혀 죽으나 싸우다 죽으나 매한가지다! 살아서 역적이라는 오명을 쓰고 죽느니 이대로 버틸 때까지 버텨 보는 거다!'

김부식 역시 조정의 처사에 안타까움을 금치 못했지만 조광이 항복할 태세가 아니라면 전쟁은 이제부터 시작이라고 생각했다.

조광은 성안의 경계 태세를 늦추지 않는 한편 성을 위시한 대동강 주위로 1,700간이나 되는 새로운 성을 축조하고 토벌군의 수륙 양면 공격에 대비했다.

김부식은 여러 가지 전술을 써서 수차례 성을 공격했으나 워낙 지형이 험한 데다 반란군의 세력도 만만치 않아 고전을 면치 못했다.

한편 대동강에서는 조정에서 급파한 이녹천이 병선 40여 척을 거느리고 강물을 거슬러 올라가 성을 공격하려 했다.

그러나 이를 알아차린 반란군이 강 상류에서 작은 배에 불을 붙여 하류로 흘려 보내는 바람에 불씨가 병선에 옮겨 붙어 병선이 불 탄 것은 물론 강물에 뛰어든 군사들은 비오듯 쏟아지는 화살에 맞아 수많은 사상자를 내고 참패를 당했다.

그러자 조정에서는 김부식을 탄핵하라는 목소리가 높아졌으나 인종은 그것만은 듣지 않았다.

전세가 그렇게 되자 김부식은 장기전에 돌입하기로 결정하고 군사들로 하여금 성을 빙 둘러싸고 철통 같은 수비를 하도록 명했다.

그로부터 1년이 지났다.

성안에 먹을 것이 떨어지자 굶어죽는 백성들이 허다했고 반란군도 차차 그 기세가 누그러졌다.

마침내 총공격을 감행하여 성안으로 진입한 토벌군은 반란군을 완전히 진압하는 데 성공했고, 조광을 비롯한 다른 우두머리들은 자결했다.

이로써 묘청의 난은 끝이 났지만 그 여파로 고려 조정의 판도가 바뀌게 되었다.

암암리에 서로를 견제하던 서경 세력과 개경 세력의 힘 겨루기는 결국 김부식을 위시한 개경 세력의 승리로 끝났다. 이후 개경 세력은 강력한 권력의 핵심을 차지하게 되었다.

이녕의 그림

고려에 온 송나라 사신이 인종에게 그림 한 폭을 선물로 바쳤다.

"임금께 드리려고 우리 송나라에서도 일품으로 여기는 명화를 한 폭 구해 왔습니다. 마음에 드시옵니까?"

"허허허, 이렇게 훌륭한 그림을 주시니 고맙구려."

사신이 물러간 뒤 인종은 그 그림을 유심히 바라보았다. 송나라 사신이 바친 그림은 강의 풍경을 그린 것으로 인종이 한눈에 보기에도 훌륭한 그림인 듯했다.

인종은 문득 당대의 유명한 화공인 이녕에게 이 그림을 보여 주어야겠다는 생각이 들었다.

송나라에서도 명품임을 자랑하는 것이기에 고려 최고의 화공인 이녕의 솜씨와 비교해 보고 싶었던 것이다.

"여봐라! 화공 이녕을 들라 하라!"

그 당시 이녕은 인종이 가장 아끼는 화공으로 당대 최고라는 평가를 받고 있었다. 그의 그림 솜씨는 가히 신의 경지에 올라 있었다.

이녕의 그림 솜씨를 짐작할 수 있는 다음과 같은 유명한 일화가 있다.

이녕의 스승 이준은 화공으로서의 그림 솜씨는 뛰어났는지 모르지만 남을 배려하는 마음이 없는 사람인지라 자신보다 그림을 잘 그리는 사람을 시기하였다.

하여 다른 사람의 그림을 평가할 때는 절대로 칭찬하지 않았으며 이것 저것 흠을 잡아 면박을 주고 헐뜯기에 바빴다. 또한 자신의 제자들에게도 그림의 기술을 제대로 전수해 주지 않았다.

그러던 중 이준이 인종의 명을 받아 어떤 그림을 평가하게 되었다.

인종이 보여준 그림은 이준이 보기에도 진정 천하 제일의 명화였다.

"폐하, 이 그림을 어디서 얻으셨는지 모르겠사오나 소신이 보건대 지금까지 보아 온 어떤 그림보다도 뛰어난 작품이옵니다. 그림 속의 풍경은 진실로 살아 있는 듯하여 생동감이 넘치는 것이……. 황공하오나 소신도 이 같은 그림은 그리지 못하였사옵니다. 폐하께서 이처럼 귀한 그림을 얻으신 것은 모두 폐하의 은공이 넓으신 덕인 줄 아뢰옵니다."

모처럼 이준이 극찬을 하자 인종은 흐뭇해했다.

"허허, 자네같이 야박한 비평가가 그리 높게 평가하는 것을 보니 과연 이 그림이 명품은 명품인가 보구려. 이렇게 되면 자넨 대단한 제자를 키운 훌륭한 스승으로 평가받게 되겠는걸!"

"예?"

인종의 뜻 모를 말에 이준은 어리둥절했다.

"자네가 극찬한 이 그림은 자네가 결함이 많다고 하던 자네의 제자 이녕의 그림일세. 아마도 자네 곁을 떠난 뒤에 그림 솜씨가 많이 는 모양일세그려. 하하하."

그후부터 이녕은 인종의 총애를 받으며 궁궐에서 그림을 그리게 되었다.

"폐하, 화공 이녕 대령하였사옵니다."

"오, 어서 오시오. 내가 방금 송나라 사신에게 그림 한 폭을 선물받았는데 그대에게 보이고 싶어 불렀소. 내가 보기엔 지금껏 이런 솜씨를 본 적이 없는 것 같소. 역시 송나라에는 인재가 많은 듯하오."

인종이 극찬을 하며 그림을 이녕에게 보여 주었다.

이녕이 그림을 유심히 살펴보더니 조용히 말했다.

"폐하, 황공한 말씀이오나 이 그림은 소신의 그림이옵니다."

"뭐라! 자네의 그림이라니? 이 그림은 조금 전 송나라 사신에게 받은 것인데, 그게 무슨 말인가?"

인종은 이녕의 말에 놀라 물었다.

"몇 해 전 소신이 송나라에 사신으로 간 적이 있사옵니다."

"그렇지, 그건 과인도 알고 있소."

"그때 송나라 황제께서 소인을 부르시더니 고려의 예성강 포구가 무척 번화한 곳으로 들었다며 직접 가진 못하니 그림으로나마 보시고 싶다 하셨습니다. 하여 소인이 미진한 솜씨를 부려 그곳의 풍경을 그려 주었사옵니다. 그런데 그 그림이 여기에 있어 소인도 잠시 놀랐습니다."

이녕이 차분하게 말했으나 인종은 믿어지지 않았다.

"그렇다면 자네의 낙관이 찍혀 있어야 하지 않은가? 그런데 여기 이 그림에는 낙관이 보이지 않는구먼."

"아마 표구를 하면서 낙관 찍힌 부분이 가려진 모양입니다. 황공하오나 그 그림을 가린 천을 뜯어 보시면 제 말이 진실임을 아실 수 있을 것입니다."

인종은 끝내 이녕의 말이 믿어지지 않았는지 그림의 족자를 뜯게 하였다.

그런데 과연 천으로 가려진 그림의 끝 부분에 이녕의 낙관과 이름이 적혀 있었다.

"허허허, 내 그대의 말을 믿지 못해 미안하구려. 하지만 송나라에서도 이 그림을 굉장한 보배인 양 여긴다 하여 그 나라 사람이 그린 것으로만 생각한 것이오. 그대가 이처럼 송나라에까지 가서 그 솜씨를 인정받았다 하니 기쁘기 그지없구려."

인종은 이녕을 믿지 못한 것에 대해 미안해하며 더욱 그를 가까이에 두고 아꼈다.

유응규의 청렴한 아내

"이것이 무엇이냐?"

남경(지금의 서울)의 태수로 부임해 온 유응규에게 관가의 한 관리가 묵직한 주머니 하나를 건네주었다. 이에 유응규는 짐작이 가는 것이 있는데 모른 척하며 다시 한 번 물었다.

"이것이 대체 무어냐고 묻지 않았소!"

관가의 관리는 유응규의 비위를 최대한 맞추려고 애를 쓰며 대답했다.

"약소합니다만 진상품입니다."

"무엇이라! 진상품?"

유응규의 언짢아하는 모습에 관리는 눈치를 살피며 말했다.

"예. 아마 곧 여러 진상품이 더 들어올 것입니다."

"진상품이라니! 내 알기로 백성들의 생활이 어렵다고 들었거늘, 그들에게 도움은 주지 못할망정 백성들로부터 착취한단 말이냐!"

처음에는 '진상품이 적어 언짢은가. 괜히 제일 먼저 가지고 와 화를 입는 게 아닌가'라는 생각에 차차 많은 진상품을 받게 될 것이라는 말을 했던 관리는 오히려 유응규의 화를 더욱 돋우고 말았다.

유응규의 호령에 관리는 어쩔 줄 몰라했다.

으레 해온 일로 새삼스러울 것도 없는 일인데 이를 따지는 유응규의 반응에 어찌 대처해야 할지 도무지 판단이 서지 않았다.

당황하는 관리의 모습을 보며 유응규는 엄하게 말했다.

"차후 또 한 번 이런 진상품을 가지고 백성들을 괴롭히는 이가 있으면 내 엄히 다스릴 것이니 명심하도록 하시오!"

관리는 유응규의 이 같은 처사에 당혹스러웠다.

그 무렵은 의종의 문란한 정치로 인해 관리들이 관례처럼 부정과 부패를 일삼던 때였다.

그러므로 대개 한자리한다 싶은 사람들은 물을 만난 물고기처럼 재물을 긁어모으는 일에 혈안이 되어 있었다. 자신의 잇속을 채우는 일에 급급하여 백성들이야 굶어 죽든 말든 전혀 관심을 두지 않았던 것이다.

하지만 지금 남경의 새로운 태수로 부임해 온 유응규는 사람들이 지극히 당연한 것으로 여기는 일에 대해 크게 호통을 치고 있었다.

관리는 반신반의하며 얼떨떨한 표정으로 물러나왔다. 하지만 시간이 지나면서 유응규라는 인물이 다시없는 훌륭한 태수라는 것을 알게 되었다.

유응규는 태수로서 받는 녹봉 외에는 일절 어떤것도 받지를 않으면서 오로지 백성들의 안락한 생활을 위해 전념하였다.

그리하여 유응규라는 인물은 역사의 한 페이지에 청렴한 인물로 기록되어 후세에 이름을 남기고 있다.

하지만 유응규가 이렇게 청렴한 인물로 평가되기까지는 부인의 내조도 적지 않은 영향을 끼쳤다.

유응규의 아내는 남편 못지않게 청렴했다.

아내가 한동안 병치레를 하고는 기력이 회복되지 않아 병상에 누워 있을 때의 일이다.

오랫동안 병으로 누워 있었던지라 아내는 입맛이 없어져 한 끼 식사하는 것조차 힘들어했다.

그런 마님을 옆에서 지켜보아야 하는 몸종은 자신이 더 애가 탔다. 도대체 남편이 태수면 뭐하나 싶은 생각까지 들 지경이었다.

환자에게는 밥이 보약이거늘 맛있는 반찬 하나 만들어 주지 못하는 형편이었다. 반찬이라고는 고작해야 나물뿐이니 몸종은 속이 상해 어쩔 줄 몰랐다.

그때 대문 밖에서 누군가 작은 목소리로 사람을 찾는 소리가 들려 왔다.

몸종은 급히 나가 보았다. 청렴한 주인들 덕에 태수의 집이라도 찾아오는 사람이 거의 없었기에 의아한 얼굴로 문을 열었다.

문 앞에는 관가의 관리가 서 있었다. 그는 목소리를 낮추어 말했다.

"마님은 어떠하시냐?"

관리의 물음에 몸종은 한숨을 쉬며 답했다.

"그저 그렇습니다."

관리는 혀를 차며 안쓰럽다는 표정으로 말을 이었다.

"필경 드시는 것이 변변치 못해서 그런 것일 게야. 내 그럴 것 같아 여기 꿩 한 마리를 가져왔으니 아무 말 말고 네가 알아서 마님이 드시게 해야 한다."

몸종은 관리의 배려에 자신도 모르게 큰소리로 감사의 말을 했다.

"감사합니다, 나리."

"쉿! 조용! 내가 준 것이 들통나지 않게 조심해야 할 게야. 그리되었다가는 내 이렇게 가져온 보람도 없어지는 것이니, 네가 적당히 알아서 말씀드리고 마님이 잡수실 수 있도록 해야 한다. 그럼 난 이만 갈 터이니 아무쪼록 마님을 보살펴 드리는 데 온갖 정성을 쏟도록 하거라."

유응규 부부의 성격을 잘 알고 있는 그는 조심스럽게 주위를 살피고는 돌아갔다.

몸종은 모처럼 얻은 꿩을 보며 신이 났다.

'이것을 어찌 요리해야 마님께서 드시려나? 가만, 마님께 아무 말도 않고 요리를 했다가는 필경 드시지도 않고 나만 경을 칠 텐데. 어찌한다?'

몸종은 이리저리 궁리 끝에 빙그레 웃으며 마님께 아뢰었다.

"마님, 쇤네가 잠시 저잣거리에 갔다가 우연히 아는 친척을 만나 꿩 한 마리를 얻어 왔습니다."

몸종의 말에 유응규의 부인은 천천히 자리에서 일어나 앉았다.

"그래, 그 친척이 꿩을 줬단 말이냐?"

"예, 마님"

"친척이 네가 언제 저잣거리에 나올 줄 알고 꿩을 갖고 나왔더라는 말이냐?"

거짓을 말하는 몸종은 가슴이 철렁 내려앉아 말을 더듬거렸다.

"아아…… 예, 저…… 먼저부터 저에게 꿩을 주겠다고 하더니 마침 오늘 주려고 마님댁으로 찾아오다가 저를 만난 겁니다."

유응규의 부인은 몸종의 얼굴을 가만히 바라보았다.

"그 꿩은 임자에게 돌려주거라."

마님의 말에 몸종은 얼굴이 하얗게 변했다.

"마님, 제가 잘못했사옵니다. 이 꿩을 관리가 주었다고 하면, 마님께서 안 드실 것 같아 제가 거짓을 아뢰었습니다. 하지만 마님, 이

왕 이렇게 받았사오니 드시고 몸을 추스르심이 어떻겠습니까?"

유응규의 부인은 미소를 지으며 말했다.

"네가 이렇게 나를 생각하는 것은 내 고맙게 생각하느니라. 또한 병중인 나를 생각해서 그것을 보내준 이의 정성도 고맙구나. 하지만 잠시 내 몸을 추스르고자 그것을 받는다면 지금까지 지켜온 태수 나리의 청렴 결백은 어떻게 되겠느냐? 아내 된 도리로 남편을 극진히 받들지는 못할망정 남편의 이름에 오점을 남기게 할 수는 없다. 어서 돌려주거라."

마님이 이렇게 단호히 말했는데도 몸종은 그래도 아쉬운지 한마디 했다.

"마님, 이까짓 꿩이 무슨 뇌물도 아닌데, 이웃간에 음식을 나눠 먹는 것으로 생각하시면 안 되겠사옵니까?"

"그건 아니 될 말이다. 물론 이웃끼리 돈독한 정을 키우기 위해 음식을 나눠 먹는 것은 좋은 일이다. 하지만 우리는 지금 한 고을을 다스리는 태수의 자리에 있는 집안이다. 아무리 사소한 것이라 할지라도 태수께서 지금까지 쌓아온 청렴 결백을 무너뜨리는 일을 삼가야 하느니라. 어서 돌려주거라."

몸종은 더 이상 말을 하지 못하고 꿩을 들고 나와 그 길로 관리의 집으로 가서 돌려주었다.

관리는 꿩을 받으며 혀를 찼다.

"아니, 어쩧기에 이것을 다시 가져왔느냐? 네가 잘 알아서 마님이 드시도록 하라고 내 그토록 일렀거늘……."

몸종은 마님의 뜻을 이야기해 주었다.

관리는 고개를 설레설레 흔들었다.

"거참, 대단하신 분들일세. 요즘 세상에 다들 자기 이익만 챙기거늘……, 우리 나리 같은 분이 몇 명만 더 있었다면 이 나라가 이 꼴은 안 되었을 터인데……."

관리는 이렇게 말하고는 꿩을 들고 집안으로 들어갔다.

흔히 하는 말로 그 남편에 그 아내가 아닐 수 없다. 그러나 그렇게 꿩 한 마리조차도 쉽게 받지 않았던 부인의 철저한 내조가 있었기에 유응규의 청렴 결백이 빛을 발할 수 있었던 것이다.

경대승과 정중부

마당에서는 곡식을 추수하느라 일꾼들의 손길이 바빴다. 이름하여 추수의 계절. 마당 가득 콩, 팥, 수수 등이 가을 햇볕에 잘도 마르고, 그 위로 빨간 고추잠자리가 날아다니고 있었다.

또한 누런 벼를 털어 내는 일꾼들의 손은 쉴새없이 움직였고, 그럴 때마다 벼 이삭들이 알알이 떨어져 쌓이고 있었다.

추수가 한창인 마당 한쪽에서 우두커니 그 모습을 쳐다보는 한 소년이 있었다.

소년은 가끔 곡식들을 만져 보기도 하고, 고추잠자리를 잡으려 위로 껑충 몸을 솟구쳐 보기도 했다. 누가 보기에도 소년은 그저 추수하는 것을 구경하는 평범한 동네 아이 같았다.

오늘 곡식을 추수하는 집은 인근에서도 알아주는 부잣집으로서 워낙 추수한 곡식의 양이 많은 데다 다른 해와는 달리 감시하는 사람도 없어 일꾼들은 추수를 하는 척하며 슬쩍 곡식을 훔치고 있었다.

아낙네들은 치맛자락에 곡식을 숨겨 대문 밖으로 눈치를 보며 슬금슬금 나갔다가는 빈손으로 돌아왔고, 남정네들은 아예 곡식을 담은 가마니를 통째로 빼가는 이도 적지 않았다.

그러면서 일꾼들은 뭐라 자기들끼리 작은 목소리로 속삭이며 주인이 있는 안채의 동정을 살피는 눈치였다.

어느덧 해가 지고 붉은 노을이 서서히 서쪽 하늘을 물들이기 시작했다. 그때까지도 일꾼들은 제대로 일은 하지 않고 눈치껏 곡식을 훔치는 일에만 열중이었다.

이윽고 하루 일이 끝나고 일꾼들이 각자의 집으로 돌아가려고 할 때였다.

아침나절부터 그때까지 마당에 있으면서 일꾼들이 추수하는 것을 신기한 듯 쳐다보며 혼자 놀고 있던 소년이 처음으로 입을 열었다.

"이보시오. 도둑질도 적당히 해야 되지 않겠소? 어찌하여 추수하는 것보다 훔쳐 가는 것이 더 많은 겁니까?"

일꾼들은 깜짝 놀라 눈이 휘둥그레져 한마디씩 수군댔다.

"누구지? 아침부터 마당에서 혼자 놀고 있기에 우리들 중 누군가가 데려온 아이인 줄 알았는데?"

"그러게. 대체 누구지?"

"큰일 났소! 내 알아봤더니 저 도련님이 바로 이 주인댁 아드님이라는구먼. 주인이 감시하라고 시킨 게 틀림없을 텐데, 이제 우린 꼼짝없이 관가로 끌려가게 생겼소."

"아무리 그래도 그렇지. 어떻게 하루 종일 우리가 하는 짓을 꾹 참고 보고 있었을까? 보통 도련님이 아닌 게 틀림없어."

이 소년이 바로 고려 명종 때의 장군 경대승이다. 그는 15세에 교위가 되어, 이후 장군에까지 올랐다.

경대승은 어려서부터 성격이 곧고 강직하여 많은 사람들이 그를 보고 칭찬하기를 주저하지 않았다.

또한 경대승은 불의를 보면 참지 못했는데 그럴 때면 남보다 앞장서서 싸워 이겨야만 직성이 풀렸다.

경대승이 벼슬에 오른 시대는 정중부, 이의방, 이고 등의 무신들이 득세한 이른바 무신정권 시절이었다.

무신들은 오로지 힘 하나만을 믿고 권세를 뒤흔들었는데, 그 중에서 정중부의 세도는 나는 새도 떨어뜨린다는 말을 절로 떠올릴 수 있을 정도였다.

임금은 힘을 잃고 백성들의 생활은 궁핍하기 이를 데 없어 민심은 날로 흉흉해졌다.

정중부의 세도가 이쯤 되자 사람들은 오로지 아첨과 편법으로 정중부의 심기를 건드리지 않으려 노심초사했다.

그러나 경대승만은 오히려 꼿꼿한 자세로 정중부를 대하며 어떻게 하면 그의 오만 방자함을 누르고 미력한 조정의 위신을 바로 세울 수 있을까 고민하고 있었다.

그런데 정중부의 사위인 송유인이라는 자가 문극겸과 한문준을 배척하여 민심을 잃게 되는 일이 벌어졌고 경대승은 이 기회를 하늘이 주신 것이라 여겼다.

'그래, 때가 왔구나. 지금 미친 말처럼 날뛰는 저 정중부 일당을 없애야지!'

그의 눈은 이글이글 불타고 있었다.

경대승은 먼저 친한 친구 허승을 찾아가 도움을 요청했다.

"이보게, 자네도 알다시피 정중부 일당이 하는 짓이 갈수록 심해져 가네. 이대로 두면 나라가 휘청거릴지도 모르겠네. 정중부 일당을 지금 소탕해야 되지 않겠는가? 우리 힘을 모으세."

친구 허승은 흔쾌히 승낙하였다.

"대궐에서 장경회를 마치는 날 저녁 자네가 먼저 잠입해 있다가 정중부의 아들 정균을 죽이게나. 그런 다음 자네의 휘파람 소리에 따라 내가 사병들을 지휘해 기습하겠네."

그날 둘은 단단히 약속을 하고 헤어졌다.

그 어느 때보다도 경대승의 눈에는 힘이 넘쳤고, 가슴은 불의를 제거해야 한다는 생각에 요동치고 있었다.

드디어 약속한 날이 왔다.

경대승은 먼저 사병들을 거느리고 대궐 담을 넘어가 기습 공격을 위해 사병들을 곳곳에 은밀하게 배치시켰다.

그러는 동안 장검을 든 검은 그림자 하나가 서서히 정중부의 아들인 정중에게로 다가갔다. 장검을 든 사람은 허승이었다.

뭔가 스쳐 지나갔다는 느낌뿐이었는데 정적을 울리는 외마디 비명 소리가 허공을 갈랐다. 뒤이어 휘파람 소리가 밤의 적막을 타고 경대승의 귀로 전해졌다.

경대승은 휘파람 소리를 듣자마자 숨어서 명령만을 기다렸던 사병들과 함께 일제히 습격을 단행했다.

먼저 대장인 이경백을 죽이고 그 일당을 닥치는 대로 죽였다.

사태가 이쯤 되자 대궐 안은 삽시간에 아수라장으로 변했다. 번뜩이는 칼날이 휙휙 소리를 내며 번쩍거렸고, 여기저기서 비명 소리가 진동했다.

명종 또한 무슨 일인지 갈피를 잡지 못하고 어찌할 바를 몰라 허둥지둥 몸을 피하기에만 바빴다.

어느 정도 승세를 잡은 경대승은 명종 앞에 무릎을 꿇고 이렇게 아뢰었다.

"폐하! 이는 사직의 안전을 위함이니 너무 두려워하지 마시옵소서."

경대승은 이에 그치지 않고 정중부와 송유인 부자 등을 잡아 거리에 세우고는 백성들이 지켜보는 가운데 칼로 목을 동강냈다.

하지만 경대승이 정중부 일당을 소탕했어도 아직 불씨가 남아 있었다. 그것은 바로 이의방과 이고 등이었다.

경대승에게 불만을 품은 자가 아직 도사리고 있었기에 경대승은 신변을 보호하기 위해 사병을 두었는데 이들 집단을 도방이라 불렀다.

경대승은 집 밖을 나갈 때마다 신변을 보호하기 위해 도방의 사병들을 거느리고 다녔다.

당시 무신들은 경대승과 비슷한 형태의 사병을 비밀리에 키우고 있었는데, 가끔씩 경대승의 사병과 충돌하는 일이 벌어졌다.

이런 일이 벌어질 때마다 피해를 입는 쪽은 백성들이었기에 사병들에 대한 평이 그리 좋을 리가 없었다.

한편 무신들은 호시탐탐 경대승을 없애려 계략을 짰다. 그들은 우선 사병에 대한 좋지 않은 여론을 이용해 경대승 휘하에 있는 도방을 와해시키고자 이들에게 자주 시비를 걸었다. 그러나 도방의 사병들 또한 경대승처럼 청렴 결백한 자들이라 뜻대로 되지 않았다.

결국 무신들은 장안에서 내로라 하는 깡패들을 모아들였다. 그리고 이러한 깡패들을 밤마다 경대승이 이끄는 도방의 사병 복장으로 변장시킨 뒤 강도질을 시켰다.

주막에 들어가 실컷 먹고 마시고는 돈 한푼 내기는커녕 주막의 주인까지 죽여버리는 일이 비일비재했고 말리는 사람들에게까지도 주먹질을 해댔다.

아무것도 모르는 백성들은 감쪽같이 속아넘어가 이 일을 경대승의 사병들이 한 짓이라고 여겼다.

급기야 이러한 일은 명종의 귀에까지 들어가 명종도 경대승을 대하는 태도가 예전과는 사뭇 달라졌다.

자신이 이끄는 도방의 사병들이 도둑질은 물론 강도질이며 살인까지도 밥먹듯이 한다는 얘기를 듣게 된 경대승은 기절초풍할 노릇이었다.

"아니, 내 도방의 사병들이 그런 짓을?"

경대승은 도저히 믿어지지 않아 고개를 절레절레 흔들었다.

"아냐, 그럴 리 없다. 이건 틀림없이 누군가의 모략이다."

경대승은 도방의 사병들을 마당에 모아 놓고 큰소리로 말했다.

"듣거라. 내 오늘 참으로 해괴한 소문을 들었다! 여기 모여 있는 너희가 밤마다 강도나 살인 등 온갖 못된 짓을 하고 돌아다닌다던데 그게 사실이냐? 만약 그러한 악행을 저지른 자가 있다면 지금 당장 앞으로 나오너라. 어서!"

그러나 단 한 사람도 나오지 않자, 경대승은 다시 말을 이었다.

"내 짐작한 대로 우리 도방에는 그런 못된 자가 없는 것으로 알겠다. 그러나 우리는 지금 모함을 받고 있다. 어느 놈의 계략인지 알아내야 한다. 그리고 그런 계략을 꾸민 자를 잡아들여 세상에 알려야 우리의 입지가 바로 설 것이다. 그러니 너희는 지금부터 그놈들을 잡아들여 이 더러운 오명을 씻도록 하라!"

그날부터 밤이면 밤마다 장안에는 도방에서 파견된 사병들의 예리한 눈빛이 여기저기서 번뜩였다.

그 결과 도방의 사병을 사칭하여 폭행을 일삼던 깡패들의 수가 눈에 띄게 줄어 들었는데 이는 깡패들을 시켜 그 같은 일을 시킨 무신들이 기미를 알아채고 깡패들을 단속한 까닭이었다.

무신들은 그 배후가 드러나면 목이 달아남을 알고 있었기에 꼬리를 감춘 것이었다.

어느 날 밤, 경대승은 온 몸이 식은땀으로 범벅된 채 잠자리에서 벌떡 일어났다.

"참으로 기분 나쁜 꿈이다. 벌써 이 꿈이 몇 번째이던가?"

그날 역시 경대승은 똑같은 꿈을 꾸다 깬 것이었다. 그것은 바로 경대승이 죽인 정중부가 칼을 들고 덤벼드는 꿈이었다.

정중부는 시퍼런 칼을 들고 경대승을 향해 달려왔다.

"네 이놈, 내 목을 친 놈. 너도 내 칼에 죽어라!"

정중부는 눈에 쌍심지를 켜고 경대승을 향해 다가왔다.

어찌나 빨리 달리는지 경대승이 있는 힘을 다해 달려도 정중부는 이내 경대승의 뒷덜미를 잡고야 말았다.

"경대승, 네 이놈! 내 기필코 네놈의 목을 치고 말리라!"

경대승이 온 몸을 바르르 떨다 벌떡 일어나 보면 베개며, 옷이 흥건하게 젖어 있고, 얼굴에는 식은땀이 송골송골 맺혀 있었다.

이런 일이 계속되다 보니 경대승은 밤이면 제대로 잠을 이룰 수가 없었고, 나날이 수척해졌다.

경대승은 가끔씩 이렇게 한탄했다.

"내 사나이 대장부로서 나라의 기강을 위해 정중부를 쳤거늘 그 일이 잘못된 것이 아닌데, 왜 이다지 꿈에까지 나타나는가! 아! 이제 내 마음이 흔들리고 있는 것은 아닌가?"

그뒤부터 경대승은 시름시름 앓기 시작했다.

오로지 나라의 기강을 바로잡기 위해서 청렴 결백하게 살았던 사나이 중의 사나이 경대승은 30세의 젊은 나이에 안타깝게도 영원히 눈을 감고 말았다.

그의 죽음이 얼마나 아쉬웠는지 그의 업적을 추모하여 통곡하는 백성들의 행렬이 그의 상여 뒤로 길게 늘어섰다.

그러나 그의 죽음은 또 하나의 안타까운 결과를 낳고 말았다. 경
대승이 죽자 도방의 사병들은 부모 없이 떠도는 고아 신세가 되어버
린 것이다.

배운 것이 도둑질이라고, 도방의 사병들은 싸우는 일 외에 다른
일은 할 줄 몰랐다. 그러다 보니 자연 주먹과 칼을 휘두르게 되었고
마침내 진짜 도적이 되고 말았다.

나라에서는 도적이 된 도방의 사병들에 대한 문제로 한동안 골
머리를 앓았다.

최씨 형제의 권력 다툼

고려 제19대 임금이었던 명종은 무신 정중부의 난으로 즉위하게 되었으나 의지가 나약하고 성격이 소심하여 재위 기간 동안 왕으로서의 위엄을 세우지 못하고 언제나 신하들에게 이끌려 다니기만 하는 한낱 허수아비 왕에 불과했다.

그 당시 고려는 바야흐로 무신정권 시대로 접어들고 있었기 때문에 문신보다는 무신들이 나라의 정사를 좌지우지했다.

무력한 임금은 권력을 잡고 있는 무신들의 눈치를 살피느라 제대로 말 한마디 하지 못했고, 무신들은 힘없는 임금과 조정을 농락하며 자신들의 세력을 키우고 과시하는 데 혈안이 되어 있었다.

그런 무신들 중에서도 이의민 일가의 횡포가 가장 심했는데 이의민을 비롯하여 그의 세 아들인 지순, 지영, 지광의 극악무도함은 이루 말할 수가 없을 지경이었다.

부당한 방법으로 재물을 축적하는 것은 물론 출중한 미색이라면 처녀든 여염집 아낙네든 가리지 않고 제 욕심을 채웠는데, 둘째아들인 이지영은 명종의 후궁까지 겁탈했다.

그런데도 나약하기 그지없는 명종은 그 일을 알고서도 모른 척 그냥 넘어갈 수밖에 없었다.

이렇게 임금의 힘이 무력하다 보니 백성들의 생활은 피폐하기 이를 데 없었고 그로 인해 곳곳에서 민란이 발생하고 민심이 흉흉해졌다.

그러던 중 녹사 벼슬에 있던 최충수와 이의민의 아들 이지영이 사소한 일로 싸움을 벌이게 되었다. 분을 참지 못한 최충수는 형인 최충헌을 찾아가 이의민 일가를 칠 계략을 세웠다.

마침내 최충헌과 최충수 형제는 이의민 일가를 제거하는 데 성공했다. 그리고 무력한 명종을 보위에서 몰아내고 평량공을 왕위에 앉혔는데, 이가 바로 신종이다.

이로부터 세상의 판도는 최씨 일가의 세도 아래 놓이게 되었다. 그러나 최씨 무신정권 또한 순탄치만은 않았다.

흔히 그렇듯이 권력은 마약처럼 사람을 중독시킨다. 최충헌의 동생 최충수는 권력의 맛을 느끼기 시작하면서부터 순식간에 권력의 포로가 되었다.

최충수는 이미 혼인을 한 태자비를 폐하고 자신의 딸을 태자비로 올려 훗날 태자가 보위를 이어받을 때 자신이 권력을 완전히 장악하려는 음모를 획책했다.

최충수는 신종을 알현하고 자신의 딸을 태자비로 거론하며 은근히 압력을 가했다.

신종은 최충수의 음모를 눈치챘지만 막강한 그의 힘을 당할 방도가 없어 어쩔 수 없이 태자비를 폐하고 대궐 밖으로 내보냈다.

최충수는 모든 일이 뜻대로 되자 회심의 미소를 지으며 자신의 딸을 태자와 혼인시키기 위한 준비를 서둘렀다.

일이 이쯤 되자 최충헌의 귀에도 최충수의 음모가 들어가지 않을 수 없었다.

소식을 들은 최충헌은 크게 놀라 부랴부랴 동생 최충수의 집으로 찾아갔다.

최충수는 형이 올 것을 미리 예견하고 있었던 터였기에 침착하게 형님을 맞아들이고 술상을 차려 오라고 명했다.

두 형제는 아무런 말 없이 술잔을 주거니 받거니 하면서 거나하게 취했다.

술 기운이 어느 정도 올랐을 무렵 최충헌이 동생에게 먼저 말문을 열었다.

"네 딸을 태자비로 들여보낸다는 말이 사실이냐?"

기다렸다는 듯이 최충수가 말을 받았다.

"형님께서 어떻게 들으셨는지는 모르지만 폐하의 명이 워낙 지엄한 까닭에……."

말을 다 잇지 못하고 말끝을 흐리는 동생을 향해 최충헌이 눈을 부릅뜨고 언성을 높여 말했다.

"그게 무슨 말이냐? 폐하의 명이라니! 나는 폐하께서 그런 명을 내렸다는 소릴 들은 적이 없다! 우리 형제가 지금 이만한 위치에까지 오르게 된 연유를 잊은 것이냐? 극악무도한 이의민 일가로부터 왕실을 지키고 땅바닥까지 추락한 왕실의 위신을 바로 세우기 위함이었다!"

형의 말에 최충수는 잠자코 말이 없었다.

"그런데 지금의 폐하께옵서 보위에 오르신 지 얼마나 되었다고 벌써부터 사사로운 욕심에 눈이 멀어 왕실의 일에 참견하려 드느냐? 그러고도 네 목숨이 온전할 줄 알았더냐?"

추상 같은 최충헌의 꾸지람에 최충수는 고개를 떨군 채 말이 없었다.

"네가 형의 말을 듣지 않고 계속해서 네 뜻대로 하겠다면 나도 더는 너를 동생으로 여기지 않을 것이다!"

최충헌의 말이 이어지는 동안 최충수는 점차 자신의 행동이 무례한 일이었다는 것을 깨닫기 시작했다.

"죄송합니다, 형님! 제 생각이 짧았습니다. 부디 용서하여 주십시오!"

동생의 참회의 말에 최충헌은 기세를 누그러뜨리고 달래는 음성으로 말했다.

"네가 너의 잘못을 알았다니 이제 됐다. 내일 날이 밝는 대로 폐하를 알현하고 용서를 빌어라! 알겠느냐?"

"예! 형님!"

최충헌은 동생의 잔에 술을 가득 따라 주며 안도의 한숨을 쉬었다.

밤이 이슥하도록 술잔을 주고받던 최충헌이 돌아간 후, 최충수는 깊은 생각에 잠겼다. 사람의 마음은 얼마나 간사한 것인지 최충헌이 돌아가고 나서 다시 혼자 곰곰이 생각해 잠긴 최충수에게 또다시 권력의 달콤한 유혹이 밀려들었다. 어느새 조금 전 자신의 행동을 반성하던 마음은 온데간데없이 사라지고 없었다.

'엄밀히 따지면 형님 또한 나와는 경쟁자인 셈이다. 권좌의 주인은 오직 한 사람일 뿐, 내가 동생이라고 해서 형님에게 그 자리를 내줄 필요는 없지 않은가?'

최충수의 마음은 영욕에 대한 갈망으로 교만과 방자함이 불꽃처럼 이글거렸다.

다음날 최충수는 형과의 약속을 까맣게 잊고 오히려 딸의 혼수 준비가 늦다고 하인들을 닦달했다.

동생인 최충수가 여전히 딸을 태자비로 들여보내기 위한 준비에 여념이 없다는 말을 들은 최충헌은 심각한 고민에 빠졌다. 동생의 행동을 방관했다가는 나중에 무슨 일을 당할지 모르며 그 화가 자신을 비롯한 집안 전체에 미칠지도 모른다는 판단이 섰다.

최충헌은 외조카인 박진재를 비롯한 심복들을 은밀히 자신의 집으로 불렀다.

"나는 충수의 방약무인한 짓거리를 더는 두고볼 수가 없소. 그래서 질녀가 태자비가 되는 것을 막으려 하오. 어찌 생각하시오?"

최충헌의 말에 부하들은 모두 인상만 쓰고 있을 뿐 별반 말이 없었다. 그들 역시 최충수의 힘이 최충헌에 버금간다는 것을 알고 있었던 것이다.

잠시 후 외조카인 박진재가 조심스레 입을 열었다.

"뜻을 따르겠습니다."

그 말에 다른 부하들도 조용히 고개를 끄덕였다.

최충헌은 질녀가 태자비로 입궐하기로 한 전날을 거사일로 삼고 부하들을 시켜 군사를 모았다.

그렇게 해서 모인 군사 천여 명을 이끌고 최충헌은 직접 선두에 나서 대궐로 향했다.

삼경이 넘어 군사들을 이끌고 온 최충헌을 보고 신종은 깜짝 놀랐다.

최충헌은 신종을 알현하고 동생인 최충수가 역모를 꾀한다고 아뢴 뒤 군사들로 하여금 대궐을 철통같이 수비할 것을 지시했다.

최충헌이 군사들을 이끌고 대궐로 간 사실은 최충수에게도 알려졌다.

내일이면 딸을 태자비에 앉힐 수 있다는 기대감에 들떠 있던 최충수는 무릎을 치며 탄식했다.

"내가 정녕 잘못 생각했단 말인가? 이렇게 있다가는 역모를 꾸 몄다는 죄명으로 죽을 것이요, 칼을 들고 대항한다면 형제지간에 피 를 흘릴 것이 아닌가?"

최충수는 어떻게 해서든지 형제지간에 골육 상쟁만은 막아야겠 다는 일념으로 대궐에 입궐하여 형 앞에 무릎을 꿇고 사죄하기로 마 음먹었다.

그러나 심복인 박정부와 오숙을 비롯한 여러 부하들이 최충수의 앞을 가로막으며 끝까지 싸우자고 고집을 부렸다.

최충수는 다시 제자리에 주저앉을 수밖에 없었다. 부하들의 만 류가 완곡하기도 했지만 자신이 생각하기에도 이미 모든 사태는 돌 이킬 수 없는 지경에 와 있었다.

최충수는 부하들을 시켜 군사들을 모았지만 재빠르게 사태를 파 악한 군사들 중 태반이 어디론가 도망치고 난 후였다.

새벽녘이 되자 최충수는 남아 있는 군사들을 이끌고 대궐로 향 했다. 그러나 대궐에 이르기도 전에 수적으로 우위에 있던 최충헌의 부하들에 의해 대열은 산산이 흩어졌다.

최충수는 훗날을 기약하며 심복들을 이끌고 송도를 벗어나 도망 길에 올랐지만 얼마 가지 못하고 추격해 온 최충헌의 군사들에 의해 무참하게 목이 잘렸다.

최충헌은 잘려진 동생의 목을 보고 비탄에 잠겼다.

"죽이지 않아도 되었을 것을……. 어찌 이렇게 비참하게 죽였단 말이냐?"

최충헌은 동생의 주검 앞에서 비통한 눈물을 흘렸다.

그러나 말과는 달리 최충헌 역시 권력에 집착하여 나중에 외조 카인 박진재의 세력이 커지자 그를 양 다리의 힘줄을 잘라낸 채 멀리 귀양 보냈으며, 심복들 중에서도 조금이라도 세력을 키우려는 자가 있으면 가차없이 죽이거나 귀양을 보냈다.

　최충헌이 죽은 후에도 그의 아들들에 의해 고려의 최씨 무신정권의 세도는 60년 동안이나 지속되었다.

"어머니, 아버지, 저는 종이 싫어요. 저는 세상을 돌아보며 살고 싶어요. 이곳에서 평생 종 노릇을 하다 죽는 것은 아무 의미가 없어요."

그렇게 말하며 울음을 터뜨리는 만적을 바라보며 만적의 부모 또한 소리 없이 가슴속 설움을 쓸어내렸다.

만적의 부모는 더 이상 아들의 뜻을 꺾기 어렵다는 것을 깨닫고 몰래 모아 두었던 엽전 몇 닢을 어린 만적의 손에 꼭 쥐어 주었다.

"가거라! 더 이상 이 못난 어미 아비처럼 살지 말고 네 하고 싶은 대로 자유롭게 살거라."

만적은 밤새 부모와 부둥켜안고 소리 없이 울음을 삼키다가 새벽이 되기 전에 몰래 괴나리봇짐을 싸들고 주인집을 빠져 나왔다.

만적의 부모는 어린 만적의 앞길을 마음속으로 부처님께 빌고 또 빌었다.

만적은 최씨 무신정권의 우두머리 격인 최충헌의 종이었는데 어려서부터 다른 노비들과는 달리 영특하고 총명했다.

그래서인지 그는 틈만 나면 어디론가 도망을 쳐 노비 신세를 벗어나고 싶어했다.

처음에는 그저 철없는 아들의 투정으로만 여겼던 만적의 부모들은 나이가 들수록 만적의 결심이 더욱 굳어지는 것을 보고는 더는 말릴 수 없었다.

며칠을 문전걸식 해가며 정처 없는 방랑의 길에 오른 만적은 비록 양반은 될 수 없을지언정 아전이라도 되어 종의 신세를 면하고자 마음먹었다.

그렇게 해서 내린 결론이 우선 글을 깨쳐야 한다는 것이었다. 그때부터 만적은 서당만 찾아다니며 머슴을 살았다.

머슴을 사는 틈틈이 만적은 서당에 다니러 온 아이들의 어깨 너머로 글공부를 했는데 워낙 영특하고 결의가 남달라 나중에는 웬만한 시골 선비들 못지않은 실력을 쌓게 되었다.

그러나 아무리 글을 배운다 해도 만적은 과거도 볼 수 없었고, 노비가 아닌 중인의 신분이라고 내세울 만한 그 무엇도 없었다.

더군다나 어느 때고 노비란 것이 탄로나면 여지없이 관가로 끌려가 죽음을 면치 못할 신세였다. 그런 생각 때문에 만적은 글을 배우러 여기저기 떠돌면서도 늘 마음이 무거웠다.

그럭저럭 10여 년의 세월이 흘렀다.

만적은 부당한 신분 제도를 개혁하는 길만이 자신이 자유로워지는 길이라고 생각하였다.

'아무리 글공부를 잘한다 해도 노비인 이상 어쩔 수 없다. 같은 사람인데 종이라고 개, 돼지 취급을 당하는 신분 제도는 없어져야 한다. 이는 나 혼자만을 위해서가 아니라 나와 같은 노비의 처지에 있는 모든 이들을 위해서이다. 나는 이를 위해 목숨까지도 내놓을 것이다!'

만적의 두 눈은 인생의 단 한 가지 목표를 향해 뜨거운 집념으로 불타 올랐다.

만적은 고향인 송도로 돌아와 장사꾼의 머슴이 되었는데 짬이 나는 대로 다른 머슴들과 함께 나무를 하러 산에 올랐다.

그것은 남들의 눈을 피해서 같은 노비 신분인 머슴들과 호젓한 산에서 이런저런 이야기를 거리낌없이 나누기 위해서였다.

만적은 머슴들을 모아 놓고 조금씩 자신의 생각을 말하며 그들을 설득해 나갔고 이어 하나둘씩 다른 집 머슴들까지도 동지로 끌어들이는 데 성공했다.

만적은 자신의 품은 뜻을 성사시키기 위해 누구보다 열심히 일하여 주인이나 주위 사람들이 눈치채지 못하도록 안심을 시켰다.

그리고 산 위에 있는 커다란 폭포 아래를 그들이 모이는 비밀 장소로 정하고 정기적으로 모임을 가졌다.

드디어 만적을 비롯한 일단의 동네 머슴들은 날을 잡아 폭포 아래에서 비밀 결사대를 조직하기로 약속했다.

약속한 그날, 시간이 되자 폭포 아래로 나뭇단을 짊어진 머슴들이 모이기 시작했다. 그들은 흥얼흥얼 콧노래를 부르며 하나둘씩 폭포 아래로 모여들었다.

그 모습은 누가 보아도 산에서 나무 하던 동네 머슴들이 잠시 땀을 식히며 얘기를 나누고 있는 모양이었다.

주위는 인적이 드물고 폭포 소리밖에 들리지 않았다.

거대한 폭포의 물줄기는 아래로 떨어지며 하얀 물안개가 피듯 방울방울 물방울을 사방으로 튀기고 있었다.

"반갑소, 잘들 모이셨소."

만적이 먼저 도착해 있다가 손을 내밀었다.

"지금 이 자리에는 우리 여섯뿐이지만, 앞으로 여섯이 육십으로,

162

육십이 육백으로 늘어난다면 기필코 양반놈들을 해치울 수 있을 것이오."

"그렇소! 임금이나 양반이나 종이나 씨가 따로 있는 게 아닙니다. 보시오. 우리도 양반 옷을 입으면 양반같이 보이지 않소. 그런데 왜 양반이니 종이니 하는 신분 제도를 만들어 놓았겠소? 그것은 모두 양반 자신들의 이득을 위해서요. 또한 이러한 신분 제도는 나라에도 도움이 되지 않소. 우리들 중에는 영특한 자가 한둘이 아닌데 그 인재를 종으로만 쓴다는 것은 나라의 큰 손실이 아닐 수 없소. 또한 조정에서 녹을 먹는 자라고 다 훌륭한 사람이겠소? 그들은 오로지 자신의 안위만을 생각하여 제 잇속만 챙기려 드는 짐승만도 못한 자들이오. 그러니 지금 우리가 하려는 일은 나라를 위한 일이라 할 수도 있소."

"생각만 해도 비통하오. 겉으로 보나 속으로 보나 우리네 사람이 다를 게 뭐가 있소. 양반들이 불알 두 쪽 더 찬 것도 아닌데, 양반이랍시고 우리를 평생 소나 말처럼 부려먹으니……."

"우리 어머니, 아버지 고생하시는 것을 보면 난 늘 가슴이 저립니다. 그리고 내 새끼도 그렇게 살아야 한다는 것을 생각하면 목이 메어 때론 밥도 안 먹힌다오."

"어찌 그 설움과 억울함을 지금 다 털어놓겠소."

폭포 아래 모인 사람들은 제각기 울분을 토했다. 그들의 울분이 폭포 속으로 사라지고 있었다.

만적은 이야기를 듣고 있다가 입을 열었다.

"우리는 앞으로 이 표식으로 서로 연락합시다."

"그게 뭐요? 정자 모양의 철판이잖소?"

"그렇소. 비록 얇은 철판에 불과하지만 이것이 우리의 거사를 이루는 표식이 될 것이오. 조직이 커지면 얼굴 모르는 동지도 있을 게요. 이것은 우리들의 명예의 표식이자, 목숨의 표시이오. 이것을 지닌 동지들은 서로 믿고 의지해도 될 것이오."

만적은 실로 꼼꼼하게 계획을 진행하고 있었다.

회의를 마친 그들은 다시 콧노래를 흥얼거리며 하나둘 흩어져 나뭇단을 메고 산을 내려갔다.

만적이 만든 이 비밀 조직은 노비들 사이에 깊은 공감을 얻어 순식간에 퍼져 나갔다.

비밀 조직이 곳곳으로 퍼져 나가는 가운데 어느새 한 달이 지났다.

만적이 만든 비밀 조직은 동지들을 규합하여 그달 초하룻날 흥국사에서 대대적으로 집결하여 대궐을 기습한다는 어마어마한 계획을 세워놓고 있었다.

만적을 비롯한 많은 동지들은 조직원의 수가 적어도 수천 명에 이를 것이라 계산하고 있었던 것이다.

그런데 이게 웬일인가?

약속한 날짜에 흥국사에 모인 동지들은 겨우 5백여 명에 불과했다. 그 숫자로 대궐을 기습한다는 것은 달걀로 바위를 치는 격이었다.

만적은 몹시 실망했다.

'아, 이게 어찌 된 일인가? 동지들이 모여 수천의 병력이 되면 그들을 이끌어 일부는 대궐을 기습하고, 일부는 대궐 밖을 점령하려 했는데……. 그런 다음 최충헌을 잡아 죽이고 최종적으로 임금을 위협해 노예 해방의 칙서를 쓰게 하여 전국 방방곡곡의 노비들을 자유로운 신분으로 해방시키려 했는데……. 아아, 하늘도 무심하시지.'

만적은 실망하여 한동안 말을 잃었지만 다시 정신을 가다듬었다.

"다음 무오일에 보제사에서 다시 만납시다. 그때는 불참한 자와 새로운 동지를 전부 동원합시다. 적어도 천 명 이상은 돼야 우리의 뜻을 이룰 수 있소. 그리고 비밀이 새어 나가지 않도록 서로 각별히 주의해야 할 것이오."

"그렇소. 이 일이 실패하면 죽도 밥도 안 되오. 자 뭉칩시다."

그날 만적은 동지들과 맹세하며 그들에게 용기를 불어넣어 주고 흩어졌다.

그런데 이 같은 약속은 동지 중의 한 사람인 순정이란 자의 배신으로 한 순간의 물거품이 되고 말았다.

순정은 같은 주인집에 있는 예쁜 계집종을 아내로 얻어 장가를 가게 되었는데 비록 천한 신분이기는 했으나 신혼 생활은 정말로 깨가 쏟아질 정도로 달콤하였다.

총각 때는 경험해 보지 못한 꿀맛 같은 행복이 순정을 들뜨게 만들었다. 순정은 밤마다 교태를 부리는 아내를 끌어안고 뒹굴며 정신을 못 차렸다.

흥국사에서 비밀 집회가 있던 날 밤 잠자리에 든 아내가 뭔가 생각난 듯이 순정에게 물었다.

"흥국사에 사람들이 많이 모였나요?"

"그럼. 사람들이 얼마나 많은지 마치 구름이 이는 듯했어."

"대감댁 제사인데 패물 장사도 많이 모였지요?"

"그런 모양이었어."

"그런데 나한테 아무것도 사오지 않았어요? 치……."

그렇게 말하며 순정의 아내는 샐쭉하게 토라져 돌아누워버렸다.

그런 아내를 보고 순정은 안타까운 나머지 자신도 모르게 동지들의 비밀 표시인 정자판을 내밀며 말했다.

"그렇게 화내지 마. 여기 있어."

순정의 아내는 얼른 다시 돌아눕더니 정자판을 받으려 손을 내밀었다.

순간 순정은 퍼뜩 아차, 하는 생각이 들어 어물어물 말을 돌렸다.

"아, 아니, 이것은 길에서 주운 거지. 애들 장난감이야. 내 다음에는 꼭 사서……."

"그만둬요. 그 패물을 다른 계집에게 주려 했군요. 그 계집을 여태 마음에 두고 있었군요."

아내는 일부러 투정을 부렸지만, 순정은 덜컥 행여 아내가 자신에게 냉정하게 대할까 봐 걱정이 되었다.

순정은 그날 밤은 물론 며칠 밤 동안 아내가 자신의 손길을 거부하며 속을 태우게 할지도 모른다는 조바심이 들었던 것이다.

순정은 아내에게 말했다.

"이건 당신에게만 말하는 것인데, 아주 비밀이야. 그러니 절대로 누설하면 안 돼. 알았지?"

순정의 말에 아내는 얼굴을 바싹 갖다대고 침을 꼴깍 삼켰다.

순정은 어쩔 수 없이 아내에게 그간의 모든 일들을 얘기하고 다음번에 거사하기로 한 날짜까지도 모두 털어놓았다.

순정의 말을 듣고 있던 아내의 얼굴이 점점 어두워지기 시작했다.

"실패하면 어쩌려구요? 무서워 죽겠네."

"무슨 실패? 그런 방정맞은 소리는 아예 하지도 마."

"만일이라는 것이 있잖아요. 그러니 당신은 빠지세요. 만약 당신이 붙잡히는 날에는 난 과부가 되고 우리는 이제 영영 생이별을 할 거예요."

그 말에 순정의 얼굴은 굳어졌다.

이를 놓칠세라 아내는 순정을 바싹 조였다.

"당신은 빠지세요. 그건 아주 위험해요. 만약 잘못되는 날이면 당신도 죽거니와 당신만 믿고 사는 나는 어떡해요?"

아내는 조금씩 울먹이기까지 했다. 그런 아내 앞에서 순정의 마음은 갈팡질팡했다.

'동지들과 굳게 맹세했는데……, 어떡하면 좋단 말인가?'

순정은 정자판을 두 손으로 만지작거렸다. 참으로 어떡해야 할지 판단이 서지 않았다.

또다시 아내의 목소리가 순정의 귓전으로 파고들었다.

"서방님, 이 일이 실패할 것은 뻔해요. 어떻게 그 많은 양반들을 물리친단 말이에요. 당신이 정말로 나를 사랑하신다면 청상과부가 되게 하지는 않을 거예요."

"……."

순정은 밤새 고민했지만 끈질기게 유혹도 하고 화도 내면서 자신의 마음을 돌리려는 아내에게 그만 설득당하고 말았다. 동지들을 배반하기로 한 것이다.

다음날 날이 밝기 무섭게 순정의 아내는 주인인 한충유에게 순정이 말한 모든 사실을 일러바쳤고, 이에 놀란 한충유는 그 즉시 최충헌에게 모든 것을 보고하였다.

그러나 아무것도 모르고 있는 만적을 비롯한 동지들은 약속한 날에 하나둘씩 보제사로 가고 있었다. 그들의 발걸음은 씩씩하고도 힘찼다.

그러나 그들 중 어느 누구도 순정이 그들을 배신하였고 자신들이 지금 호랑이 굴 속으로 들어가고 있다는 것을 알지 못했다.

마침내 모든 동지들이 보제사 마당에 다 모였다. 그런데 만적이 동지들에게 뭐라 말을 하기도 전에 최충헌의 목소리가 뒤통수를 쳤다.

"네 이놈들! 감히 종놈인 주제에 반역을 꾀하다니! 네놈들은 모두 독 안에 든 쥐다! 그러니 어서 항복하라!"

그 말이 끝남과 동시에 미리 매복해 있던 군사들이 보제사를 빙 둘러쌌다.

삽시간에 포위당한 만적을 비롯한 동지들은 놀란 낯빛으로 서로의 얼굴을 쳐다보았다.

"아니, 이게 어찌 된 일인가?"

"모르겠습니다. 아무래도 비밀이 새어 나갔나 봅니다."

"기왕지사 이렇게 된 바에는 목숨을 바쳐 용감히 싸우는 수밖에 없다. 자, 모두를 나가자!"

"와! ……와!"

만적은 앞장서서 동지들을 이끌었다. 그러나 무기도 없이 맨손으로 대항하기에는 창칼의 위력은 너무도 강했다.

"경비를 철통같이 하라. 한 놈도 빠져 나가게 해선 안 된다!"

최충헌은 군사들을 향해 큰소리로 명령했다.

만약 한 명이라도 빠져 나가 다시 또 이런 조직을 비밀리에 만든다면 그땐 문제가 더 커질 듯싶었기 때문이다.

만적과 동지들은 죽을힘을 다해 군사들과 맞서 싸웠으나 이내 허무하게 사로잡혀 최충헌 앞에 무릎을 꿇게 되었다.

"흉측한 무리들을 모아 반역을 꾀한 이놈들을 참형에 처하라!"

최충헌의 명령에 따라 만적과 동지들은 그 자리에서 처참하게 목이 잘려 죽임을 당했고 시체들은 모두 강물에 수장되는 비참한 운명을 맞았다.

신분 타파의 꿈을 이루지 못하고 한 많은 노비의 생을 살다 장렬하게 죽어간 만적과 동지들의 시체가 강물에 던져질 때 강은 조용한 몸짓으로 그들을 끌어안는 것처럼 보였다. 그리고 강물은 그 애절한 사연을 가슴속에 한으로 묻고 간 시체들을 껴안고 말없이 바다로, 바다로 굽이굽이 흘렀다.

그러나 역사적으로 볼 때 이 사건은 매우 뜻깊다.

사회적으로 가장 비천한 자들이 스스로 자신의 신분을 바꾸려는 꿈틀거림의 시작이었고, 비록 최하층 계급인 노비의 신분이지만 그들은 잘못된 제도를 바꾸고 개혁하려는 굳은 의지가 있었던 것이다.

김취려 장군의 오덕과 십과

때는 고종 3년, 새로이 일어난 몽고에 의해 동쪽으로 쫓겨나던 거란이 더 이상 도피처를 찾지 못하고 아얼과 걸노라는 장수를 앞세워 고려를 침략해 왔다.

아얼과 걸노의 군대는 압록강을 건너 급속도로 고려를 침략해왔다. 이 급보를 받은 고종은 상장군 노원순을 중군병마사로, 상장군 오응부를 우군병마사로, 그리고 대장군 김취려를 후군병마사로 임명하여 거란의 침략을 저지하게 했다.

후군병마사 김취려 장군은 고려를 침략한 거란의 장수가 아얼과 걸노라는 말에 짐짓 놀라며 그 옛날 운도산인을 만났을 때를 떠올렸다.

김취려 장군이 소년 시절 송악산에 들어가 열심히 무술을 연마하고 있을 때의 일이었다.

취려가 말을 타고 달리며 소나무들을 베고 찌르는 연습을 하고있는데 난데없이 힐책하는 소리가 들렸다.

"이보시오. 나무들이 무슨 잘못을 했다고 그렇게 함부로 생채기를 내는 것이오?"

취려가 깜짝 놀라 소리나는 곳을 쳐다보니 그곳에는 자신보다 어려 보이는 소년이 서 있었다.

"지금 나에게 뭐라 했느냐?"

"나무들을 함부로 대하지 말라고 했소."

취려는 기가 막혔다.

"허, 어린놈이 무얼 안다고……. 나는 지금 무술을 연마하고 있다. 무술을 연마하는데 그깟 나무에 생채기쯤 내는 것이 뭐가 어떻다는 게냐?"

그러나 소년은 취려를 조롱하듯 말했다.

"당신 하는 모양을 보니 한낱 초동의 장난 같거늘, 그 정도가 무엇이 대단하다고 나무까지 다치게 한단 말이오."

"무엇이라? 이 녀석이 보자보자 하니까 아니 되겠구나!"

취려는 더 이상 참을 수 없어 말에서 내려 어린 소년을 혼내 주어야겠다고 생각했다.

그러나 취려가 다가가 소년을 잡으려 했으나 소년은 그런 취려를 비웃듯 미소를 지으며 순식간에 나무 뒤로 숨었다.

취려가 다시 재빠르게 쫓아갔지만 소년은 금방 다른 나무 뒤로 숨어버렸다.

취려는 점점 약이 올랐다.

"이 괘씸한 녀석 같으니! 어딜 도망가는 게냐?"

화내는 취려와 달리 어린 소년은 장난스럽게 웃어댔다.

"하하하, 어서 잡아 보시오!"

취려는 소년의 조롱에 참지 못하고 손에 들고 있던 창을 소년에게 던졌다. 하지만 소년은 가볍게 몸을 날려 창을 피하며 되레 솔방울을 던졌다.

순간 솔방울들 사이에서 연기가 뿜어 나오더니 소년과 똑같은 아이들이 여럿 나타나 취려 주위를 빙 에워싸는 것이었다.

취려는 그제야 그 소년이 범상한 소년이 아님을 깨달았다.

"소인이 우매하여 도사님을 알아보지 못했습니다. 어찌하면 이 죄를 용서받을 수 있을는지요?"

취려는 무릎을 꿇고 엎드려 빌었다. 그러나 어린 소년은 아무 말이 없었다. 취려는 감히 얼굴을 들 수 없어 그렇게 엎드려 꼼짝하지 않았다.

"나를 보시게나."

얼마의 시간이 더 지난 후 소년이 말했다.

취려가 고개를 들자 소년은 취려의 창을 들더니 옆에 있는 바위에 꽂았다.

"이 창을 뽑아 보시게."

취려는 자리에서 일어나 창을 잡아당겼다. 그다지 깊이 박혀 있지 않을 것이라 생각했는데 창은 꿈쩍도 하지 않았다.

취려는 바위에 박힌 창을 두 손으로 꽉 잡고 발에 힘을 주며 사력을 다해 잡아당겼다. 한 번, 두 번…… 끙끙거리며 애를 쓴 후에야 겨우 창을 뽑았다.

소년은 그 모양을 가만히 바라보다 혀를 찼다.

"쯧쯧, 겨우 그것도 쉽게 빼지 못하는 위인이 산 속의 나무들을 그렇게 못 살게 굴며 다녔다는 것인가."

취려는 무안하여 어찌할 바를 모르고 가만히 서 있었다.

"내 몇 마디 일러 주지. 자고로 병법에는 행하지 말아야 할 것이 있지. 그 첫째는 적敵을 쉽게 여기는 것이요, 둘째는 전장에 여인을 끌어들이는 것이요, 셋째는 전장의 승패를 미리 점쳐 보는 것이요, 넷째는 주변 사람들의 마음을 흔들리게 하는 것이요, 마지막 다섯째

172

는 거짓을 말하는 것이다."

취려는 소년의 말을 가슴에 깊이 새겼다.

"이 다섯 가지 중에서도 제일 명심하여야 할 것이 첫번째인 상대를 얕잡아 보면 안 된다는 것이다. 그런데 너는 나를 쉽게 생각하는 실수를 범했으니 이 어찌 어리석다 아니 하겠는가? 아무리 상대가 만만하게 보일지라도 겉으로 보이는 대로 쉽게 생각하면 나중에 당황하고 어지러워 오히려 자신이 패하고 마는 것이지."

소년의 음성은 자못 근엄하였다.

취려는 이 말에 더더욱 고개를 들지 못하고 자신의 행동을 반성했다.

"도사님, 소신이 어리석고 또 어리석었습니다. 부디 어리석은 소인에게 가르침을 주옵소서."

소년은 가만히 취려를 바라보더니 계속해서 말을 이었다.

"옛 병서에 보면 장군이 되기 위해 지켜야 할 것과 버려야 할 것이 나와 있다. 우선 지켜야 할 것으로는 충성, 용맹, 지혜, 관용, 믿음이고, 버려야 할 것은 게으른 마음, 방자한 마음, 욱하는 마음, 급한 마음, 남의 것을 탐하는 마음, 인고하지 못하는 마음, 두려워하는 마음, 사람을 믿지 못하는 마음, 사람을 사랑하지 않는 마음, 남에게 의지하는 마음이니, 이것을 각각 오덕과 십과라 한다."

취려는 묵묵히 소년의 말을 경청했다.

"자네가 만일 장군이 되려 한다면 이것들을 항상 명심하고 행하도록 하라. 그리만 한다면 자네는 머지않아 이 나라 최고의 장수가 될 수 있을 것이네. 고려는 앞으로 혼란의 시기를 겪게 될 것이야. 그때가 되면 자네는 용맹한 장수 아얼과 지혜로운 장수 합진을 만나게 될 것이니 지금의 이 말을 명심하여 그들을 대하도록 하게. 그들은 결코 만만한 적수가 아니야……"

소년의 이야기가 끝나자 취려가 물었다.

"도사님의 말씀 명심 또 명심하겠사옵니다. 바라옵건대 부디 도사님의 존함을 알려 주십시오."

"나를 가리켜 사람들이 이르기를 운도산인이라 하더군. 그러니 자네도 그렇게만 알게나."

소년은 그렇게 말하고는 홀연히 어디론가 사라져 버렸다. 취려는 놀라 사방을 둘러보았으나 어디에도 소년의 모습은 보이지 않았다.

그뒤 취려는 운도산인의 말을 명심하며 무예를 갈고 닦아 고려 최고의 장군이 될 수 있었다.

생각에 잠겨 있는 김취려 장군에게 상장군 노원순이 물었다.

"김 장군, 자네는 아얼과 걸노를 어떻게 대적해야 한다고 생각하는가?"

"소신이 듣기로 아얼과 걸노는 용맹하기로는 누구보다 으뜸이지만 지혜가 부족하다 들었습니다. 그러니 교묘한 지략으로써 그들을 대적함이 옳을 듯합니다."

"허허, 그래 장군에게 어떤 지략이 있소?"

김취려 장군은 노원순에게 자신이 세운 계략을 설명했다. 김취려의 설명이 끝나자 노원순은 호탕하게 웃으며 칭찬을 아끼지 않았다.

김취려 장군은 다음날 군사 몇 명을 적진 근처에 보내 일부러 포로가 되게 했다.

그리고 그들로 하여금 김취려 장군을 비롯한 고려군의 수뇌부들이 병에 걸려 내사자 골짜기에서 치료를 받고 있으며, 그로 인해 군사들이 우왕좌왕하고 있다는 거짓 정보를 흘리게 했다.

아얼과 걸노는 이 말을 조금도 의심하지 않고 고려군을 칠 기회

174

로만 여겼다. 하여 그 즉시 아얼이 군사들을 이끌고 내사자 골짜기를 공격해 왔다.

하지만 내사자 골짜기에는 김취려 장군의 명령에 따라 화공이 기다리고 있었다. 또한 김취려 장군은 적의 퇴로에 궁수들을 잠복시켜 놓았다.

드디어 아얼이 이끄는 거란의 대군이 골짜기에 모습을 드러냈고 고려군은 화공 작전을 감행했다. 놀란 거란군은 퇴각하려 했으나 이번에는 퇴로에 잠복해 있던 궁수들이 일제히 활을 쏘아댔다.

김취려 장군의 작전은 대성공이었다. 수많은 거란의 군사들이 그 자리에서 죽고 겨우 아얼만이 휘하의 군사들을 이끌고 살아 도망쳤다.

이후 거란군은 몇 번에 걸친 싸움에서 김취려 장군에게 크게 패했으나 수적으로 우세에 있던 거란군은 더욱 포악해져 남하를 계속했다.

비록 내사자 골짜기 전투를 비롯한 여러 번의 전투에서 승리를 거두기는 했어도 고려군은 파죽지세로 쳐내려오는 거란의 군사를 막아내기에는 역부족이었다.

거란군은 강동성을 본거지로 하여 원주와 예천까지 그 기세를 뻗쳤다.

이 같은 전쟁이 2년여에 걸쳐 계속되자 고려는 몽고와 동진, 금과 연합하여 거란을 치기로 결정했다.

그리하여 마침내 합진이 이끄는 몽고군과 동진의 군사, 그리고 김취려 장군과 조총이 이끄는 고려의 연합군은 거란군의 주둔지인 강동성을 에워싸고 한 달 만에 함락했다.

그러나 몽고는 이번 기회에 고려를 속국으로 만들 속셈을 품고 있었기에 거란군을 물리친 이후에도 몽고로 돌아가지 않고 고종에게 사람을 보내 은근히 위협해 왔다.

2년여에 걸친 거란군과의 전쟁에 쇠할 대로 쇠한 고려는 또다시 몽고군을 맞아 싸울 힘이 없었다. 고종은 김취려 장군을 불러 방도를 논의했다.

김취려 장군은 단신으로 몽고군의 우두머리인 합진을 만나 담판을 짓겠다고 자청하고 일단 고종을 안심시켰다.

김취려 장군은 다시 한 번 운도산인의 뛰어난 예지에 감탄했다.

'합진은 지혜가 뛰어난 장수이니 함부로 계략을 썼다간 오히려 낭패를 볼 수도 있다. 모든 것을 조심하고 또 조심하여 행동해야 할 것이야.'

이튿날 김취려 장군은 마음을 다잡고 몽고군의 진지로 들어가 합진을 만났다.

합진은 처음에는 다소 거드름을 피우며 김취려 장군을 맞았으나 장군의 늠름한 풍채에 다소 놀라는 눈치였다.

김취려 장군과 마주앉은 합진은 평소의 버릇처럼 상대방의 지혜를 시험해 보고 싶었다.

'어디, 얼마나 지혜로운 자인지 시험해 보자.'

합진은 아무 말 없이 손가락으로 하늘을 가리켰다. 그러자 김취려 장군은 미소를 지으며 자신의 수염을 잡고 빙글빙글 돌렸다.

합진이 손가락 세 개를 펴서 내밀었다. 이에 김취려 장군은 손가락 다섯 개를 다 펴 보였다.

합진은 또다시 손가락 세 개를 펴서 내밀었다. 뒤질세라 김취려 장군이 다시 한 번 손가락 다섯 개를 펴 보였다.

이윽고 합진은 호탕하게 웃으며 김취려 장군의 손을 굳게 잡았다.

"허허, 장군! 내 손짓이 무엇을 뜻하는지 아시고 응대한 것이오?"

"물론이지요. 장군이 하늘을 가리킨 것은 하늘의 형상을 물은 것이 아닙니까. 이에 제가 하늘이 둥글다고 답한 것이오. 그리고 처음에 손가락 세 개를 편 것은 삼강三綱의 대의를 묻는 것이라 여기고 소장은 삼강의 대의가 오륜五倫이라 한 것이지요. 장군이 두 번째로 손가락 세 개를 펴 천지인의 대의를 묻기에 제가 천지인의 대의는 오행이라고 답한 것이오."

김취려 장군은 막힘 없이 대답하였다.

"하하하, 대단하십니다. 내 지금껏 장군처럼 지혜로운 사람을 보지 못했소이다. 실은 지금 내가 아직 몽고로 돌아가지 않은 것은 고려를 속국으로 삼으려는 생각 때문이었소. 하지만 장군 같은 대인이 계시는 이 나라를 내 어찌 탐하겠소. 보아하니, 장군의 연세가 나보다 위인 것 같으니 내 오늘부터 장군을 형님으로 모시겠습니다."

이렇게 김취려 장군의 지혜로 인해 고려는 일시적으로 전쟁을 피할 수 있었고 몽고와 형제지국의 동맹을 맺게 되었다.

그러나 이후에도 고려는 몽고의 끊임없는 침략을 받게 되었는데 이는 모두 힘없는 나라의 설움이 아니고 또 무엇이겠는가.

공녀의 비운

"세상에 이런 법도가 어디 있단 말인가?"

"목소리를 낮추게. 누가 들으면 어쩌려고 이러는가?"

"아비의 노리개가 될 여인을 그 딸이 상납한다니, 이런 해괴한 일이 세상에 또 있단 말인가? 예의범절도 모르는 오랑캐들 같으니라고!"

"여보게, 제발 목소리 좀 낮추라니까!"

한사기가 만류하는데도 홍규는 분을 참지 못해 한참을 더 씩씩거렸다.

고려 25대 충렬왕의 왕후인 장목왕후가 자신의 아버지인 원나라의 쿠빌라이에게 다니러가면서 미색이 뛰어난 고려의 여인들을 뽑아 데려간다는 소문이 온 도성 안을 분노에 휩싸이게 했다.

좌부승지 홍규도 자기 딸이 그 가운데 들어 있다는 말을 듣고 분함을 감추지 못하고 친구인 한사기를 찾아가 이렇게 울분을 터뜨리고 있었다.

당시 고려는 원의 속국이었기 때문에 해마다 수많은 고려 여인들이 원에 상납되었고, 그 중에는 일반 평민뿐만 아니라 더러 신분이 높은 신하들의 딸도 끼여 있었다.

그러나 미약한 국력을 탓할 뿐 별다른 방도가 없었던 터라 딸자식을 둔 부모들은 한시도 발을 편히 뻗고 잠들 수가 없었다.

홍규는 한사기와 헤어져 집으로 돌아오면서 끓어오르는 화를 삭이지 못해 계속 헛기침만 해댔다.

'원나라가 얼마나 먼 땅인가? 거기에다 그곳에서 고려인이라고 얼마나 천대받고 학대받을 것이며, 자칫 잘못하여 어디론가 노비로 팔려 가기라도 한다면……'

그 생각만으로도 홍규는 제정신이 아니었다.

집으로 돌아온 홍규는 안절부절못하고 방 안을 서성거렸다. 저녁을 뜨는 둥 마는 둥 수저를 놓고 빈속이다시피 한 뱃속에 부은 술로 배가 아리기만 했다.

촛불이 홍규의 어지러운 심사를 그대로 그려내듯 긴 그림자를 방문에 환처럼 일렁이게 했다.

이미 시각은 삼경을 넘고 있었다.

홍규는 골똘히 머리를 싸매고 있다가 한순간 어떤 중대한 결단을 내린 사람처럼 방에서 나와 마당으로 내려섰다.

서두르는 기색 없이 홍규의 발걸음은 딸의 방문 앞에 멈춰 섰다. 딸 또한 어디서 무슨 소리를 들었는지 그 시각까지 잠을 이루지 못하고 방에 환하게 불을 밝히고 있었다.

"흠! 어험!"

홍규의 기척에 딸이 조용히 방문을 열고 나와 마당에 내려서서 머리를 숙였다.

"아직 자지 않았느냐?"

"예, 아버지!"

딸은 공손히 머리를 숙이며 대답했다. 목덜미를 타고 곱게 땋아내린 긴 머리카락이 탐스러웠다.

홍규는 한두 번 더 헛기침을 한 다음 목소리를 낮춰 말했다.

"이리 따라오너라."

딸은 대답 대신 고개를 숙이고는 잠자코 홍규의 뒤를 따랐다. 밤이 깊어서인지 딸의 치맛단 스치는 소리가 서걱서걱 들렸다.

안방에 들어선 홍규는 딸을 앞에 앉히고 한동안 말이 없었다. 그저 묵묵히 딸의 얼굴을 뚫어지게 쳐다보며 간간이 긴 한숨을 내쉴 뿐이었다.

"너도 들어서 알고 있을지 모르겠다만……. 허, 참!"

홍규는 기가 차서 말이 나오지 않았다.

"아버지. 소녀 아버지의 뜻에 따르기로 이미 마음을 굳혔습니다. 그러니 주저하지 마시고 말씀하소서."

딸이 오히려 홍규를 위로했다.

홍규는 딸의 말을 들으며 생각한 바를 실행하기로 마음속으로 결심했다. 그래서 미리 준비해 두었던 가위를 꺼내 딸 앞에 놓았다.

가위를 본 딸은 전혀 놀란 기색 없이 조용히 돌아앉아 머리를 풀었다. 그 모습이 애처로워 홍규의 가슴은 더욱 미어졌다.

풀어 늘어뜨린 딸의 머리카락은 삼단처럼 고왔다. 검은 윤기가 흐르는 것이 꼭 깊은 바다에서 무리 지어 자라는 미역숲처럼 싱싱하고 아름다웠다.

홍규는 떨리는 손으로 가위를 들었다. 그러고는 다른 한 손으로 딸의 머리채를 잡고 한 움큼씩 잘라 나갔다. 딸은 고개를 약간 숙이고 있을 뿐 아버지가 하는 대로 가만히 앉아 있었다.

머리카락이 다 잘리는 동안 딸은 아무런 미동도 하지 않았다. 반면 지나치다 싶을 정도로 홍규의 두 손이 심하게 떨리고 있었다.

삭발이 다 끝난 후, 딸은 홍규를 향해 큰절을 올리고 제 방으로 조용히 물러갔다. 홍규의 두 눈에서 굵은 눈물 방울이 떨어진 것은 그 다음이었다.

제국대장공주 장목왕후는 원으로 데려갈 여인들의 명부를 발표하고 여인들을 차례로 대궐로 불러들였다.

홍규의 딸 이외에도 여러 신하의 딸들이 그 명부에 올라 있었다.

명부가 발표된 이튿날 원나라 군사 한 무리가 고려 관원을 앞세우고 홍규의 집으로 들이닥쳤다.

홍규는 하인을 시켜 딸을 마당으로 불렀다. 그러나 홍규의 딸을 본 원나라 군사들은 물론 고려 관원도 깜짝 놀라지 않을 수 없었다.

삭발한 여인이라니……. 사문에 출가한 비구승이 아니고서야 있을 수 없는 일이었다.

"이 무슨 괴이한 짓거리냐?"

원나라 군사의 우두머리인 듯한 자가 앞으로 나서며 호통쳤다.

"소신의 딸이 곧 사문에 출가를 앞두고 있습니다."

홍규가 그렇게 말하자 그 우두머리는 창칼을 들이대며 윽박질렀다.

"왕후님이 명령했는데도 이 같은 짓을 하다니? 네 목숨이 몇 개나 되는 줄 아느냐?"

"딸을 달라기에 내놨으면 됐지, 머리 모양이 무슨 상관이란 말이오?"

그러는 사이 고려 관원이 황급히 끼여 들어 만류하고 나섰다.

"자자, 그만 화를 가라앉히고 어서 대궐로 돌아갑시다. 어찌 되었든 처녀를 데리고 가면 되잖소?"

원나라 군사들은 자기들끼리 뭐라고 쑥덕거리더니 홍규의 딸을 데리고 대궐로 돌아갔다.

그러나 그로부터 얼마 지나지 않아 홍규는 다시 들이닥친 원나라 군사들에게 포박당해 대궐로 끌려갔다.

전신이 포승으로 묶인 채 홍규가 끌려간 곳은 장목왕후의 처소 앞마당이었다. 무장한 원나라 군사들이 겹겹이 왕후의 처소를 에워싸고 엄중히 경계하고 있었다.

홍규를 본 장목왕후는 노기 띤 목소리로 말했다.

"평소 공이 얼마나 나를 업신여겼으면 딸의 머리를 그 모양으로 해서 내게 보내오?"

"……."

"공은 나뿐만 아니라 황제이신 내 아버지까지 모욕하였소!"

"……."

홍규가 묵묵부답으로 일관하자 장목왕후는 더욱 화를 내며 언성을 높였다.

"왜 대답이 없는 것이오? 내 말이 말 같지 않단 말이오?"

장목왕후의 말에 홍규는 아예 고개를 돌려 외면해 버렸다.

그 모습을 본 장목왕후는 노발대발하며 욕설을 퍼붓기 시작했다.

"저런 무엄한 놈이 있나? 여기가 어느 안전이라고 감히 고개를 돌려?"

장목왕후는 주먹 쥔 두 손을 부르르 떨었다.

"여봐라! 당장 저놈을 형틀에 묶어라! 그리고 저놈의 딸년을 당장 내 앞에 데려오라! 내 오늘 아비와 딸년을 한꺼번에 죽일 것이다!"

딸을 데려오라는 말에 홍규는 덜컹 가슴이 내려앉았다. 가여운 딸까지 잘못될지도 모른다는 생각에 지금이라도 장목왕후 앞에 무릎을 꿇고 빌고만 싶었다.

그러나 사태는 이미 엎질러진 물과 같았다.

원나라 군사들의 손에 끌려 온 딸은 어린 짐승처럼 얼굴이 새파래져 부들부들 떨고 있었다.

"저놈의 입에 재갈을 물리고 매우 쳐라!"

홍규의 입에 재갈을 물린 원나라 군사들은 있는 힘을 다해 몽둥이를 내리쳤다. 살점이 터지고 선혈이 낭자하게 바닥을 적셨다.

그래도 원나라 군사들의 몽둥이질은 멈추지 않았다. 홍규의 딸은 장목왕후 앞에 무릎을 꿇고 애원했다.

"왕후마마! 제발 소녀의 아비를 살려 주소서! 아비는 죄가 없나이다! 저 혼자서 한 일이옵니다!"

장목왕후의 눈에 독기가 서렸다.

"그래? 네년이 혼자 한 일이란 말이지?"

"예, 마마! 그러니 제발 소녀의 아비를……. 아악!"

처절한 비명 소리와 함께 홍규의 딸은 땅바닥을 굴렀다.

어느새 장목왕후의 손에는 가죽으로 만든 채찍이 쥐어져 있었다.

"정녕 네년의 짓이렷다?"

"예, 마마…… 아악! 악!"

채찍이 허공을 가를 때마다 홍규의 딸은 짐승처럼 바닥을 뒹굴며 비명을 내질렀다.

"이년! 네가 그러고도 살아남길 바라느냐? 에잇! 죽어라! 죽어!"

한쪽에선 매질을 견디다 못한 홍규가 입에서 피를 토하며 널브러져 있었고, 다른 한쪽에선 장목왕후의 채찍에 맞은 홍규의 딸이 서서히 죽어가고 있었다.

"아버지! 아버지! 아악!"

듣기에도 애절한 목소리가 비명 소리와 번갈아가며 휑한 대궐 마당을 울렸다.

주위에서 보고 있던 궁인들은 하나같이 끔찍한 광경에 고개를 바로 들지 못하였지만 원나라 군사들은 시종 히죽거리며 그 모습을 지켜보고 있었다.

결국 홍규의 딸도 모진 매질을 견디지 못하고 붉은 피를 토하며 그 자리에 기절하고 말았다.

장목왕후는 원나라 군사들을 시켜 기절한 홍규의 딸에게 찬물을 끼얹고는 깨어나자 다시 심한 매질을 가했다.

그렇게 하기를 몇 번, 또다시 기절해 바닥에 쓰러져 있는 홍규의 딸을 가리키며 장목왕후가 원나라 군사들을 향해 말했다.

"너희들 중 누구든지 저 계집을 데려가고 싶거든 그렇게 하라!"

장목왕후의 말에 몇 명의 군사들이 앞다투어 나와 홍규의 딸을 질질 끌고 갔다.

홍규의 딸을 끌고 가는 군사들을 향해 장목왕후는 마지막으로 싸늘하게 내뱉었다.

"죽이든지 살리든지 그것도 너희의 뜻이다!"

원나라 군사들에게 심하게 매질을 당한 홍규는 다행히 다른 신하들의 상소와 탄원 덕분에 목숨은 건졌으나 귀양살이 신세가 되었다.

그리고 홍규의 딸은 그후 아무도 보았다는 이도 없었고 어떤 소식을 들었다는 이도 없이 행방이 묘연했다.

이 일을 두고 사람들은 저마다 비통해했지만 원나라의 속국으로 살아갈 수밖에 없었던 그 당시 고려인들의 서글픈 현실에서는 누구도 장목왕후의 비인간적인 처사에 대해 이의를 제기할 수 없었다.

신현의 선견지명

"흐흐흐……"

암흑같이 어두운 절간에서 으시시한 소리가 들리기 시작했다.

그날 따라 승려들이 모두 마을에 내려가고, 절간에는 신현, 신즙 형제만이 글을 읽고 있었다.

신현, 신즙 형제는 고려 충숙왕 때의 인물로, 형 신현은 역학자 이자 물리학자로, 동생 신즙은 의학자로 명성이 높았다.

특히 역술에 능통한 신현은 그 재주가 비상하여 어릴 때부터 주위 사람들을 놀라게 하였다.

"형님? 방금 저 소리 들었습니까?"

동생 신즙이 놀라며 형 신현에게 물었다.

"그래, 나도 들었다. 하지만 사나이 대장부가 그깟 괴상한 소리 때문에 글 읽는 것을 멈춘단 말이냐. 모름지기 대인大人은 사소한 것에 신경 쓰지 않는 법이다. 어서 글을 읽자구나."

신현이 형답게 동생을 나무라며 말했다. 그리하여 형제는 다시 글을 읽기 시작했다.

"흐흐흐……"

하지만 괴상한 소리는 계속해서 들려 왔고 조금 후에는 뚜벅뚜

벅 걸음 소리까지 들렸다.

일이 이쯤 되자 아무리 담력이 좋은 형제라 해도 더 이상 글만 읽고 있을 수는 없었다.

"형님, 아무래도 밖에 누가 있는 모양입니다."

"그런 것 같구나. 스님들은 아침에나 돌아오신다고 했으니 그분들은 아닐 텐데……."

"소리가 괴상한 것을 보면 혹, 도깨비나 귀신이 아닐까요?"

"글쎄……. 한번 나가봐야겠구나."

형제는 함께 소리가 나는 곳을 향해 조심스럽게 걸음을 옮겼다. 소리는 절 마당에 있는 탑 쪽에서 들려 왔다.

형제가 탑 근처에 다가갔을 때였다.

싸늘한 기운이 느껴지더니 갑자기 흉물스러운 물체가 눈앞에 나타났다.

형제는 어둠 속에서 나타난 물체가 무엇인지 자세히 살펴보았다. 그것은 다름 아닌 죽은 지 얼마 안 되어 보이는 시신이었다.

시신은 온전한 상태가 아니고 얼굴과 신체 여기저기가 찢어지고, 팔다리가 뒤틀린 채로 몸을 흔들거리며 서 있었다.

"흐흐흐……."

시체의 뒤틀어진 입에서는 여전히 괴상한 소리가 나오고 있었으나 더 이상 그들 형제에게 다가오지는 않았다.

형제는 너무 놀라 정신을 차릴 수가 없었으나 잠시 후 놀란 가슴을 가다듬고 방으로 돌아왔다.

신현이 잠시 생각에 잠기더니 아직까지 무서운 듯 떨고 있는 신즙에게 말했다.

"즙아, 네가 잠시 저 시체를 지키고 있겠니?"

"예? 제가요? 형님은 어디를 가시게요?"

신현의 말에 신즙이 더욱 놀라 물었다.

"우리 둘 중 하나는 마을로 내려가서 이 시체의 주인을 찾아야 겠다."

"시체의 주인을 찾다니 그게 무슨 말씀이세요?"

"마을에 가면 분명 시체를 잃어버린 초상집이 있을 것이다. 그 집에 가서 시체가 여기 있다고 알려 줘야겠구나."

"형님, 날이 밝은 다음에 알리면 안 됩니까?"

"날이 밝으면 저 시체가 없어질 것이니 지체할 수가 없구나. 어 떻게 하련? 네가 남아 있겠느냐, 아니면 마을에 가겠느냐?"

신현의 말에 신즙은 아무래도 시체와 있기보다는 마을로 가는 것이 나을 듯하여 밤길을 나서기로 했다.

신즙을 마을로 보낸 신현은 계속해서 들리는 괴상한 소리에 신 경을 쓰지 않으려고 글 읽는 데 더욱 몰두했다. 괴상한 소리가 크게 들리면 들릴수록 신현의 책 읽는 소리 또한 커졌다.

그러기를 두어 시간, 괴상한 소리가 점점 작아지더니 갑자기 털 썩, 하고 쓰러지는 소리가 들렸다. 절간은 곧 신현의 글 읽는 소리만 이 울려 퍼졌다.

잠시 후, 동생 신즙이 마을 사람들과 함께 횃불을 밝혀 들고 나타 났다.

마을 사람들 중 몇 명이 쓰러져 있는 시체를 살펴보더니 크게 놀 라며 말했다.

"분명 우리 할아버지가 맞습니다. 그런데 어째서 이런 곳에 와 있는 것일까요?"

"요즘 다른 집에서도 시체가 없어졌다는 소리를 들었는데 그 시체들도 이곳에 와 있는 게 아닐까요?"

"도련님들이 이렇게 제 할아버지의 시체를 찾게 해주셔서 뭐라고 감사를 드려야 할지 모르겠습니다. 혹시 도련님들은 이 해괴한 사건에 대해 무언가 짐작되는 것이 있으십니까?"

마을 사람들은 신현, 신즙 형제가 범상한 소년들이 아니라는 소리를 익히 들어 알고 있었기에 혹시나 하는 마음으로 물어 보았다.

"제가 짐작이 가는 것이 있사오니, 여러분은 제 말을 믿고 따라 주십시오. 그리하면 이런 일은 두 번 다시 일어나지 않을 것입니다."

신현이 그렇게 말하고는 마을 사람들을 먼저 돌려보냈다.

"즙아, 마을에 내려가면 분명 오랫동안 방치해 둔 사당이 있을 것이다. 그것을 서둘러 찾아내야 한다."

"사당이오?"

"그래. 분명 어딘가 있을 것이야. 함께 내려가서 찾아보자구나."

신즙은 형이 이렇게 말하는 데에는 그럴 만한 이유가 있을 것이라 생각하고 서둘러 마을로 내려와 이곳 저곳을 살펴보았다.

날은 이미 밝아 해가 중천에 떠 있었다.

한동안 여기저기 살피고 다니던 신즙은 마을 뒤쪽에서 동산 모양의 작은 돌무더기를 발견했다.

신즙은 곧 형을 불러 돌무더기를 보여 주었다. 신현은 그것을 보자마자 마을 사람들에게 마른 장작을 가져다 돌무더기 위에 쌓으라고 말했다.

마을 사람들이 돌무더기 위에 장작을 다 쌓자 신현은 거기에 불을 질렀다.

불길은 순식간에 돌무더기를 에워쌌다. 마을 사람들은 다소 겁 먹은 표정으로 타들어가는 돌무더기 주위에 빙 둘러섰다.

매캐한 연기가 시뻘건 불길을 뚫고 뭉게뭉게 피어올랐다. 불길은 맹렬한 기세로 돌무더기를 뜨겁게 달구었다.

팽팽한 긴장감으로 마을 사람들의 이마에 굵은 땀방울이 얼룩져 갈 무렵, 갑자기 돌무더기 속에서 외마디 비명이 들렸다.

"깽!"

이어 번쩍이는 한 줄기 벌건 빛줄기가 돌무더기 사이에서 뻗어 나와 하늘 저편으로 순식간에 사라졌다.

그러자 신현이 탄식하며 말했다.

"이런, 새끼가 있었음을 미처 몰랐구나."

마을 사람들이 의아해하며 신현에게 그 빛줄기가 무엇인지 물었다.

"이 오래된 돌무더기 속에는 천년 묵은 여우 두 마리가 살고 있었는데 지금까지 마을에 생긴 해괴한 일들은 모두 이 여우의 짓이었지요. 늙은 여우들은 힘을 못 쓰고 불에 타 죽었으나 그 새끼가 살아서 도망을 쳤으니……. 그러나 여우가 죽었으니 이제는 해괴한 일이 일어나지 않을 것입니다."

그러면서도 신현은 마음 한편으론 꺼림칙함을 지우지 못했다.

그후 세월이 흘러 신현, 신즙 형제는 나라의 녹을 받는 관리가 되었다.

그러던 어느 날, 동생 신즙은 사신으로 중국 원나라에 가게 되었다. 신즙이 원나라에 당도해 객사에서 짐을 풀고 고단한 여정에 지친 몸을 쉬려고 하는데, 갑자기 원나라의 내관이 찾아와 병에 걸려 있는 자국의 공주를 치료해 줄 것을 청하였다.

원나라에는 홀로 된 지 5~6년이 된 나이 많은 과부 공주가 한 명 있었다. 그 공주는 어느 때부터인가 시름시름 앓기 시작하더니 급기야 몇 년 전부터는 정신이 오락가락하여 시녀들에게 욕을 퍼붓기도 하고 괴상한 소리를 지르며 방 안을 서성이는 등 괴상한 짓을 일삼 았다. 원나라 황제는 나라의 용한 의원들을 모두 불러들여 공주를 치료하게 했으나 공주의 병은 차도를 보이기는커녕 점점 심해져 갔 다. 최근에는 사람의 간을 달라고 소리를 지르며 난동을 부리기도 하였다.

아무리 황제라 할지라도 사람의 간을 함부로 먹일 수는 없었다. 만약 그 같은 일이 백성들 사이에 알려지게 되면 그 어떤 명분으로도 황제의 체통이나 왕실의 위엄이 바로 설 리가 없었기 때문이었다.

그때 마침 의술이 뛰어난 신즙이 고려의 사신으로 원나라에 들 어온 것이다. 이 소식을 접한 약삭 빠른 대신 한 명이 황제에게 아뢰 었다.

"고려의 사신 중에 의술에 능통한 신즙이란 자가 있다 하오니 그 에게 치료를 맡기어 보심이 어떠하십니까? 만일 그자가 공주마마의 환후를 고치면 다행이고, 행여 고치지 못한다면 그 죄를 물어 그의 간을 얻어내면 되지 않겠사옵니까?"

황제는 그 말에 솔깃했다. 자국민이 아니라 고려인이라면 백성 들의 동요도 크지 않을 것 같았다. 당시 원나라 조정에서는 그만큼 고려를 얕잡아보고 있었던 것이다.

이렇게 되어 신즙은 원나라의 공주를 치료하라는 명을 받게 되 었다. 다행히 원나라 내관이 황제의 명을 받고 찾아온 시각이 늦은 밤인지라 신즙은 다음날 아침 일찍 궁궐에 들어갈 것을 약속하고 내 관을 돌려보냈다.

신즙은 쉽사리 잠이 들지 못하고 객사 뜰에 나와 밤하늘을 바라 보았다.

'이곳에 오기 전 형님이 말씀하신 액운이 바로 이것이로구나.'

신즙은 문득 사신 행차를 떠나오기 전날 밤에 형 신현이 집으로 찾아온 일이 생각났다.

그날 따라 신현의 안색은 몹시 어두웠다.

"원나라에 들어가면 아우에게 혹시라도 액운이 생길지 모르니, 내가 일러 주는 이 글을 한 수 외워 가거라."

신즙은 그날 밤 형 신현이 일러 준 시를 천천히 되뇌었다.

"눈송이의 노래는 입술에 흩날리니, 선율이 얼려 하나,

매화꽃의 노래는 부채에 흩날리니, 선율에 향기 난다."

역술을 하는 형의 말이기에 신즙은 열심히 그 시를 외며 객사 마당을 돌아다녔다. 하지만 이것이 공주의 병을 고치는 것과 무슨 관련이 있다는 말인가!

"고려에서 오신 분인가 보군요. 글을 들어 보니 마치 신선의 시상인 듯 아름다운데……. 혹 그 글을 나에게 파시지 않겠소?"

신즙은 갑작스러운 목소리에 고개를 돌려 보았다.

언제부터인지는 모르지만 신즙의 뒤에 백발 노인이 강아지 한 마리를 품에 안고 빙그레 웃으며 서 있었다.

"소인이 지은 것도 아니니 팔고 말고 할 것도 없지요. 마음에 드시면 노인께서도 읊으시지요."

"어허, 큰일날 소리! 신선이 지은 시를 마음대로 읊으라니. 내 그 글값으로 이놈을 드리겠소."

노인은 그러면서 자신이 안고 있던 강아지를 신즙에게 주었다.

신즙이 몇 번이고 거절하였으나 노인은 굳이 강아지를 신즙의 품에 안겨 주며 말했다.

"비록 보잘것없는 강아지로 보일지 모르나 이 글의 값어치는 될

만한 영특한 놈이오. 어디를 가든지 꼭 소매 속에 넣고 다니시오. 이 말을 꼭 명심하시오! 오래간만에 좋은 시를 얻으니 기분이 좋구려. 그럼 난 이만 가보겠소이다."

신즙은 시를 읊으며 사라지는 노인의 뒷모습을 지켜보다 문득 자신이 안고 있는 강아지를 보았다. 강아지는 왠지 사자를 닮은 듯 하였고 눈빛엔 광채가 흐르는 것이 신즙이 보기에도 보통 강아지는 아닌 듯했다.

형 신현이 일러준 글로 인해 얻은 강아지이니 뭔가 쓰일 데가 있을 거라고 생각하며 신즙은 강아지를 더욱 소중하게 안았다.

다음날 원나라 궁궐에 들어간 신즙은 황제가 지켜보는 가운데 공주를 진맥하게 되었다. 이미 수척해질 대로 수척해진 공주는 지쳐 잠이 들어 있었다.

공주의 맥은 기운이 다 소진한 병자의 그것이었다.

그러나 신즙이 아무리 진맥을 해봐도 공주의 병세가 무엇인지 도무지 짐작이 가지 않았다. 신즙이 고개를 갸우뚱거리며 공주의 손목에서 손을 떼지 못하고 있을 때, 갑자기 잠들었던 공주가 두 눈을 부릅뜨고 신즙을 쏘아보았다.

공주는 그 약한 몸 어디에서 그런 괴력이 나오는지 난데없이 신즙의 어깨를 붙잡고 정신없이 흔들어댔다.

당황한 신즙이 어쩔 줄 몰라하자 내관들은 별수 없다는 표정으로 신즙을 밖으로 끌어내려 했다.

그런데 바로 그 순간, 신즙의 소맷자락에서 붉은 기운이 솟아나오더니 강아지가 나와 공주의 침대 밑으로 뛰어들었다.

갑자기 공주의 침대 밑에서 으르렁거리는 소리와 함께 깨갱대는 소리가 동시에 터져 나왔다.

황제를 비롯한 내관들이 당혹함을 감추지 못하고 있는데 침대 밑에서 두 눈에 살기를 가득 띤 여우 한 마리가 뛰쳐나왔다.

그 뒤를 놓칠세라 신즙의 소맷자락에서 뛰쳐나왔던 강아지가 쫓아 나와 여우를 향해 날카로운 이빨을 드러내며 사정없이 달려들었다.

순식간에 공주의 방은 아수라장이 되었다. 그 모습을 본 공주는 침대 위에서 혼절하였다.

"아니? 저것은 공주가 애지중지 키우는 동물이 아니냐? 뭣들 하느냐? 어서 저 강아지를 붙잡아라!"

황제의 명에 강아지를 잡으려고 달려드는 내관들을 제지하며 신즙이 큰소리로 외쳤다.

"저건 평범한 동물이 아니라 요망한 여우입니다! 저놈이 공주의 몸에서 기를 빼앗아 공주가 병이 들었습니다! 저놈을 죽여야 공주가 살 것이옵니다!"

신즙의 말에 황제는 할말을 잃고 자리에 주저앉았다.

강아지는 작은 몸뚱이 어디서 그런 기운이 솟아나는지 한치도 물러나지 않고 여우를 공격하여 마침내 여우의 목을 물어 죽였다.

숨이 끊어진 여우는 본래의 흉측한 모습을 드러냈는데 그 크기가 살아 있을 때와는 다르게 엄청나게 크고 징그러웠다.

황제는 내관들을 시켜 여우를 밖으로 끌어내어 불에 태우도록 명했다.

잠시 후, 혼절했던 공주가 깊은 숨을 몰아쉬며 깨어났다. 공주의 얼굴에는 예전처럼 생기가 돌았다.

황제는 공주를 치료한 신즙에게 큰 상을 내리고 공주는 병의 근원이 여우였음을 알고는 경악을 금치 못했다.

고려로 돌아온 신즙이 형 신현에게 모든 일의 전말을 애기하자 신현은 그 여우가 바로 지난날 자기가 불태워 죽였던 늙은 여우의 새끼라고 알려 주었다.

신즙은 믿어지지 않는 표정으로 신현의 선견지명에 놀라워하며 거듭 고개를 숙일 뿐이었다.

충혜왕과 오지웅주

충혜왕忠惠王은 고려 제28대 왕으로서 충숙왕과 공원왕후 홍씨 사이에서 장남으로 태어났다.

어려서부터 놀기를 좋아하고 음탕한 기질이 있던 충혜왕은 왕위에 오른 후 정사는 뒷전으로 미룬 채 허구한 날 사냥을 나가거나 지위 고하를 막론하고 여색을 탐했다.

여염집 아낙네는 물론 신하들의 부인이나 딸, 심지어는 부왕의 후비인 수비 권씨와 숙공휘령공주까지 강간하는 악행을 일삼았다.

미색이 있다는 말만 들리면 직접 말을 타고 나가 기어이 욕을 보이고 마는 성질이라 신하들은 충혜왕 앞에서 아예 그런 얘기를 꺼내지 않았다. 그러나 구천우丘天祐와 강윤충康允忠만은 왕의 비위를 맞추느라 어디에 예쁜 여자가 있다는 말만 들리면 왕에게 고해 바쳐 그 여자를 범하도록 했다.

그날도 내시 유성劉成의 아내 인印씨가 미색이라는 말을 들은 충혜왕은 구천우와 강윤충을 거느리고 유성의 집에서 하룻밤을 묵으며 밤새 유성의 아내 인씨를 겁탈하고 대궐로 돌아오는 길이었다.

노부鹵簿(임금이 거동할 때의 의장) 차림으로 말을 타고 도성 거리를 지나가던 충혜왕이 길모퉁이를 막 돌아갈 때였다.

오지 그릇이 가득 담긴 광주리를 머리에 이고 가던 여인이 몹시 힘이 드는지 충혜왕이 탄 말 앞쪽으로 비틀거리며 걸어왔다.

그 모습을 본 강윤충이 얼른 앞으로 내달아 여인을 향해 큰소리로 호령했다.

"썩 비켜라! 감히 여기가 어느 안전이라고 길을 가로막고 있는 것이냐?"

강윤충의 호령에 놀란 여인은 급히 몸을 피하려 했으나 머리에 인 광주리의 무게를 못 이겨 오히려 충혜왕 쪽으로 몇 발짝 더 비틀거리며 다가갔다.

"이런 미천한 것이 감히!"

강윤충은 손에 쥔 채찍을 여인에게 휘둘렀고 그 바람에 놀란 여인은 비명을 지르며 옆으로 쓰러졌다. 비명 소리와 함께 광주리에 담겨 있던 오지 그릇이 바닥에 굴러 떨어져 와장창 요란한 소리를 내며 깨어졌다.

그 소리에 무심코 고개를 돌리던 충혜왕의 시선이 바닥에 쓰러져 있는 여인에게로 가 꽂혔다.

땅바닥에 쓰러진 여인은 아직도 정신을 수습하지 못하고 두 다리를 버둥거리고 있었는데 무릎 위로 반쯤 말려 올라간 치마 사이로 매끈한 허벅지가 그대로 드러났다.

일순 충혜왕의 눈이 번득이며 음탕한 욕망으로 이글거렸다. 충혜왕은 찬찬히 여인의 얼굴을 훑어보았다.

그다지 뛰어난 미색은 아니었지만 천민처럼 보이는 행색과는 달리 여인의 얼굴은 묘한 매력을 지니고 있었다.

충혜왕은 아랫도리가 뻐근해지는 것을 느끼며 강윤충에게 일렀다.

"오늘 밤 경의 집으로 갈 것이니 저 계집을 데려다 두오."

"분부대로 시행하겠사옵니다, 마마!"

강윤충은 허리를 숙이고 공손히 아뢰었다.

충혜왕은 만족한 표정으로 대궐로 돌아갔고 강윤충은 그 여인을 집으로 데려가 깨끗하게 몸단장을 시켜 왕이 기거할 침소에 들여보냈다.

처음에는 깨어진 오지 그릇 값을 물어 준다는 말에 강윤충을 따라나섰던 여인은 으리으리한 대갓집에서 하녀들의 시중을 받으며 목욕을 하고 비단옷까지 몸에 걸치자 영문을 몰라 어리둥절해하기만 했다.

더군다나 하녀의 안내로 들어간 방에는 비단 금침이 깔려 있었고 방 한가운데에 놓인 밥상 위에는 상다리가 부러질 정도로 온갖 산해진미가 잔뜩 차려져 있었다

하루 종일 먹은 것이라곤 죽 한 그릇이 전부였던 여인은 밥상 위의 음식들을 보자 허기를 참을 수 없었다.

뱃속에서는 지금 당장 먹을 것을 달라고 아우성이었지만 함부로 음식에 손을 댔다가는 무슨 일을 당할지 몰라 주린 배를 움켜쥐고 방구석에 가만히 앉아 있었다.

여인이 눈앞에 놓인 음식을 보며 주체하기 힘든 식욕을 간신히 참고 있는데 방문이 열리며 낮에 보았던 남자가 방으로 들어섰다.

여인은 얼결에 자리에서 일어나 고개를 숙였다. 누구인지는 알 수 없지만 상당히 지체 높은 양반일 것이라는 느낌이 본능적으로 들었다.

"이리 가까이 오라!"

거리낌없이 상석에 자리를 잡고 앉은 남자는 떨리는 가슴을 애

써 억제하고 있는 여인을 보더니 귀엽다는 듯이 말했다.

"어서 가까이 와서 술을 따르라!"

남자의 채근하는 듯한 말투가 두어 번 더 이어지자 여인은 어쩔 줄 몰라하며 떨리는 손으로 남자가 쥐고 있는 술잔에 술을 따랐다.

"어디 사는 누구냐?"

"예……, 소녀는 단양대군 왕유 어른 댁에서 오지 그릇을 파는 일을 하는 미천한 임녀林女라고 하옵니다."

"오지 그릇을 판다? 허허허! 그런 계집치고는 제법 얼굴이 반반하구나."

술을 연거푸 몇 잔 들이켠 남자는 은근한 눈길을 보내며 말했다.

"내가 누군 줄 알고 있느냐?"

"……"

"이리 오너라, 내 그림 가르쳐 줄 테니……."

남자는 순간적으로 여인의 허리를 끌어당겼다. 훅, 하니 끼쳐 오는 술내와 더불어 여인의 귓전에 뜨거운 입김이 아련히 파고들었다.

남자의 손길이 짐승처럼 젖가슴으로 헤치고 들어오자 여인은 자신도 모르게 남자의 어깨를 꽉 잡고 더운 숨결을 가느다랗게 흘렸다.

남자의 몸이 여인의 상체를 지그시 누르며 자리에 드러눕히는 동안 여인의 숨결은 더욱 거칠어졌고, 그에 따라 남자의 손놀림도 더욱 부산스러워졌다.

"잘 들어라! 내가 이 나라의 주인이니라! 내가 이 나라의 임금이란 말이다!"

여인은 남자의 그 말을 꿈결에서 전해지는 목소리처럼 희미하게 들으며 온 몸으로 남자를 받아들였다. 남자의 몸놀림은 광적으로 변했고 그럴수록 여인의 몸짓 또한 과감하게 보조를 맞추어갔다.

복숭아꽃 향기가 이러했을까? 전신이 땀으로 범벅된 채 자리에 누워 가쁜 숨을 몰아쉬는 남자의 곁에서 죽은 듯이 전라의 몸을 웅크리고 있던 여인은 어디선가 설핏 복숭아꽃 향기가 나는 듯해서 가만히 몸을 뒤척였다.

그러던 어느 순간 자신을 품에 안고 신음소리처럼 내뱉던 남자의 말이 생생하게 떠올라 눈이 번쩍 뜨였다.

'꿈속에서 들은 말이 아니라면 지금 내 곁에 누워 계신 분은 상감마마가 분명하다. 그렇다면 나는 앞으로 어찌 되는가?'

여인이 한쪽 손으로 지그시 가슴을 누르며 흥분을 가라앉히려는데 남자의 손이 조용히 여인의 어깨를 비단 이불처럼 감아들었다.

"임녀라 했느냐?"

"예……, 마마."

여인의 목소리는 마마 소리가 부끄러운 듯 조그맣게 들렸다.

"허, 고것 참! 보통 계집이 아니로구나!"

여인은 아이처럼 몸을 둥글게 말며 남자의 품에 폭 안겼다.

그도 그럴 것이 지금껏 충혜왕이 안은 여자들은 하나같이 수동적이기만 했다. 임금을 모신다는 두려움과 조심성도 있었지만 그보다는 여자가 색을 밝히면 음탕하다는 생각이 더 지배적이던 시절이었다.

그랬기에 충혜왕은 임녀의 적극적이고 능동적인 태도가 마음에 들었다. 신음 소리 한 번 제대로 내지 못하는 여인들에 비해 임녀는 오히려 자신을 이끌어간다는 느낌마저 들었다.

충혜왕은 그날 밤 몇 번이고 임녀를 품에 안고 환락의 시간을 보냈다. 임녀 또한 처음 느끼는 육체의 쾌락에 마음껏 자신을 내던지고 불살랐다.

얼마 후, 충혜왕은 임녀를 대궐로 불러들였다. 임녀와의 잠자리 이후 다른 여인들과의 관계에서는 그다지 큰 만족감을 느끼지 못했기 때문이었다.

임녀는 하룻밤 사이에 오지 그릇을 팔러 다니는 일개 비천한 종의 신분에서 임금을 모시는 후궁의 반열에 드는 행운을 붙잡았다.

당시 충혜왕에게는 정실인 정순숙의공주(덕령공주)를 비롯하여 희비 윤씨 외에도 여러 후궁들이 있었으나 충혜왕은 개중 임녀의 처소에 출입 하는 일이 잦았다.

그렇다고 해서 충혜왕의 음욕이 전과 달라진 것은 아니었다. 왕은 여전히 여색을 찾아 궐 밖 출입이 잦았으며 그렇게 한번 나가면 며칠씩 궐을 비우는 경우도 허다했다.

충혜왕은 희대의 패륜아로도 역사에 오점을 남겼는데 1339년 5월에는 연회를 핑계 삼아 마련한 술자리가 끝나자 술에 취한 척하며 부왕의 후비인 수비 권씨의 처소로 뛰어들었다. 수비 권씨가 반항하자 신하들로 하여금 사지를 붙잡게 하고 한 손으로 입을 틀어막은 뒤 강간하는 악행을 저질렀다.

또한 같은 해 8월에는 역시 부왕의 후비인 숙공휘령공주를 강간했는데 그 수법이 수비 권씨를 강간할 때와 비슷했다고 전한다.

그 일이 있은 후 수비 권씨는 시름시름 앓다가 이듬해에 죽었는데 일견에서는 자살한 것으로 보기도 했다.

원나라 귀족 출신인 숙공휘령공주를 강간한 일은 나중에 원 왕실에 알려져 충혜왕이 폐위되는 결정적인 원인으로 작용했다.

임녀는 충혜왕의 그러한 악행에도 아랑곳하지 않고 오로지 충혜왕의 음욕을 채우는 데 갖은 열의를 다했고 마침내 아들 석기를 낳았다.

임녀는 아들 석기의 복을 비는 잔치를 열 때마다 시장 상인들의 물건을 돈도 치르지 않고 강제로 빼앗아 썼는데 그 원성이 온 나라 안에 자자했다.

1342년, 충혜왕이 경상도 진변사로 있는 홍탁의 딸이 미색 중의 미색이란 말을 듣고 화비라는 칭호를 내려 대궐로 데려오려 하자 임녀는 샐쭉해진 표정으로 왕을 책망하듯 말했다.

"마마, 마마께서는 어찌 그리도 무정하십니까?"

임녀의 말에 충혜왕이 능글맞은 웃음을 지으며 대답했다.

"무슨 소리냐? 과인이 무정하다니?"

"무정하시지 않다면 소녀에게 이러실 수는 없사옵니다, 마마."

"거 무슨 말인지 과인이 알아듣게 말해 보라!"

말투는 다소 엄한 듯해도 충혜왕은 여전히 웃음을 잃지 않고 말했다.

"소인, 마마를 모시고 어엿한 왕손까지 낳았습니다. 그런데 아직도 이렇다 할 이름이 없으니 아랫것들 보기에 민망할 따름입니다."

충혜왕은 임녀가 무슨 말을 하는지 그제야 알아차렸다. 아직 입궐도 하지 않은 홍탁의 딸에게는 화비라는 칭호가 내려졌는데 대궐에 먼저 들어온 자신에게는 아무런 칭호가 없으니, 자기에게도 합당한 명칭을 내려달라는 뜻이었다.

충혜왕은 슬그머니 비어져 나오는 웃음을 참으며 말했다.

"알았다, 알았어! 과인이 아직 네 속마음까지 헤아리지 못하였구나. 허허허!"

그러면서 충혜왕은 토라진 모양새로 앉아 있는 임녀를 살며시 끌어안았다. 임녀는 어린아이처럼 앙탈을 부리다가 이내 왕의 품에 안겨 그의 숨결을 뜨겁게 달구었다.

며칠 후 충혜왕은 정식으로 임녀에게 은천옹주라는 칭호를 내렸다. 신하들은 임녀의 태생이 천한 노비인데도 옹주와 같은 칭호가 내려진 것에 대해 부당하다고 생각했으나 어느 누구도 그 일을 지적하고 나서지 못했다.

은천옹주라는 칭호까지 하사받은 임녀는 더욱 기고만장해졌으나 세간의 백성들은 그녀를 일러 한낱 오지 그릇이나 팔고 다니던 여자라 하여 '오지옹주'라고 낮춰 불렀다.

그후 은천옹주는 화비 홍씨가 대궐에 들어오는 것을 막기 위해 재상 윤침의 집에 기거토록 왕을 꼬드겼고, 충혜왕 역시 화비 홍씨를 몇 번 찾다가 발길을 뚝 끊어버렸다.

처녀의 몸으로 화비에 봉해졌던 비운의 여인 홍씨는 결국 슬하에 소생 하나 두지 못하고 언제 사망했는지조차 제대로 알려지지 않은 채 음탕한 육욕의 제물로 쓸쓸히 사라졌다.

충혜왕은 은천옹주의 성화에 못 이겨 대궐 밖에다 삼현궁三峴宮이라는 궁궐을 새로 지으니 사역에 동원된 백성들의 원성이 날로 높아만 갔다.

충혜왕의 악행을 보다 못한 원나라에서는 1343년 충혜왕을 원으로 압송하였고, 은천옹주를 비롯한 왕의 후궁들은 모두 궐에서 추방되었다.

충혜왕은 이듬해인 1344년 정월, 원나라 연경에서 게양으로 귀양을 가던 도중 악양현이라는 곳에서 운명을 달리했다.

궐에서 쫓겨난 뒤 은천옹주의 생애에 대해서는 그 어떤 기록도 남아 있지 않다.

원 왕후가 된 고려 여인

시골에서 아버지를 모시고 농사를 지으며 지내 온 기 처녀는 개경으로 급히 올라오라는 오빠의 기별을 받고 서둘러 상경했다.

"올라오느라 수고했다. 실은 이번에 원나라 황실의 궁녀로 고려 여자를 뽑는다 하여 우리들이 너를 천거했다. 그러니 너는 속히 원나라에 갈 준비를 하도록 하거라."

오빠 기철이 오랜만에 만나는 누이에게 별다른 말도 없이 이렇게 말하니, 기 처녀는 당황할 수밖에 없었다.

"오라버니, 이렇게 갑자기 원나라에 가라 하시면 아버지는 어찌 합니까?"

"아버지는 우리가 알아서 모실 터이니 걱정하지 말거라. 그러니 혹여 원나라에 가지 않겠다는 말은 하지도 말아라. 우리들이 이미 너를 천거해 놓았으니 이제 와서 아니 갈 수도 없는 노릇이다. 만일 네가 가지 않으면 우리 기씨 문중이 위태로워진다. 만약 그렇게 되면 아버지나 우리들은 목숨을 부지하지 어려울 것이야."

기 처녀는 오빠 기철이 이렇게까지 말하니 어쩔 도리가 없었다. 그녀는 아버지께 인사도 못 하고 그 길로 원나라로 가게 되었다.

멀고 먼 여정 끝에 기 처녀는 원나라에 도착했다. 그녀는 원의 궁정인 휘정원의 궁녀로 있다가 황제의 눈에 띄어 신분이 급상승하게 되었다.

황제는 기 처녀의 아름다움에 흠뻑 빠져 그녀를 총애하여 귀비의 자리에 앉혔다.

이렇게 고국에서도 누려 보지 못한 호강을 하며 살게 되었지만 기 처녀의 가슴 한 구석엔 언제나 고향 생각이 떠날 날이 없었다. 비록 원나라에 와서 황제의 총애를 받으며 풍족한 생활을 하고는 있지만 기 처녀에게 이곳은 여전히 타향이었던 것이다.

더욱이 황제의 총애가 깊어지면 깊어질수록 왕후의 질시도 깊어져 갔으니 기 처녀는 한시도 마음 편할 날이 없었다

'아! 아버지는 잘 지내시고 계신지……. 아! 그 사람은 또 어떻게 지내는지……. 내가 이곳에서 이렇게 지내는 것을 불화 그 사람은 알고 있을까?'

기 처녀는 고향 땅에서 함께 지냈던 불화가 생각났다.

이곳으로 온 후 처음에는 불화 생각에 잠도 못 이루고 눈물로 지새던 때가 많았다. 이젠 잊을 때도 되었건만 아직도 지워지지 않는 얼굴이었다.

'그 사람은 지금쯤 어여쁜 규수와 혼인하여 잘 지내고 있겠지.'

불화는 기 처녀가 어려서 아버지와 함께 시골로 내려갔을 때 이웃집에 살고 있던 소년이었다.

기 처녀의 아버지는 퇴직한 관리였던지라 불화는 기 처녀의 아버지에게 글을 배우기 위해 매일 그녀의 집을 드나들었다.

그리하여 둘은 어려서부터 자연스럽게 어울렸고 나이가 들어 제법 어른스러워진 후에는 서로를 사랑하는 감정을 가지게 되었다.

'휴……, 이제 그를 생각하면 무엇하리. 이젠 두 번 다시 볼 수

없는 사람인 것을······.'

기 처녀는 그때 한 번이라도 그에게 자신의 마음을 고백했더라면 어떻게 되었을까 하고 뒤늦게 후회했다.

만일 그리했다면 혹 지금쯤 그와 정혼하여 아이를 옆에 두고 다정하게 담소를 나누고 있을지도 모를 일이었다.

이러한 후회와 옛날 생각으로 기 처녀는 하루하루가 적막하기만 했다. 주위 사람들 또한 자신을 고려 여자라고 적대시했기 때문에 궁궐 생활은 갈수록 힘들었다.

기 처녀는 답답한 마음을 달래려 홍성궁 건너편 뜰을 거닐었다. 그나마 그곳이 이 궁궐에서 유일하게 자신의 마음을 편안하게 해주는 곳이었다.

'저쪽이 고려의 하늘일 터인데······.'

기 처녀의 눈길은 푸른 동쪽 하늘을 바라보다 화원을 손질하고 있는 궁노들에게로 옮겨졌다.

순간 기 처녀의 눈이 휘둥그레졌다. 궁노들을 지휘하고 있는 한 관리의 모습이 불화의 모습과 너무도 흡사했기 때문이었다.

'내가 불화 생각을 너무 많이 했나 보구나. 이젠 사람을 잘못 보기까지 하다니······.'

기 처녀가 자신을 책망하고 있을 때 관리의 시선이 기 처녀에게로 향했다.

다음 순간 기 처녀는 정신이 아뜩해지는 것을 느꼈다.

분명 그 관리는 불화가 틀림없었던 것이다.

'이것이 꿈인가 생시인가, 어떻게 그가 이곳에 있단 말인가!'

불화가 천천히 기 처녀에게로 걸어오더니 공손하게 인사했다.

"전중감 불화, 마마께 문안드리옵니다."

기 처녀는 벅차 오르는 가슴을 주체할 수 없었으나 주변 사람들의 이목 때문에 함부로 감정을 표출할 수 없었다.

"전중감? 그래 당신은 고려에서 지내는 것으로 알고 있었는데, 이곳에 온 지는 얼마나 되었소?"

"예, 마마. 한 삼사 년 되었사옵니다."

불화는 기 처녀에게 또박또박 존대어를 썼다.

"내 오랜만에 고려국 사람을 보니 반갑구려. 그간의 고려 소식도 알고 싶으니 언제 시간을 내어 내게 들려주시오."

"예, 마마"

불화는 기 처녀에게 연신 허리를 굽히며 대답하고는 물러갔다.

가슴이 벅차기는 불화도 마찬가지였다. 그가 이곳으로 온 것은 오로지 기 처녀를 만나기 위해서였다. 3, 4년을 벼르고 별러 만난 기 처녀는 여전히 예전의 아름다움을 간직하고 있었다. 더욱이 화려한 의상과 보석들은 그녀를 더욱 돋보이게 하였다.

오래 전, 기 처녀가 원나라 궁녀로 천거되어 갔다는 소식을 들은 불화는 그대로 가만히 있을 수가 없었다. 어떻게든 그녀를 고향으로 데려오고 싶었다.

그래서 무작정 원나라에 들어온 것이었다. 아무 연고도 없었기에 처음 1, 2년은 고생이 이만저만이 아니었다.

하지만 2, 3년 세월이 지나자 원의 관리를 지내는 고려인들을 알게 되었고, 그들에게 부탁하여 흥성궁 전중감의 자리를 얻을 수 있었다.

이곳에서 기 처녀가 귀비가 되었다는 소식을 접했을 때 불화는 절망감에 휩싸였으나 이젠 그런 감정 같은 것은 없어진 지 오래였다. 오히려 황제의 총애를 받고 있는 기 처녀가 다른 사람들의 질시를 받을까 봐 걱정이었다.

원나라 황실에서 기 처녀를 지켜줄 사람은 자신뿐이라고 생각한 불화는 수단과 방법을 가리지 않고 기 처녀가 있는 홍성궁에 들어왔다.

불화는 그렇게 보고 싶던 기 처녀를 다시 만나자 어린 시절 고향에서 함께했던 추억들이 생각나 그때의 감정들이 가슴에 새록새록 피어났다.

'그녀도 이런 마음일까? 안타까웠던 지난날의 감정을 이제라도 확인해 볼 수 있을까?'

불화는 씁쓸한 미소를 지었다.

'내가 지금 무슨 생각을 하는 것인가. 이미 모든 걸 포기하기로 한 것을……. 여기가 어디라고, 이제 와서 우리들의 사랑을 확인한다 하여 좋을 것이 무엇인가? 괜한 감정만 내세워 봤자 그녀만 위험에 빠지게 돼.'

불화는 이런저런 생각으로 마음을 다잡지 못하고 뜬눈으로 밤을 지새웠다.

다음날 불화는 당장이라도 홍성궁에 들어가 그녀를 만나 보고 싶었으나 기회를 잡지 못해 전전긍긍하며 다시 이틀을 보냈다.

사흘째 되는 날, 불화는 겨우 궁노들을 이끌고 홍성궁에 들어갈 기회를 잡았다. 그는 고려의 소식을 전한다는 핑계로 기 처녀를 만날 수 있었다.

불화는 주위의 눈치를 살피며 기 처녀의 방으로 들어갔다.

"어서 오세요. 여기 차를 준비하였으니 천천히 드시고 고려 이야기나 해주시어요."

기 처녀는 궁녀들을 의식하여 이렇게 말하였으나 궁녀들이 방에서 물러나자 참았던 눈물을 쏟고 말았다.

"이렇게 만나다니……. 죄송해요, 불화 도련님. 소녀 이곳으로 오지 말았어야 하는 것을. 용서하세요. 소녀 어찌하다 이렇게…… 흑흑……."

기 처녀는 차마 큰소리로 울지도 못하고 소리 죽여 흐느꼈다.

"마마, 이것이 어찌 마마께서 용서를 빌 일이옵니까? 그저 나라의 힘이 미약한 탓이지요. 그만 고정하십시오."

"……."

불화는 기 처녀의 우는 모습에 마음이 안타까웠다. 가까이 다가가 안아 주고 싶었으나 이젠 그 옛날의 그녀가 아니었다. 그는 한숨을 내쉬며 마음을 다잡았다.

"마마, 저는 이렇게 마마를 옆에서 바라볼 수 있는 것만으로도 족합니다. 부디 마마의 옥체를 보존하옵소서. 미약하나마 소인이 최대한 보필해 드리겠사옵니다."

"도련님, 제가 무슨 낙으로 이곳에서 살 수 있으리까? 이곳은 너무도 무섭습니다."

그간 기 처녀는 왕후와 다른 후비들의 시기에 몇 번이고 죽을 고비를 넘긴 터였다.

"마마, 그리 생각하지 마옵소서. 마마는 황제의 어엿한 귀비이시옵니다. 위엄을 갖추십시오. 그리하면 다른 이들도 마마를 업신여기지 못할 것이옵니다."

"시골에서 자란 제게 위엄이 있을 것이 무엇입니까?"

"마마, 소신이 도와 드리겠사옵니다."

이날 이후 불화는 틈나는 대로 기 처녀에게 여러 가지 책을 가져다주었다. 그 책들은 『효경』을 비롯하여 사서삼경, 『열녀문』, 『궁중 행실록』 등으로 기 처녀에게 많은 도움이 되었다.

기 처녀는 처음에는 불화가 갖다주는 책에 별 관심이 없었으나 차츰 불화의 정성에 감복하여 그 책들을 탐독하기 시작했다.

한 권 두 권 읽기 시작한 책들이 몇 년 후 기 처녀의 학식을 웬만한 학자 못지않을 정도로까지 고양시켰다.

이렇게 되자 기 처녀는 황실의 모든 이로부터 인정을 받게 되었고 특히 황제의 총애는 더욱 깊어져 제2왕후로 승격되었다. 그녀는 차후 정궁왕후에 봉해져 고려의 여인으로는 처음이자 유일하게 중국의 왕후가 되었다. 또한 그녀는 원나라 역사상 가장 뛰어난 왕후의 한 사람으로 기록에 남게 되었다.

한편 기 처녀의 오빠 기철은 동생이 원나라의 왕후가 되자 그 권세를 등에 업고 활개를 치다 배원정책과 국토회복 운동을 전개하던 공민왕에게 죽임을 당하였다.

이에 기 왕후가 고려인 최유에게 군사 1만을 주어 공민왕을 폐위시키고 원나라에 와 있던 26대 충선왕의 셋째아들 덕흥군을 왕으로 옹립할 것을 명하였다.

기 왕후의 이 계획은 최유가 압록강에서 대패하고, 원나라의 국력 또한 쇠퇴일로에 있었기 때문에 실패로 돌아갔으나 이것만으로도 당시 그녀의 세도가 어느 정도였는지를 잘 알 수 있다.

하지만 기 왕후가 이 정도의 권세를 누리며 후세에 길이 이름을 남길 수 있었던 것은 그녀 옆에서 사사로운 감정을 죽이고 성심껏 그녀를 보살펴 준 불화의 덕분이라 해도 과언은 아닐 것이다.

고려 제31대 임금인 공민왕은 재위 초기에는 참으로 어질고도 기품 있는 왕이었다.

늘 기세 등등하던 원나라에 굽실거리지 않고 국위를 높이는 데 적지 않은 힘을 기울였으며, 백성들에게는 어진 정치를 베푸는, 그 야말로 성군이었다.

그러나 공민왕은 왕비인 노국공주가 죽은 후로는 점점 백성을 다스리는 일이나 정사에 싫증을 느껴 만사를 외면하고 술로 세월을 보냈다.

공민왕은 신하들이 정사를 논할 때마다 누군가 나타나서 자신의 일을 대신해 주었으면 하는 바람을 은근히 마음속에 두고 있었다. 그럴수록 그는 승려 신돈에게 의지하는 마음이 강해졌다.

공민왕이 신돈을 굳게 신뢰하게 된 데에는 남다른 연유가 있었다.

공민왕이 아직 신돈을 알기 전 어느 날 공민왕이 꿈을 꾸었는데, 꿈속에 힘 센 장사가 시퍼런 칼을 들고 공민왕을 죽이겠다고 달려들었다. 공민왕은 고래고래 소리를 지르며 도움을 청했지만 아무도 오지 않고, 그 시퍼런 칼을 든 장사만이 자기를 따라오고 있었다.

이윽고 장사가 공민왕을 칼로 치려고 하자 공민왕은 두 눈을 감앞다. 이제 죽었구나 싶어 꼼짝달싹 못 하고 있는데 주위가 갑자기 조용해졌다.

이에 공민왕이 슬며시 눈을 떠보니 장사의 머리는 바가지 깨지 듯 산산조각이 나 있고, 온 몸에서 피를 토해 내고 있었다. 그리고 자기 앞에는 장삼을 입은 스님 한 명이 서 있었다.

꿈에서 본 그 스님의 얼굴은 오래도록 공민왕의 뇌리에 남아 선명한 지문처럼 박혀 있었다.

그러던 어느 날 김원명이란 신하가 공민왕에게 아뢰었다.

"마마! 덕망과 슬기가 아주 출중한 신돈이라는 승려가 있는데 그 명성이 자자하여 많은 사람의 존경을 한 몸에 받고 있다고 합니다. 마마께서도 한 번 만나 그 설법을 들어보시면 심신이 편안해질 것이 옵니다."

"그래? 그럼 어서 데려오너라. 그렇지 않아도 명승을 만나 좋은 설법을 들으며 마음을 다스리고 싶었는데……."

며칠 뒤 김원명이 신돈이라는 승려를 데리고 왔는데, 공민왕은 자기 눈을 의심하지 않을 수 없었다. 그는 다름 아닌 꿈속에서 자신 을 구해 준 바로 그 스님이었던 것이다.

공민왕은 하도 신기하고 희한해 눈을 비비고 다시 신돈을 바라 보았다.

"아, 이날이 오길 얼마나 바라고 있었는데……, 실로 이런 날이 오다니……."

공민왕은 조심스레 입을 열었다.

"내가 생시에는 스님을 만나 본 적이 없지만 꿈에서는 몇 번 뵌 적이 있다오."

그러면서 공민왕은 자신의 꿈 얘기를 들려주었다.

공민왕의 얘기를 모두 들은 신돈이 말했다.

"아무래도 전생에 인연이 깊지 않았나 생각됩니다."

그날부터 공민왕은 신돈을 전부터 알고 지내던 가까운 사람인 양 늘 곁에 두었다.

어느 날 공민왕이 신돈에게 자신의 신세를 한탄했다.

"나는 이제 지쳤소. 임금이니 정치니 하는 것이 딱 싫어졌소. 아무리 머리를 쓰고 온갖 정성을 다해도 북으로는 대국이 밤낮 없이 괴롭히고, 남으로는 호시탐탐 왜적들이 행패를 부리니 더 이상 어찌해야 할지 모르겠소. 차라리 혈혈단신으로 절경을 찾아다니며 그림이나 그리며 살고 싶소."

신돈은 기다렸다는 듯이 말문을 열었다.

"맞습니다. 아무리 한 나라의 임금이라도 자신의 행복도 생각하셔야 합니다. 하찮은 백성들도 자신의 행복을 찾는데 나라의 주인인 임금께서 행복을 찾지 못하신다면 어찌 안타깝지 않겠습니까? 임금께서 마음이 편하셔야 나라 정치도 잘 되는 법입니다."

공민왕은 조용히 신돈의 말을 귀담아들었다.

"난 이제 임금 자리가 싫소. 세력 다툼에 급급한 신하들에게 질려버렸고, 아무리 이 나라의 주인인 임금이라 해도 외적의 침입에 이리저리 쫓겨다니는 신세는 초라하기 그지없는 일일 뿐이오."

"그러나 왕위를 내놓으시면 안 됩니다. 뒤를 이을 후사도 없으신데, 만약 그렇게 된다면 이 나라가 온통 쑥대밭이 될 것은 불을 보듯 뻔합니다."

신돈은 공민왕을 아기 다루듯 살살 구슬렸다. 그 구슬림에 마음의 안정을 되찾은 공민왕은 자신의 처지를 알아주는 신돈에게로 점점 마음이 쏠렸다.

그러던 어느 날, 그날도 어김없이 신돈과 마주앉아 이런저런 신세 한탄을 해대던 공민왕은 신돈을 향해 문득 이런 말을 했다.

"신돈, 그대가 이 나라를 맡아 주면 어떨까?"

그러나 신돈은 한마디로 딱 잘라 거절했고, 그 자리에서 황급히 물러났다. 그러나 말끝을 흐리며 여운을 남기는 것이 여간 심상치 않았다.

신돈의 이런 태도는 모두 계략에 불과했으나, 공민왕은 이 사실을 전혀 눈치채지 못하고 오히려 그러한 신돈의 태도에 더욱 호감을 가졌다.

그로부터 얼마나 지났을까?

자신을 못마땅하게 여겼던 신하 이승경과 정지운이 죽었다는 말을 듣고 신돈은 다시 공민왕 가까이 접근했다.

머리가 비상한 신돈은 자신을 시기하고 두려워하는 다른 신하들의 눈을 속이기 위해 일부러 한동안 공민왕을 찾지 않았던 것이다.

공민왕은 반가움에 신돈의 손을 꼭 잡았다.

"잘 왔소! 그간 내가 얼마나 찾은 줄 아오. 내 옆에서 예전처럼 나를 지켜 주시오."

공민왕은 신돈에게 사부라는 칭호를 내리고 언제나 그를 가까이 두었다.

그 때문에 신돈의 지위는 신하들 사이에서 뇌물을 갖다 바칠 만큼 급부상했고 백성들 사이에서는 신비화되기에 이르렀다.

"그분의 설법이 바로 극락 가는 길이라오."

"신돈은 부처가 사람의 몸을 빌려 환생한 승려라오."

임금의 총애와 아첨하는 무리가 날로 늘어나자 마침내 신돈은 자신의 본색을 드러내기 시작했다.

그 본색은 권세욕, 음욕, 부에 대한 욕심 등이었는데 특히 가장 심한 것은 부처님을 모시는 스님으로서는 절대 삼가야 하는 음욕이었다. 그리하여 신돈은 불공을 드리러 오는 부녀자들을 아무렇지 않게 겁탈하고 희롱했다.

하루는 신돈이 기현이란 사람의 집에 들렀는데 나라의 실권을 한 손에 쥐고 있는 신돈인지라 기현은 어여쁘기로 소문난 계집들을 불러 그의 시중을 들게 하였다.

그런데 술자리가 무르익을 무렵 기현의 아내가 나와 인사를 했는데 신돈의 눈은 그 자리에서 뒤집어졌다.

기현의 아내는 그리 미인은 아니었지만 살결이 뽀얀 것이 잘 익은 배와 같았고, 몸매가 애호박처럼 오동통해서 만지기만 해도 금방 애간장이 녹을 듯했다.

욕정이 갑자기 부풀 대로 부푼 신돈은 기현의 아내를 힐끔힐끔 쳐다보며 욕정의 눈길을 보냈다. 그리고 슬며시 손목을 잡아 보기도 하였다.

이러한 신돈의 마음을 알아차린 기현은 이것을 두 번 다시 없는 출세의 기회로 생각했다.

'신돈이 내 아내에게 홀딱 빠졌다, 이거지? 저자의 마음만 잡으면 나는 얼마든지 출세할 수 있어. 지금이 기회야.'

기현은 아내를 불러 무언가 속삭였고, 아내는 다시 신돈의 옆에 앉았다.

기현의 아내는 몸을 신돈에게 바싹 붙이고 앉아 은근히 추파를 보내기 시작했다.

신돈의 눈을 빨아들이듯 빤히 쳐다보다가 신돈이 쳐다볼라치면 얼른 고개를 돌리고, 곁눈질로 은근 슬쩍 보고 있다가 눈이라도 마주칠라치면 눈을 가늘게 뜨며 고개를 떨구었다.

그리고 괜히 몸을 좌우로 흔들며 더욱 신돈에게 자신의 살을 비벼댔다. 건드리기라도 하면 금방이라도 색욕의 물이 좌르르 터져 나올 것만 같았다.

억지로라도 어떻게 해보고 싶은 신돈에게 기현의 아내가 먼저 꼬리를 치니 신돈은 미칠 것만 같았다.

신돈은 기현이 잠시 자리를 비운 사이 더는 참지 못하고 기현의 아내의 허리를 휙 감싸 안았다. 기현의 아내는 잠깐 놀란 듯한 표정을 짓더니 금세 신돈의 품에 자신의 몸을 던져버렸다.

그날 이후 기현과 그의 아내는 신돈을 신처럼 떠받들었고, 온갖 시중을 다 들었다. 이로써 기현은 신돈의 심복지인이 되었고, 신돈은 기현의 아내를 취하는 대가로 기현을 극진히 돌봐 주었다.

신돈의 권세와 음욕은 계속 이어졌다.

기현을 비롯한 심복들이 무언가 귀띔을 하면 어여쁜 아내를 둔 사대부들을 괜한 트집으로 잡아들이고, 그 트집을 기회로 삼아 그의 아내들과 몸을 섞었다.

아내들은 벌벌 떨며 신돈에게 빌었다.

"제 남편이 풀려 나올 수만 있다면 뭐든지 하겠습니다."

이때마다 신돈은 눈을 지그시 감고 실눈으로 아내들의 몸 여기 저기를 훑으며 이렇게 말하는 것이었다.

"남편이 풀려 날 길은 딱 하나 있지."

"어떤 일이라도 하겠습니다."

"흐음. 남편이 풀려 나오려면 꽤나 어려울 텐데. 자네 남편이 하도 중죄를 지어서……."

신돈이 이렇게 한마디 건네기라도 하면 대부분의 아내들은 눈물로 호소했다.

"무엇이든 할 수 있습니다. 풀려 날 길이 있는데 어찌 마다하겠습니까? 그 길을 가르쳐 주십시오."

아내들은 오돌오돌 떨며 간청했지만 이런 말을 건네기가 무섭게 이미 마련된 금침에 벌러덩 강제로 눕혀져 신돈에게 농락당해야만 했다.

사근사근 말을 잘 들으면 며칠간 데리고 놀다 남편과 함께 석방해 주었고, 말을 듣지 않고 앙탈을 부리거나 신돈의 색욕을 충분히 채워 주지 못하면 남편을 벌하거나 귀양을 보냈고, 심지어 죽이기까지 하였다.

일이 이쯤 되자 온갖 행패와 욕심만을 일삼는 신돈을 죽이려는 사람들이 하나둘 늘어갔다.

그들 중 엄부홍, 이존오 등은 은밀하게 만나 회의를 열었다.

"신돈은 지금껏 듣도 보도 못한, 참으로 해괴망측한 자요."

"그것뿐이겠소. 그자의 수작은 짐승이나 다름없소. 사람을 죽이기를 밥먹듯 하고, 남의 계집이나 딸들을 보는 대로 겁탈하는데 어찌 사람이라 하겠소."

그들은 입을 모아 신돈을 욕했다.

그때 이존오의 입에서 또 다른 말이 흘러나왔다.

"요즈음엔 이상한 짓이 한 가지 더 늘었다고 하더구려."

"무슨 짓이오? 어서 말해 보오."

"신돈은 색욕을 더 맘껏 즐기기 위해 백마白馬만 보면 그걸 잡아서 신장을 먹는답니다. 그것도 날것을 그대로 회쳐서 먹는답니다.

"저, 저, 저……. 죽일 놈!"

"그뿐이 아니라오. 꿈틀대는 지렁이도 정력에 좋다고 한입에 집어넣는답니다."

"윽……"

이 말에 그 자리에 모인 사람들은 먹은 음식을 죄다 토할 것만 같은 것을 간신히 참았다.

이존오는 은밀한 회의 끝에 상소문을 올리기로 결정했다. 그는 더 이상 신돈의 행패를 간과할 수 없어 죽음을 각오하고 상소문을 올렸다.

"방약무인한 신돈은 전하와 더불어 한자리에 앉아 전하를 욕보이고 능멸했습니다. 또한 재상이 그의 집이라도 찾아가면 거만하게 버티고 앉아 뜰 아래에서 절하게 만듭니다. 전하께서는 늙은 여우와 같은 요물인 신돈을 속히 물리쳐 이 나라의 사직과 정권을 바로잡으십시오. 엎드려 간곡히 바라나이다."

그러나 공민왕은 상소문을 보고 대노大怒하였다.

그는 상소문을 불태우도록 하고, 즉시 이존오를 잡아들이라고 명했다.

"이 간사한 놈, 나라의 기둥인 신돈을 모함하다니. 네가 무서움을 모르고 방자하구나."

이존오는 공민왕의 노여움을 샀지만 이에 위축되지 않고 공민왕과 한자리에 앉아 있는 신돈을 향해 소리쳤다.

"늙은 요물 같은 중놈이 감히 전하와 같은 자리에 앉다니. 어찌 무례함이 이리도 하늘을 찌르는가!"

청천벽력 같은 이존오의 호통에 신돈이 깜짝 놀라 허둥지둥 아랫자리로 내려앉았다.

그러나 공민왕은 더욱 화가 치밀었는지 이존오를 옥에 가두고 말았다.

공민왕은 그만큼 신돈에게 빠져 있어 그의 음탕함을 전혀 알아채지 못했다. 자신을 능가하는 권력을 휘두르는 것도 모르고 있었던 것이다.

공민왕은 결국 발톱을 숨긴 무서운 호랑이 새끼를 키우고 있는 셈이었다.

한 번은 이런 일이 있었다.

신돈이 자기 집으로 심복들을 초대해 음담패설을 안주 삼아 술을 마시고 있었다. 그들은 음담패설에 히죽거리기도 하고, 술잔을 비우기도 하며 시간 가는 줄 모르고 노닥거렸다.

그때 황급하게 문지기가 뛰어들어오면서 말했다.

"상감마마께서 행차하셨습니다."

신돈은 갑작스런 공민왕의 행차에 난감함을 감출 수 없었다.

"상감마마는 나를 고결한 중으로 알고 있는데 이를 어쩌나? 이런 꼴을 보여선 안 되는데……."

신돈은 얼른 술상을 급히 치우게 하고는 대문으로 뛰어나가 공민왕을 맞아들였다.

공민왕이 신돈의 방에 들어가자 상에는 과일 한두 개가 놓여 있을 뿐이었다. 신돈은 조리 있는 말로 예의를 깍듯하게 차리며 공민왕을 모셨다.

이에 속아넘어간 공민왕이 다시 한 번 신돈을 칭찬하니 참으로 어처구니없는 일이었다.

"역시 하늘이 내린 스님이라는 말을 들을 만하오. 상에 겨우 과일 두 개라니, 역시 참으로 청빈하구려."

신돈의 위세는 하늘을 찌를 듯 점점 드세졌지만 그는 자신을 미워하는 자가 늘어날수록 은근히 겁이 나기 시작했다.

특히 누군가가 자신의 행적을 공민왕에게 낱낱이 고하기라도 하면 그의 꿈은 한 순간 산산조각 깨지고 마는 터라 가슴이 자꾸만 조여 왔다.

신돈은 한 가지 계책을 생각해 냈다.

그날도 공민왕이 신돈을 불러 나라일을 의논하는데 신돈은 평소와는 달리 아무 말도 하지 않았다.

이를 이상하게 생각한 공민왕이 물었다.

"아니 오늘은 무슨 일이라도 있소? 한마디도 하지 않으니…….
혹 무슨 근심이라도 있는 것이오?"

그제야 신돈은 천천히 입을 열기 시작했다.

"상감마마께서는 다른 사람들의 말을 더 많이 들으시는데 제가 무슨 할말이 있겠습니까?"

이 말에 공민왕은 펄쩍 뛰었다.

"말도 안 되는 소리 마오. 난 언제나 다른 신하의 말을 제쳐놓고 선사의 말을 들었소."

신돈은 때를 놓칠세라 거짓말을 술술 늘어놓았다.

"그래도 소문은 그렇지 않사옵니다."

"그건 모두 선사를 질투하는 자들이 만들어 낸 것이지요. 그 말을 믿는 거요?"

신돈은 공민왕이 자기의 계책에 술술 넘어오자 속으로는 우스워 견딜 수가 없었다. 마치 파놓은 굴에 빠진 짐승 같았다.

그러나 신돈은 눈물까지 또르르 흘리며 말을 이었다.

"지금은 헛소문인지 몰라도 이런 헛소문이 자꾸 커지면 저를 모함하는 자가 점점 늘 것입니다. 그렇게 되면 자연적으로 상감마마께서는 그들의 말에 솔깃하실 테고, 그렇게 된다면 이 늙은이의 신세는……."

신돈은 말을 잇지 못하고 훌쩍거렸다.

이에 공민왕은 어린애 달래듯 신돈을 달랬다. 손수 글을 써서 맹세까지 하는 것이었다. 정말로 눈뜨고 보지 못할 어처구니없는 노승의 음모였다.

신돈은 승려인데도 공민왕을 배경 삼아 첩을 거느리고 자식까지 낳았다.

더군다나 기현, 최사원, 이춘부, 김란 등과 합세하여 세력을 만방에 뻗치자 신돈을 아끼던 공민왕도 차차 불안해지기 시작했다.

이에 공민왕은 슬슬 신돈을 꺼리게 되었으나, 눈치 빠른 이 요승은 곧 그 사실을 알아챘다.

신돈은 으슥한 밤 심복들을 한데 모아 놓고 거사를 모의했다. 그는 공민왕이 자신을 내치기 전에 먼저 선수를 쳐야겠다고 마음먹고 있었던 것이다.

이때 이인이라는 문객이 우연하게도 그 사실을 듣게 되고, 아무도 모르게 투서를 써 재상 김속명의 집 마당으로 던졌다.

새벽에 일찍 일어난 하인이 마당에 떨어져 있는 투서를 발견하고는 이를 이상히 여겨 주인에게 전해 주었다. 투서를 손에 쥔 김속명은 곧 그것을 공민왕에게 바쳤다

공민왕은 벼르고 있었던 터라 곧 신돈 일당을 잡아들여 고문을 하였다.

고문이 어찌나 가혹했는지 기현과 최사원 등은 자신의 죄를 이실직고하였다. 그러나 신돈만은 끝까지 버티며 이렇게 말하는 것이었다.

"마마께서는 어떠한 일이 있어도 이 노승을 버리지 않겠다고 하

시지 않았습니까? 그런데 그 약속을 어기시고 저를 버리십니까? 한 나라의 가장 큰 어른이 어찌 이렇게……."

공민왕은 입가에 쓴웃음을 가득 머금은 채 이렇게 말했다.

"신돈은 잘 들거라. 맹세는 네가 먼저 어겼다. 부녀자들을 가까이하는 것은 부처의 설법을 전하여 부처의 길로 인도하기 위함이라고 했느니라. 그런데 너는 지금 자식을 둘씩이나 두고 있으니 어찌 된 일이냐? 그리고 갑옷을 만드는 곳을 일곱 곳이나 지었으니 이것은 평생을 같이하자던 우리의 맹세를 어기고 나를 치려고 한 것이 아니었더냐?"

결국 신돈은 공민왕에 의해 죽임을 당했는데, 이는 공민왕 20년의 일이었다.

공민왕을 배경으로 하여 승려라는 지위를 악용해 온갖 만행을 저지른 요승 신돈은 결국 솟구치는 욕심을 자제하지 못하여 비참한 최후를 맞이하였다.

공민왕과 자제위

익비 한씨는 더 이상 공민왕의 명을 거절할 수 없었다. 눈앞의 시퍼런 칼도 두려웠고, 마치 미치광이가 된 듯 소리를 지르는 공민왕도 두려웠다.

"마마, 명대로 하겠사옵니다. 하오니 그 칼만은……."

익비 한씨는 떨리는 목소리로 겨우 말했다.

"내가 나간 후 마음이 변할지 모르니, 여기서 확인을 해야겠다! 홍륜아, 어서 시키는 대로 행하라!"

홍륜은 공민왕이 지켜보는 가운데 익비의 옷을 거칠게 벗겼다.

익비 한씨는 더 이상 반항하지 못하고 홍륜이 이끄는 대로 몸을 더럽히는 능욕을 당했다.

참으로 괴이한 일이었다. 왕이 지켜보는 가운데 신하가 왕의 후궁과 정을 통하다니…….

공민왕은 노국공주가 산고로 죽은 후 더 이상 여인을 가까이하지 않았다. 대소 신하들이 후사를 잇기 위해 후궁을 맞게 하였으나 공민왕이 가까이하지 않았기 때문에 후사가 있을 리 만무했다.

게다가 공민왕의 여인 거부증은 더욱 심해져 주변의 꽃 같은 여인들에게는 눈길 한 번 주지 않고 귀족의 자제들로 구성된 자제위를 만들어 가까이 두었다.

이때부터 공민왕의 수발은 자제위가 맡게 되었고, 공민왕은 그들과 공공연하게 동성애를 즐겼다.

상황이 이렇게 되었지만 공민왕도 왕통을 이을 후사가 없는 것이 걱정되었던 모양이었다. 후사는 필요한데 자신은 후궁들을 가까이하기 싫고, 그래서 생각해 낸 방법이 측근으로 있는 자제위 청년들을 자신의 후궁과 정을 통하게 하여 후사를 도모하는 것이었다.

공민왕은 자신의 생각이지만 기가 막힌 방법이라 여기고는 당장 자신이 총애하는 홍륜과 한안, 권진 등을 불러 이 계획을 말했다.

자제위 청년들은 어이가 없었으나 임금의 후궁을 품을 수 있다는 음욕에 눈이 멀어 거기에 따르기로 동의했다.

공민왕은 몇 번이고 이 일을 비밀에 부칠 것을 당부하고는 그들을 후궁들의 방으로 차례로 들여보냈다.

그 당시 공민왕의 후궁으로는 혜비, 익비, 정비, 신비 등이 있었다. 공민왕이 그들의 방을 차례로 찾아갔으나 익비를 제외한 다른 후궁들은 목숨을 걸고 정조를 지켰다.

공민왕도 죽음을 각오하고 자신을 지키는 후궁들에게 더 이상 강요할 수 없었다. 그러다 마지막으로 익비를 찾은 것이었다.

마침내 익비가 자신의 뜻을 따르자 공민왕은 호탕하게 웃었다. 익비는 홍륜뿐 아니라 한안, 권진 등에게 여러 날에 걸쳐 능욕을 당했다.

그렇게 몇 달이 지나갔다.

공민왕이 여느 때와 같이 술잔을 기울이며 거나하게 취해 있는데 최만생이 가까이 다가오더니 조용히 아뢰었다.

"마마, 잠시 여쭐 말씀이 있사옵니다."

"무슨 일이냐?"

"익비께서 태기가 있으시다 하옵니다."

"태기라? 지금 태기라 하였느냐?"

"예, 마마."

공민왕은 만족스러운 듯 희색이 만면하여 은밀하게 물었다.

"그래, 누구의 씨라더냐?"

공민왕의 말에 최만생이 음흉한 미소를 지으며 대답했다.

"홍륜이라고 하옵니다."

"으흠, 홍륜이라……? 이젠 이 일을 아는 자들의 입만 막으면 그 아이는 내 아이가 되겠구나."

공민왕의 미소가 섬뜩한 표정으로 바뀌는 것을 본 최만생은 순간 심장이 철렁 내려앉았다.

'아뿔사, 모르는 척해야 할 일에 공연히 끼여들었구나. 괜히 아는 척했다가 나까지……'

공민왕은 이미 보통 사람의 얼굴이 아니었다. 노국공주가 산고로 죽은 이후 광기와 변태적인 성향이 어우러져 더 이상 옛날의 온화한 성품은 온데간데없었다.

그날 밤 최만생은 아무도 모르게 홍륜을 찾아갔다.

"아니, 이 시각에 어인 일이시오?"

홍륜은 사색이 되어 있는 최만생의 얼굴을 보며 물었다.

"큰일났소, 홍공. 임금께서 우리를 죽이려 하고 있소."

최만생은 홍륜에게 다급하게 말했다.

"그게 무슨 말이오? 임금께서 우리를 죽이려 하다니……?"

"임금께서 익비의 아이를 자신의 아이로 만들고자 이 일을 아는 자들을 모두 죽이려 하고 있단 말이오."

"무엇이라! 익비에게 잉태를 시키라고 하여 따랐거늘, 이제 와서 우리를 죽여?"

홍륜은 자신도 모르게 큰소리로 외쳤다.

"목소리를 낮추시오. 지금 흥분하고 있을 때가 아니오. 장차 이 일을 어찌해야 할지 앞일을 모색해야만 하오."

최만생은 문 밖에서 누가 듣고 있을까 봐 조바심이 났다.

"음……. 우선 다른 사람들을 불러 의논해 봅시다."

홍륜은 조용히 나가 익비를 함께 범했던 자제위 청년들을 불러 모았다.

모두가 공민왕의 총애를 받고 있던 이들이었지만 이제 와서 왕이 자신들을 해치려 한다는 말을 듣고는 모두 분을 삭이지 못했다.

홍륜의 눈빛에는 살기가 돌았다.

"이보게, 내 말 잘 듣게. 일이 이렇게 된 이상 우리도 가만히 앉아 죽음을 기다릴 수만은 없네. 우리가 먼저 임금을 치도록 하세."

함께 모인 자제위 청년들은 두말할 것 없이 홍륜의 말에 동의했고 최만생 역시 바짝 긴장하며 조용히 고개를 끄덕였다.

밤이 깊어 고요해지자 그들은 소리 없이 공민왕이 잠든 침소로 숨어 들어갔다. 평소 한밤중에도 자주 공민왕의 침소를 드나들던 이들이라 아무런 제약을 받지 않았다.

공민왕은 익비의 잉태 소식을 듣고 혼자 자축이라도 한 듯 만취해 쓰러져 있었다.

자제위 청년들이 주변을 살피는 동안 홍륜과 최만생이 비수를 들었다. 잠시 후 비수는 왕의 가슴을 파고들었다.

한 번, 두 번…….

이렇게 하여 공민왕은 자신이 총애하던 이들에 의해 비참한 최후를 맞이했다.

"이보시게, 서두르게!"

밖에서 망을 보는 이의 목소리가 급박하게 들려 왔다.

홍륜과 최만생은 그대로 왕의 침소를 뛰쳐나와 도망을 치다 때마침 순시를 도는 군졸들과 마주쳤다.

군졸들은 평소 같지 않게 허둥대는 그들의 모습에 놀라 물었다.

"무슨 일이십니까?"

"도적일세, 도적이야!"

최만생이 당황하여 엉겁결에 소리쳤다.

"도적이라뇨! 도적이 어디 있단 말입니까?"

"저기, 마마의 침소에서 이쪽으로 뛰어나오는 것을 보았네!"

최만생의 거짓말에 홍륜까지 가세하여 말했다. 잘 하면 왕의 침소에 도적이 들어 왕을 죽인 것으로 사건을 꾸밀 수 있을 것이라고 판단한 것이다.

군졸들은 재빨리 왕의 침소로 달려갔다. 그러나 이미 공민왕은 비참하게 살해되어 있었다.

대궐은 순식간에 거센 소용돌이에 휘말렸다.

경부흥과 이인임 등이 왕후의 명을 받고 왕을 죽인 도적을 잡기 위해 모였다.

"사건이 일어난 즉시 대궐을 지키고 있었으니 아무리 재빠른 놈이라 해도 궐 밖으로 나가지는 못했을 것입니다."

이인임이 자신 있게 말하며 사람들을 둘러보았다. 그 중에는 최만생과 홍륜을 비롯한 자제위 청년들도 끼여 있었다.

그들을 천천히 둘러보던 이인임의 눈길이 한순간 최만생에게서 멈추었다. 이인임은 최만생에게 말했다.

"잠시 나 좀 봅시다."

최만생은 오금이 저려오는 것을 참을 수가 없었다.

"무……무, 무슨 일이오?"

"잠시 여쭐 말이 있소."

이인임은 최만생의 눈초리가 미덥지 않아 아까부터 눈치를 살피고 있었던 차였다. 최만생의 얼굴은 백짓장처럼 하얗게 변해 있었다.

이인임은 심증은 가나 물증이 없어 말을 돌리며 계속해서 최만생의 몸을 아래위로 살펴보았다. 그러다가 최만생의 옷소매 끝에 묻은 작고 붉은 점을 발견했다.

'이거다!'

이인임의 얼굴에 회심의 미소가 떠올랐다.

"이것이 뭐요?"

최만생은 이인임이 가리키는 대로 자신의 옷소매를 보았다. 그것은 작긴 하지만 분명 핏자국이었다.

"내가 보기엔 이건 분명 핏자국 같은데……. 이 핏자국이 왜 여기 묻어 있소?"

"그, 글쎄요, 이것이 왜, 왜 여기에 묻어 있는 건지……."

최만생이 말을 더듬자 이인임이 소리쳤다.

"분명 이것은 왕을 시해했을 때, 그 핏방울이 튀어서 묻은 것이 아니오!"

최만생은 더 이상 버틸 수 없어, 그냥 그 자리에 주저앉고 말았다.

"여봐라! 당장 이놈을 문초하여 사건의 진상을 캐내도록 하라!"

최만생은 일이 이렇게 된 이상 혼자서만 죄를 뒤집어쓸 수는 없다고 생각했다.

"나 혼자 한 것이 아니오! 저기, 저자들이……!"

결국 최만생과 홍륜 일당은 그 자리에서 모두 잡혀 극형에 처해 졌다.

훗날 익비는 대궐에서 쫓겨나 사가에서 딸을 낳았으나 아들이라 오인한 대신들에 의해 죽임을 당하고 말았다.

한 나라의 임금으로서의 직분을 망각하고 스스로 자멸의 길을 걸은 공민왕의 행동은 결국 자신을 죽음으로 몰고 갔을 뿐만 아니라 후세에 두고두고 불명예를 남기게 되었다.

김문현의 바람기

공민왕 때 성균관의 제주 벼슬을 지낸 김문현金文鉉은 바람기가 다분하여 주위 사람들 사이에서 호색한으로 통했다.

그는 얼굴이 반반한 여자만 보면 오금을 저릴 정도로 사족을 못 쓰고 좋아했는데 그 모습이 옆에서 보기 민망할 정도였다고 한다.

하루는 김문현이 볼일이 있어 형 김군정金君鼎의 집을 찾아갔다가 우연히 방문 앞에서 형이 친구와 함께 술을 마시며 자신의 얘기를 하는 것을 엿듣게 되었다.

"자네 동생은 참으로 소문난 바람둥이 일세그려."

동생의 소문을 익히 들어 알고 있던 김군정이 다소 마뜩찮은 표정으로 물었다.

"어험! 그게 무슨 소린가?"

"자네도 알다시피 얼마 전에 서령 벼슬을 지낸 박우朴瑀가 열병으로 병사하지 않았는가?"

"그 얘긴 나도 들어 알고 있네."

김군정은 친구의 입에서 무슨 험악한 말이 나올까 싶어 침을 꿀꺽 삼켰다.

"박우는 자네 동생과 어려서부터 절친한 친구 사이이니 상을 치

른 후에도 친구의 가세를 돌본다는 이유로 몇 번이나 그 집을 다녀
갔던 모양일세."

"그야 친구된 도리로서 당연하지 않은가?"

"겉으로 보자면 그렇지."

"……"

김군정은 얼른 술을 들이켰다.

"그런 와중에 자네 동생이 박우의 아내를 건드린 모양이야…….
그 참! 재주도 용하지."

김군정의 친구는 그렇게 말하며 입맛을 쩝쩝 다셨다.

김군정은 말없이 술잔을 기울이다가 농담처럼 한마디 건넸다.

"박우의 아내가 미색이 뛰어난 것은 아는 사람은 다 알고 있는
일이 아닌가. 사내라면 누구든지 한 번쯤 탐하고픈 욕심이 있을 테
지. 더군다나 이제 남편도 없는 과부이니 어느 사낸들 넘보려 하지
않겠는가?"

김군정의 말에는 동생 김문현의 허물을 덮어 주려는 뜻도 있었
지만 자신의 속마음이 암암리에 드러나 있었다.

밖에서 이런 얘기를 모두 듣고 있던 김문현은 형의 말뜻을 간파
하고 살며시 미소를 지으며 소리 없이 그 자리를 물러나왔다.

다음날 김문현은 다시 형의 집으로 찾아갔다.

김문현은 어제 자신이 찾아왔던 일을 숨기고 김군정에게 말했다.

"형님! 실은 긴히 상의드릴 일이 있어서 이렇게 찾아왔습니다."

동생의 말에 김군정이 긴장한 표정으로 물었다.

"무슨 일인가?"

"형님께서도 아시겠지만 얼마 전에 죽마고우인 박우가 애석하게
도 세상을 버렸습니다."

"그 얘긴 나도 들어서……."

김군정의 말을 자르며 김문현이 이어 말했다.

"그 친구가 세상을 버린 후 집안 살림살이가 걱정이 되어 몇 번 그 집을 드나들었더니 해괴한 소문이 돌지 뭡니까?"

김문현은 그러면서 작게 한숨을 내쉬었다.

친구에게서 사정 이야기를 들어 이미 모든 사실을 알고 있는 김 군정은 아무것도 모르는 척 시치미를 떼며 물었다.

"음……, 그래?"

"그래서 드리는 말씀입니다만 저를 대신해서 형님이 그 친구 집 의 살림살이를 좀 돌봐 주십시오."

"내가?"

동생의 뜻밖의 말에 김군정은 그렇게 되물었다.

"그렇습니다, 형님! 형님께서도 박우를 모르는 것도 아니고 또 연세가 있으시니 아무래도 저보다는 주위에서 보기에도 좋을 것 아 니겠습니까?"

"하긴, 그렇기야 하겠다만…… 그래도 좀……."

"그러니까 제가 이렇게 형님께 부탁드리는 것 아닙니까? 형님! 부디 거절하지 마시고 불편한 제 처지를 십분 이해해 주십시오!"

김문현은 그렇게 말하며 고개를 숙였지만 자신의 말을 듣고 있 던 형의 입가에 보일 듯 말 듯 스쳐 지나가는 미소를 놓치지 않고 보 았다.

김문현이 그렇게 형 김군정을 찾아가 스스로 박우의 아내를 떠 넘긴 것은 나름대로의 속셈이 있어서였다.

김군정은 본처 외에도 첩을 여럿 두었는데, 근래에 들어온 선월 仙月이란 애첩은 나이도 어릴 뿐더러 어여쁘기가 이루 말로 표현할 수가 없었다.

천하의 바람둥이인 김문현은 그런 선월에게 눈독을 들이고 있었다. 김문현은 선월을 처음 본 순간부터 은근히 속을 끓였지만 그래도 명색이 형의 첩이라 대놓고 접근하기가 힘들었던 것이다.

그런데 어제 김군정이 친구와 나누는 얘기를 엿듣고 나름대로 계책을 세운 것이 바로 박우의 아내를 형에게 떠넘겨 형이 박우의 아내에게 눈독을 들이는 틈을 타서 선월을 차지하려는 속셈이었던 것이다.

그것을 알 까닭이 없는 김군정은 동생의 말에 벌어진 입을 다물 줄 모르고 박우의 아내를 차지할 욕심에 싱글벙글 좋아했다.

며칠 후 김군정은 대궐에서 번番을 서게 되었는데 그날 따라 공연스레 선월의 모습이 눈앞에 아른거렸다.

몇 번이고 잠자리에서 몸을 뒤척이던 김군정은 도저히 끓어오르는 욕정을 참을 수가 없어 집에 급한 일이 생겼다는 핑계를 대고 대궐을 나와 선월의 집으로 향했다.

김군정은 선월을 품에 안을 생각에 재게 놀리는 걸음도 더딘 것만 같아 조급증이 일었다. 선월의 집에 당도한 김군정은 대문을 여는 하인에게 조용히 하라고 이른 뒤 살금살금 선월의 방으로 향했다.

김군정은 자신이 대궐에서 번을 서느라 집에 들어오지 못할 줄 알고 있을 선월을 깜짝 놀래 줄 심산이었던 것이다.

선월의 방 앞에 선 김군정은 조용히 마루 위로 걸음을 옮겼다. 선월의 방은 이미 불이 꺼져 있었다.

흥분되는 가슴을 억누르고 살며시 방문을 열려던 김군정은 방 안에서 희미하게 새어 나오는 남녀의 신음 소리에 그만 딱 멈춰 섰다.

남녀의 신음 소리는 희미했지만 격렬했고, 둘 중 여인네의 소리는 분명 선월의 목소리임에 틀림없었다.

부들부들 떨리는 온 몸의 중심을 잡고 김군정은 기다란 심호흡을 했다. 그리고 천천히 선월의 이름을 불렀다.

"선월아!"

그 소리와 함께 방 안에서 흘러나오던 신음 소리가 뚝 끊어지더니 이어 옷가지를 챙기는지 부산스러운 움직임이 느껴졌다.

"선월아! 내가 왔다! 뭘 하는 게냐?"

전신을 휘감는 살의를 간신히 제지하며 김군정은 낮은 목소리로 선월을 재차 불렀다. 그러나 방 안에서는 이제 아무런 인기척도 느껴지지 않았다.

김군정이 헛기침을 두어 번 하고 방 안으로 들어가려는 찰나 갑자기 방문이 세차게 열리며 시커먼 그림자가 튀어나왔다.

김군정은 어둠 속에서 두 눈을 부릅뜨고 그림자의 생김새를 재빠르게 살폈다. 그림자는 뒤도 돌아보지 않고 냅다 마당을 가로질러 대문 쪽으로 달려갔다.

'아니, 저놈은……!'

김군정은 하인들을 부르지 않은 것을 다행이라고 생각했다. 어둠 속을 꽁지 빠지게 달려가는 그림자는 자신의 동생인 김문현이 분명했던 것이다.

김군정은 동생이 박우의 아내를 자신에게 넘긴 속셈을 알아차리고 마루에 털썩 주저앉았다.

'기가 찰 노릇이구나! 저놈이 박우의 아내를 내게 넘긴 것이 선월이를 차지하려는 흑심에서였구나!'

김군정은 동생의 속임수에 멋지게 속아넘어간 자신이 한심스러운 듯 한참을 넋 나간 사람처럼 자리에 주저앉아 있었다.

뜨거운 차 한잔 마실 시간쯤 지났을까.

전신을 휘감던 살의가 가시고 분노로 들끓던 가슴속에 조금씩 허탈감이 자리잡았다. 이어 김군정의 입가로 스멀스멀 웃음소리가 스며 나왔다.

웃음소리는 이내 어둠 속에 잠긴 집안의 정적을 깨며 허공으로 퍼져나갔다. 그 웃음소리는 마치 김군정 자신을 비웃는 것 같기도 했고 인간의 원초적인 욕정에 대한 허망함을 비웃는 것 같기도 했다.

승려 신수의 기행

경기도 파주城州 낙수落水 남쪽에 작은 암자가 하나 있었는데, 그 암자에는 신수라 불리는 중이 있었다.

신수는 파주에서 태어나고 자란 이로 원래 풍족한 전답과 재물로 걱정 없는 삶을 살았다. 그러나 신수는 그 많은 전답을 가난하고 어려운 이웃에게 다 주더니 남아 있는 재물 또한 일가 친척에게 주어버렸다.

모든 가산을 털어버린 후 신수는 절에 들어가 불자의 삶을 시작하였다.

신수의 이런 행동은 모든 사람들의 칭송을 받을 만했으나 중이 된 후의 괴팍한 행실로 인해 사람들의 손가락질을 받기도 했다.

머리를 깎고 중이 된 신수의 행실은 망나니보다 나을 것이 없었다.

중이면서도 육식은 물론 술을 즐겼고 게다가 계집까지 가리지 않고 탐하였으니 사람들로부터 괴팍한 중이라는 소리를 들을 만하였다.

하지만 신수는 사람들의 이런 말에는 신경쓰지 않고 매번 태연자약하게 이렇게 말했다.

"세상 사람들은 모두 사리사욕에 서로 얽히고 설켜 좋은 것을 보면 욕심을 내고 고운 계집을 보면 음심淫心을 품으나, 겉으로는 안 그런 척 참으며 번뇌를 일으킵니다. 허나 나는 그렇지 아니하여 먹

235

고 싶은 것은 바로 먹고, 탐하고 싶은 계집은 바로 취하여 마음의 번뇌를 없애버리니 더 이상 좋은 방법이 어디 있소?"

이렇게 호탕한 신수였기에 사람들은 그를 미워할 수만은 없었다.

오늘도 중 신수는 시주 바랑을 가득 채우고 마을을 돌아 나오고 있었다. 그런데 그의 눈에 젊은 여인이 물동이를 이고 걸어오는 것이 보였다.

그냥 지나칠 신수가 아니었다. 더욱이 그 여인의 자태는 고혹하기 그지없었다. 신수는 아무 생각 없이 무작정 그 여인의 뒤를 밟았다.

여인은 신수가 쫓아오는 것을 알아챘는지, 살며시 뒤를 돌아보는 듯하더니 걸음이 빨라졌다.

신수는 여인의 뒤를 쫓아가며 마냥 마음이 설레었다.

여인은 마침내 자신의 집인 듯한 곳으로 들어갔다. 신수가 멈춰서서 살펴보니 그 집은 늙은 성옹成翁의 집이었다.

성옹의 집은 워낙에 가난한지라 신수는 시주를 다녀도 그곳엔 들르지 않았었다.

"저런, 성옹에게 저리 젊은 부인이 있었다니……."

웬만한 마을 사정을 꿰고 있는 신수였지만 성옹의 부인에 대해서만은 여직껏 몰랐던 것이다.

"아이 참, 이 영감은 또 어디를 간 거야."

사립문 너머로 젊은 여인의 목소리가 들려 왔다.

신수는 그 소리에 성옹이 없음을 알고는 자신 있게 집안으로 들어갔다.

"시주 좀 하시오."

여인은 방에 들어갔는지 보이지 않았다. 신수는 방이 들여다보이는 쪽마루에 걸터앉으며 다시 한 번 소리쳤다.

"시주를 하시어 극락왕생 하소서!"

여인은 방 안에서 신수를 바라보았다. 신수 또한 방 안을 살펴보고는 여인을 바라보았다.

"시주 좀 하시지요."

"무엇이 있어야 시주를 하지요."

"허허, 성옹은 어디 갔소?"

신수는 슬그머니 여인 앞으로 다가서며 물었다.

"아마, 나무하러 갔나 봐요."

"나무하러? 허, 그 늙은이가 얼마나 고될꼬?"

신수는 한 발 한 발 옮기더니 어느덧 방 안으로 들어갔다.

여인은 신수의 눈치를 보며 잠시 뒤로 물러나는 듯하였으나 더 이상 물러서지 않았다.

신수는 속으로 쾌재를 불렀다.

"다 그놈의 가난 때문이지요."

"내, 그 가난을 면할 방도를 알려 줄 터이니, 내 말을 듣겠소?"

신수는 여인에게 가까이 다가가며 은밀히 말했다.

"진짜로 그런 방도가 있습니까?"

여인의 물음에 신수는 덥석 여인의 손을 잡았다.

"에구머니!"

여인은 갑작스러운 신수의 행동에 손을 빼려고 했다.

"어허, 이렇게 젊은 여인을 고생시키다니……. 내가 그대의 가난을 면하게 해주겠네."

신수는 이렇게 말하고는 여인을 끌어 자신의 품에 안았다. 여인은 신수의 품에서 벗어나려 몸부림을 쳤으나, 이미 작정을 하고 덤비는 사내의 힘을 당할 수 없었다.

신수와 여인이 집안에서 한참 은밀한 정분을 쌓고 있을 무렵 성옹은 산에서 나뭇가지를 가득 이고 집으로 돌아오고 있었다.

허기진 배를 참으며 겨우겨우 집에 돌아와 보니 못 보던 남정네의 신발과 함께 마루에 아무렇게나 놓여진 시주 자루가 보였다.

필경 신수였다. 여색을 밝히기로 소문이 자자한 신수임을 직감한 성옹의 눈은 서릿발같이 날카로워졌다. 성옹은 분노로 온 몸이 부들부들 떨렸다.

'이것들이!'

성옹은 당장이라도 문을 부수고 들어가 둘을 죽이고 싶었다. 하지만 성옹은 마음을 돌렸다.

'오죽하면 그랬을까. 젊은 것이 오죽하면. 다 내 잘못이지, 내 탓이야.'

성옹은 무거운 나뭇짐을 지고 온 데다 마음까지 무거워져 그 자리에 털썩 주저앉았다.

방 안에서도 인기척을 들었는지 허둥대는 듯하더니 잠시 후 신수와 아내가 함께 나와 집 밖으로 도망쳤다.

성옹은 한숨을 쉬며 방으로 들어갔다. 답답했다. 다시 치밀어오는 화를 어떻게 풀어야 할지 몰라 한숨만 내쉬었다.

잠시 후, 성옹의 아내가 돌아왔는지 부엌에서 달그락거리는 소리가 들리더니 아내가 밥상을 들고 들어왔다. 상에는 하얀 쌀밥에 고깃국이 김을 모락모락 내고 있었다.

"진지 드세요."

성옹의 아내가 말했다. 성옹은 울컥 화가 났다.

"진지 안 드세요?"

성옹은 재차 말하는 아내를 보았다. 아내의 눈에 눈물이 맺혀 있었다.

'불쌍한 것, 내 탓이지, 내가 못난 탓이야. 아내를 팔아 밥을 구걸해야 하는 이 가난이 죄지.'

성옹은 체념하며 숟가락을 들었다. 며칠을 굶은 탓에 성옹은 밥상 위의 밥을 마파람에 게눈 감추듯 먹어치웠다.

성옹은 그런 자신이 민망스러운 듯 살며시 아내를 바라보았다. 성옹이 밥먹는 것을 지켜보고 있던 아내 또한 남편과 눈이 마주치자 서로 피식 웃고 말았다.

성옹의 화는 어느새 웃음 속으로 사라지고 말았다.

다음 날 성옹은 나무를 하러 간다는 핑계로 집을 비웠다. 신수는 그 사이 성옹의 집을 찾아와 그의 아내와 실컷 즐기고는 또 시주 자루를 놓고 갔다. 성옹은 이제 화도 나지 않았다.

오히려 늙은 남편을 먹여살리려는 아내의 몸부림이 애처롭기만 했다.

이렇게 하루하루가 가면서 신수는 성옹의 아내에게 쏟는 정이 날로 깊어만 갔다. 매일 찾아가는 신수였지만 혹, 자신이 못 가는 날이면 다른 사람을 시켜 먹을 것을 전해 주었다.

그리하여 성옹의 집 굴뚝에도 매일 연기를 뿜어낼 수 있게 되었다.

일이 이쯤 되자 성옹과 신수의 일이 언제나 마을 사람들의 화제가 되었다. 성옹은 사람들의 수군거림에 내가 못난 탓이라고 자책하며 무시했지만 신경이 전혀 안 쓰일 수는 없었다.

더욱이 요사이 아내의 몸이 나날이 달라지자 성옹으로서는 결단을 내리지 않을 수 없었다. 차마 그대로 마을에서 아이를 낳게 할 수 없었기 때문이었다.

이른 아침 성옹은 신수가 있는 절을 찾아갔다.

마침 신수가 성옹이 들어서는 것을 보았다.

"아니, 이 새벽에 여기는 어인 일이오?"

신수는 성옹을 따뜻하게 맞이하였다.

"다른 것이 아니라……, 요사이 집사람의 모습이 나날이 달라지니 이를 상의하고 싶어서……."

성옹은 이제 신수를 자신들을 돌봐 주는 존재로까지 여기게 되었다. 물론 신수에 대한 미운 감정 같은 것은 사라진 지 오래였다.

"이리로 와서 살게나."

신수는 생각하고 말고도 없이 이렇게 대답했다.

"이곳으로 들어오라고?"

신수의 태연한 답에 놀란 듯 성옹이 말했다.

"그래, 이곳에서 같이 살면 되지."

성옹은 잠시 할말을 잃었다.

'안 그래도 말들이 많은데 여기에 들어와 살라니…….'

"번뇌에 헤매는 사람들의 말은 들을 필요 없네."

성옹의 생각을 간파한 신수가 말했다.

"하지만 이곳에는 우리가 묵을 방이 없지 않은가."

"내 방에서 함께 살면 되지."

신수의 태연한 대답에 성옹은 어리둥절하였으나 잠시 후 그런 신수가 든든하게 생각되었다.

"내 곧 옮겨 오도록 하겠네."

그날로 그들은 한 방에서 지내게 되었다. 처음에는 성옹이나 성옹의 아내도 절의 행자에게 눈치가 보였으나 행자가 전혀 개의치 아니하며 그들에게 정성을 다해 주니 마을에서의 생활보다 절에서의 생활이 더 편해졌다.

마을 사람들이 이를 보고 처음에는 손가락질을 하더니 점차 신수의 태연한 태도를 지켜보며 그의 특이한 사상, 즉 '원하는 것을 바로 취하여 번뇌를 없앤다' 라는 사상에 동의하는 사람들도 생겨나고 오히려 존경하는 사람도 있었다.

그러는 사이 세월은 잘도 흘러 그들 사이에 아이가 둘이나 생겼다. 이젠 그들에겐 가족 같고, 친구 같은 친밀한 감정이 생겨 아이를 놓고 서로의 아이라고 농까지 하며 지내게 되었다.

한 방에서 다섯 식구가 도란도란 살더니 돌연 제일 젊은 아내가 병이 들어 몸져눕게 되었다. 이에 신수는 지극 정성으로 간호하며, 날이면 날마다 좋은 음식과 좋은 옷으로 성옹의 아내를 위로했다.

하지만 인생이란 알 수 없는 것이어서 그런 지극 정성 속에서도 성옹의 아내는 세상을 떠나고 말았다.

"이 늙은 것에게 와 온갖 고생만 하더니, 이리도 무심하게 먼저 간단 말인가."

성옹은 눈물로 탄식하더니 경을 외고 있는 신수에게 말했다.

"그래도 자네 덕에 얼마간은 호강하였으니 그나마 다행이지."

"참으로 덧없는 인생이지."

"자네 덕에 이만큼 살고, 자네 덕에 이만큼이나마 번뇌라는 것에 초월할 수 있었으니 더 이상 여한은 없을 걸세."

성옹과 신수는 그렇게 아내를 애도하며 장례를 지냈다.

아내의 장례를 치른 며칠 후 성옹이 신수에게 불쑥 절을 떠나겠다고 말했다.

"집사람도 없는 이 마당에 내 더 이상 이곳에 있을 면목이 없네."

"아니, 무슨 말을 그리하나? 우리가 이제껏 형과 아우같이 여기며 수년을 살았거늘 이제 와서 새삼스럽게 나를 버리고 간단 말인가?"

성옹의 말에 신수가 정색을 하며 말했다.

"아니, 내가 어찌 자네를 버린단 말인가. 다만 이젠 더 이상 염치가 없으니……"

"어허, 무슨 쓸데없는 소리, 그럼 내가 자네의 부인을 취하는 대가로 자네를 돌봐 주었단 말인가!"

"아니, 그렇게 생각하지는 않네."

"그럼, 문제없지 않은가. 내가 싫어진 것이 아니라면 쓸데없는 소릴랑 입에 담지도 말게."

신수는 이렇게 말하고는 더 이상 대꾸하지 않았다. 그뒤 둘 사이는 더욱 돈독해져서 피를 나눈 형제보다 더 가까웠다.

세월이 흘러 성옹이 점점 기력을 상실하니 신수는 성옹을 더욱 정성껏 돌보았다. 그러다가 결국 성옹이 세상을 뜨니 신수의 애절한 곡에 감동하지 않은 사람이 없었다.

그후 신수 또한 노쇠해지는지 예전처럼 색을 밝히거나 술을 즐기는 일이 없어졌다.

사람들이 물으면 신수가 웃으며 답하였다.

"내 오늘날까지 색과 먹는 것을 실컷 즐기고 나니 이제 내 마음은 아무런 사심이 없고 아무런 소원이 없소. 그러하니 이 마음이 여래의 마음과 같다 하지 않으리. 세상 사람들이 미련하여, 한번 죽으면 그만인 것을 그저 손 안에만 취하려고 하니 평생을 번뇌에서 벗어나지 못하는 것이오."

신수는 후에 크게 득도하여 극락왕생하였다. 성옹의 아내에게서 얻은 두 아이는 그런 신수의 생을 끝까지 지켜 주었다.

고려청자와 인신공양

구월산 깊은 곳.

일흔이 넘은 노인이 비지땀을 흘리며 가마에 불을 지피고 있었다. 노인은 청자의 비밀을 간직하고 있는 당대 최고의 도공이었다.

때는 고려 말, 어지러운 시국으로 나라가 혼란한지라 도공들은 최고의 예술품인 고려청자를 빚어내면서도 사람 대접은커녕 원나라에 바치는 조공의 일환으로 끌려가곤 했다.

노인도 원나라에 끌려갈 뻔한 것을 스스로 두 눈을 멀게 하고 딸자식과 아내, 그리고 자신의 대를 이어갈 제자 둘을 데리고 이곳 구월산으로 피신해 온 것이었다.

구월산에서 노인은 가문 대대로 내려오는 청자 비법을 제자들에게 가르치고자 가마를 만들고 도자기를 만드는 데 온 정신을 쏟았다.

스승의 뜻을 따라 어린 나이에 이곳 구월산에 들어와 10여 년의 세월 동안 도자기 기술을 배워 온 노인의 제자 귀남과 수남도 이제는 어엿한 스무 살 청년이 되어 있었다.

노인의 아내가 가마 앞에 있는 노인에게 말했다.

"우리 지은이도 이젠 시집을 보낼 때가 되었는데, 당신은 아직도 사윗감을 정하지 못하였소?"

노인은 아들이 없었기에 귀남과 수남 중 자질이 더 뛰어난 제자를 사위로 삼아 자신의 가업을 잇게 할 생각이었다.

노인이 쏟은 정성에 힘입어 귀남과 수남은 나날이 도예 기술이 발전하였다. 때문에 누가 더 낫다고 말하기가 어려웠다.

"흠, 정하기는 정해야 할 텐데……."

아내의 말이 아니더라도 노인도 이젠 때가 되었다고 생각하던 차였다. 노인은 그날 저녁을 먹은 후 온 가족을 불러 앉혔다.

"내 이제 지은이의 신랑감이자 내 대를 이을 아들을 정하고자 한다."

노인의 말에 모두들 긴장하였다. 귀남과 수남은 지은과 친남매처럼 자랐지만 서서히 이성에 눈을 뜨면서 더 이상 지은을 여동생으로만 여기지 않았다.

지은 또한 오빠들에게 느끼는 감정이 예전과 달랐다. 그녀는 도전적인 귀남보다는 도량이 넓은 수남에게 마음이 더 끌렸다.

"지금 당장 정한다는 것은 아니다. 내 지금껏 너희를 아들처럼 생각해 왔고, 너희들도 십년을 넘게 나를 믿고 따라 주었다. 하여 둘 중 누구를 선택한다는 것이 내게는 힘든 일이구나. 이제부터는 본격적으로 청자에 대한 수업을 하겠다. 지금부터 삼 년 후 더 훌륭한 청자를 만들어 내는 사람을 지은이의 신랑감으로 정하기로 하겠다."

귀남과 수남의 가슴은 새로운 열의로 가득 찼다. 스승의 가업을 이으면서 지은을 신부로 얻을 수 있으니 이보다 더 좋은 동기 부여는 없었다.

다음날부터 노인의 가르침이 시작되었다. 귀남과 수남은 서로에게 뒤지지 않기 위해 정성을 다해 기술을 익혔다.

"청자의 관건은 가마에 굽는 것에 있다. 가마의 불을 최고로 유지하는 데 온 정성을 다하여야 한다. 그리고……."

그렇게 시작한 도예 가르침도 세월이 흘러 어느덧 약속한 3년이 지났다.

그 사이 불행하게도 지은의 아버지이자 두 청년의 스승은 운명을 달리했다. 워낙에 나이가 많았던지라 늘그막에 본 딸자식 혼례도 보지 못하고, 또한 제자들의 실력도 지켜보지 못한 채 세상을 떠나고 만 것이다.

기약한 3년이 지나자 지은의 어머니는 두 청년을 불러 그간 갈고 닦은 기술을 겨루게 했다. 두 사람은 절에 가서 불공을 드리고 깨끗한 마음으로 그날 자정부터 가마에 불을 넣기로 했다.

귀남과 수남은 모든 준비를 마치고 각자의 가마 앞에 서서 시작 신호를 기다렸다. 지은의 어머니는 천천히 손을 흔들었다. 둘의 시합이 시작된 것을 알리는 수신호였다.

도자기를 가마에 구울 때 도공은 가마의 불이 꺼질 때까지 2, 3일 간을 가마 곁을 지키고 있는 것이 상례이다. 가마 곁에서 그렇게 꼬박 밤을 지새우는 것이 당연한 일이었다.

귀남과 수남은 3일이라는 날을 정해 놓고, 똑같이 가마에 불을 당기고 똑같은 시각에 도자기를 꺼내기로 했다.

어둠으로 가득 찼던 구월산의 밤은 두 사람의 가마에서 활활 타오르는 불빛으로 환해지는 것만 같았다.

시합이 시작되자 조급해진 것은 지은이었다.

'수남 오라버니가 이겨야 하는데……'

지은은 오로지 수남이 이기기를 용왕담을 향해 빌고 또 빌었다.

귀남과 수남의 보이지 않는 치열한 사투는 계속되었다. 약속한 3일 중 벌써 이틀이 지나가고 있었다.

자신만만하던 귀남은 시간이 지나갈수록 처음의 그 기세가 줄어들고 있었다.

'수남이 나보다 더 좋은 청자를 구워 내면……. 아냐, 절대 그럴 수는 없어. 내 것이 최고여야 해.'

귀남은 이런 생각에 수단과 방법을 가리지 않기로 했다.

귀남이 그런 생각에 빠져 있을 때, 지은이 빨래를 하려고 개울가로 가고 있는 것이 보였다.

귀남은 곧 지은에게 달려갔다.

"빨래하러 가는 거야?"

"으응."

지은은 갑자기 나타난 귀남 때문에 조금 놀랐다. 수남에게 신경을 쓰느라 귀남에겐 신경을 못 쓰고 있는 것이 괜히 미안하였다.

"내 가마는 궁금하지 않아? 어제 보니까 수남이 가마 곁에 있던데, 내 가마는 안 보러 오는 거야?"

"어, 그거, 잠깐 지나가는 길에 들렀어. 안 그래도 귀남 오라버니 가마도 보러 갈 참이었어."

"그래? 그럼 나 지금 몹시 갈증이 나는데, 집에 가서 물 한 바가지만 떠다 줄래?"

"알았어, 귀남 오빠."

"빨래하러 가는 길에 미안해. 무거운데 그 짐은 놓고 갔다와."

지은은 왠지 미안한 마음에 종종 걸음으로 물을 떠다가 귀남에게 갖다주었다. 귀남은 지은이 주는 물을 마시고는 가마로 되돌아갔다.

지은도 개울가로 가서 빨래를 했다. 그런데 이상했다. 분명 어머니의 속옷을 가져왔는데 안 보이는 것이었다.

'오다가 흘린 것일까?'

순간, 지은은 아차 싶었다.

'혹시 귀남 오라버니가?'

도자기를 굽는 사람들 사이에 속설로 여인의 속옷을 가마에 넣고 구우면, 신비한 효험이 있다는 말이 있다. 지은의 얼굴이 달아올랐다.

'아! 그런 것이 효험이 있는지 없는지는 몰라도 혹시라도 효험이 있다면 수남 오라버니에게 불리한 거잖아. 이를 어쩐다. 내가 이러고 있을 때가 아니지.'

지은은 그 길로 자신의 속옷을 벗어들고 살그머니 수남에게 갔다.

"수남 오라버니, 잘 되어가요?"

"응, 그럭저럭 괜찮아. 그런데 어쩐 일이야?"

"저, 실은……, 귀남 오라버니가……."

지은은 우물쭈물하다가 귀남과 있었던 일을 이야기했다.

"그래서 저, 이거……."

지은은 자신의 속옷을 수남에게 주고는 얼른 뒤돌아 왔다. 수남은 지은의 이야기에 놀람과 동시에 그 정성에 감격했다.

'지은이가 이렇게까지 나를 생각해 주는 줄은 몰랐다.'

수남은 지은의 정성을 생각해서라도 꼭 훌륭한 청자를 만들고 싶었다.

해는 점점 서쪽 산으로 기울고 있었다. 이제 오늘 자정이면 시합은 끝이 난다.

귀남은 자신의 가마 아궁이를 바라보며 초조해지기 시작했다. 낮에 얻은 여인의 속옷이 얼마나 효험을 발휘할지 의구심이 들기 시작했다.

'수남이 녀석이 시합에서 이겨 지은이와 혼인을 한다면? 아니,

안 될 말이지. 어떻게 해서라도 내가 이겨야 해.'

귀남의 승부욕은 점점 치졸한 지경에까지 이르러, 마침내 인신
공양人身供養이라는 비방까지 생각하게 되었다.

'찾아보면 마마로 죽은 아이들의 시체가 산 속 어딘가에 있을 거
야. 그것을 쓰도록 하자. 그러면 진정 효험이 있을 거야.'

그 무렵엔 마마로 죽은 아이들을 거적에 싸서 산 속 소나무 가지
에 걸어 두는 풍장이 유행하고 있었다. 귀남은 그 송장을 구해 인신
공양을 해야겠다고 생각한 것이다.

귀남은 한시라도 빨리 송장을 찾아야겠다는 생각에 어두워져 가
는 산 속으로 길을 나섰다.

한편, 수남은 마지막 밤을 보내며 더욱 정성을 다하여 가마의 불
꽃을 지키고 있었다. 장작 하나하나를 넣으면서도 기도하는 마음으
로 정성을 다하고 새벽마다 신령님께 비는 것도 잊지 않았다.

'이제 몇 시간 남지 않았다. 이제 곧 모든 것이 결정된다. 부
디……'

"오라버니, 잘 되어 가요?"

지은은 시합이 끝나 가자 초조하여 그저 집에서 기다릴 수만은
없었다.

"응, 저 불꽃을 보렴. 내 정성을 다했으니 걱정하지 않아도 될
거야."

수남이 자신 있게 말했다. 그런 모습을 바라보는 지은도 마음이
한결 놓이는 것 같았다.

"어? 귀남이 가마에 불꽃이 안 보이네."

수남의 말에 지은이 뒤돌아보았다. 정말로 귀남의 가마에 불빛
이 보이질 않았다.

"무슨 일이지? 귀남이도 보이지 않는 것 같은데……."

"글쎄요. 귀남 오라버니가 어딜 가셨나 보네요."

"지금 불꽃이 꺼지면 낭패인데……. 안 되겠다. 지은이 네가 가서 가마에 장작을 좀 넣어 주거라. 이제 와서 불이 꺼지면 큰일이다!"

"제가요? 그러다 귀남 오라버니에게 지면 어쩔려구요?"

지은은 수남의 말에 입을 삐죽거리며 말했다.

"나를 못 믿는 거냐. 난 이길 수 있어. 그러니 걱정하지 말고 가서 불을 지펴 주어라. 이왕 이기는 것 정정당당하게 이겨야지 비겁하게 이기는 것은 명공名工의 도리가 아니다."

"좋아요. 나중에 후회하지 마셔요."

지은은 수남의 당당함이 믿음직스러웠으나 겉으로는 여전히 입을 삐쭉거리며 귀남의 가마로 갔다.

귀남의 가마는 불이 거의 꺼져 밑불만 겨우 남아 있었다. 지은은 얼른 장작을 넣어 다시 불길을 살려 내었다.

때마침 귀남이 아기 송장을 둘러메고 산에서 내려왔다.

인기척에 지은이 돌아보며 말했다.

"불이 다 꺼질 뻔했잖아요. 도대체 어딜 다녀오는 거예요?"

그 순간 지은은 귀남의 손에 축 늘어져 있는 아기 송장을 보았다.

"아악! 그게 뭐야?"

"쉿! 조용히!"

귀남은 얼른 아기 송장을 가마 아궁이에 집어넣었다. 불꽃이 다소 기울더니 바로 확 일어났다.

"어떻게 이럴 수가……."

"절대 아무한테도 말하면 안 돼!"

귀남은 지은의 두 팔을 부여잡고 힘을 주며 말했다.

지은은 자신도 모르게 고개를 끄덕이고는 떨리는 마음으로 집까지 달려왔다.

'어쩐다지? 귀남 오라버니가 이럴 줄은…… . 인신 공양이 영험하다는 소리는 들었는데, 만일 그것이 진짜 효험이 있다면…… .'

시간이 없었다. 지은은 도저히 가만히 있을 수가 없어 수남에게 알려야겠다고 결심을 하고는 방을 나왔다.

수남은 마지막 장작을 넣고 있었다.

"저, 오라버니…… ."

수남이 뒤돌아보았다.

"어서, 들어가 있어. 이제 다 끝나가."

"저, 이를 어쩌면 좋아요. 귀남 오라버니가…… , 귀남 오라버니가…… ."

지은은 차마 말을 못하고 떨고만 있었다.

"무슨 일이야? 귀남이에게 무슨 일이라도 난 거야?"

"저, 그게…… . 귀남 오라버니가 인신 공양을 했어요. 아기 송장을 가마에 넣었다고요."

지은은 말을 마치고 그 자리에서 털썩 주저앉았다.

수남의 가슴이 철렁 내려앉았다.

'인신 공양! 귀남이가 인신 공양을!'

수남은 잠시 생각에 잠기는 듯하더니 바닥에 주저앉아 흐느끼는 지은을 일으켜 세웠다.

"괜찮다. 너는 집으로 돌아가 있거라."

"오라버니…… ."

"어서 돌아가!"

지은은 수남의 얼굴을 바라보다가 집으로 돌아왔다. 더 이상 아무엇도 생각할 수가 없었다.

시합은 끝이 나고 이글이글 타오르던 가마의 불도 서서히 꺼져 갔다. 새벽이 되어 어머니가 방을 나서는 소리가 들려 왔으나 지은은 도저히 방을 나설 수 없었다.

'수남 오라버니……'

문고리를 잡았다 놓기를 수십 번 하고 있을 때 어머니의 떨리는 목소리가 들려 왔다.

"얘, 지은아……."

지은은 떨리는 손으로 방문을 열었다. 문 밖에는 눈이 부시도록 아름다운 청자를 들고 있는 어머니와 고개를 숙이고 서 있는 귀남이 보였다. 수남의 청자임을 직감한 지은은 얼굴에 함박 웃음을 띤 채 방에서 뛰어나왔다.

"어머니, 이거 수남 오라버니의 청자지요, 그렇지요?"

어머니는 말없이 눈물을 흘리며 지은에게 청자와 함께 서찰 하나를 전했다.

"어머니, 웬 서찰이어요? 수남 오라버니는 왜……."

어머니의 표정이 심상치 않음을 느낀 지은이 물었다.

"불쌍한 것, 흑흑, 어째 이런 시합을 했을꼬……."

어머니의 흐느낌에 지은은 청자를 내려놓고 서찰을 펴 읽어 보았다.

수남이 청자에 대한 마지막 염원으로 자신의 몸을 던지기 전 지은에게 쓴 편지이자 유서였다. 귀남의 인신 공양 소식에 수남은 자신의 몸을 바친 것이었다. 오로지 뛰어난 청자를 만들고자 자신의 목숨을 버린 것이었다.

수남의 인신 공양으로 만들어진 청자는 과연 귀남의 것과는 비교할 수 없었다. 그것은 누가 보아도 명백하게 구분이 되었다.

　지은은 시체도 없는 수남의 장례를 정성껏 치러 주었다. 그리고 장례가 끝나는 날 매일 새벽 기도를 하던 용왕담으로 가서 미련 없이 수남이 남긴 청자와 함께 몸을 던졌다. 부디 극락에서나마 수남을 만날 수 있기를 빌며⋯⋯.

목화 씨에 담긴 애민

희미한 달빛 아래 하얗게 피어난 목화 꽃송이는 낮보다 더욱 탐스럽게 보였다.

'이것만 가져가면 헐벗은 백성들이 조금은 따뜻하게 겨울을 보낼 수 있을 것이다!'

문익점은 주위를 한 번 더 둘러보고 황급히 꽃송이를 털어 목화 씨 몇 알을 손바닥에 꼭 쥐었다.

그러고는 서둘러 방으로 돌아와 방문을 걸어 잠그고 미리 생각해 두었던 대로 붓 뚜껑을 열어 그 속에 목화 씨를 조심스럽게 집어넣었다.

목화 씨는 정확히 열 개였다. 희미한 불빛 아래 드러난 문익점의 얼굴은 흥분과 설렘으로 홍조를 띠고 있었다.

"나리! 그러다 혹 발각이라도 되는 날에는……."

"그만두어라! 그까짓 형벌이 두려워서 헐벗은 백성들의 고충을 외면한다는 말이냐?"

"그래도 혹시……."

"어허! 이 목화 씨를 잘만 키우면 많은 백성들이 따뜻하게 겨울을 날 수 있을 것이다."

문익점은 곁에서 걱정스러운 말을 늘어놓는 하인의 말문을 그렇게 막아버렸다. 그래도 하인은 안심이 안 되는 듯 불안한 눈초리로 문익점의 행동을 가만히 지켜보았다.

그도 그럴 것이 당시 원나라에서는 목화를 비싼 값으로 고려에 수출하고 있었기 때문에 목화 씨의 반출을 철저하게 금하고 있었다.

문익점은 원나라에 사신으로 왔다가 억울하게 귀양살이를 하고 있는 처지였다.

내일이면 고려로 돌아간다고 해서 무작정 기뻐하기만 하던 하인은 문익점이 목화 씨를 가져가겠다는 말을 할 때부터 영 죽을 맛이었다.

잘못했다간 지난 3년간 타국에서 귀양살이를 한 것도 애통한데 다시 또 붙잡히는 신세가 될지도 모른다는 두려움이 앞섰던 것이다.

그런 하인의 마음을 아는지 모르는지 문익점은 지난 3년간 이곳 사람들한테 틈틈이 배운 목화 재배 기술을 하나하나 복습하느라 여념이 없었다.

그런 문익점의 모습을 보다 못한 하인은 슬그머니 제 방으로 돌아가 한숨만 내쉬었다.

다음날 아침 일찍 문익점은 하인을 데리고 고국으로 돌아가는 여정에 올랐다.

마을을 하나씩 지날 때마다 성문을 지키는 군졸들에게 검문을 당했지만 안절부절못하고 불안해하는 하인과는 달리 문익점은 태연하게 자신의 행장을 보여 주었다.

성문을 지키는 군졸들도 어느 누구 하나 붓 뚜껑 속에 목화 씨가 들었으리라고는 상상하지 못했다.

그리하여 문익점과 하인은 무사히 고려로 돌아올 수 있었다.

문익점은 우선 대궐에 입궐하여 공민왕을 알현하고 큰 환대를 받았다.

며칠이 지난 후 문익점은 원나라에서 가져온 목화 씨 중 다섯 개를 고이 품속에 넣고 처가로 향했다.

멀리 원나라에 사신으로 갔다가 억울하게 귀양살이를 하고 돌아온 문익점을 맞은 처가에서는 큰 잔치가 벌어졌다.

잔치가 거의 파할 무렵, 문익점은 조용히 장인을 찾아뵙고 품속에 넣어온 목화 씨를 꺼냈다.

"장인 어른! 이것은 제가 원나라에서 올 때 몰래 숨겨 온 목화 씨입니다."

"목화 씨라……?"

"예."

문익점의 장인은 생전 처음 보는 목화 씨를 신기한 듯 살펴보았다.

"이 씨를 땅에 심어 잘 키우면 꽃이 피고 열매가 열리는데 그 열매가 나중에 저절로 터지면서 하얀 보푸라기 같은 게 나옵니다. 원나라 사람들은 그 하얀 보푸라기로 실을 꼬아 천을 짜서 옷이며 이불을 만듭니다."

문익점의 설명을 들은 장인은 더욱 신기해진 듯 목화 씨를 손가락으로 매만졌다.

"나도 들은 적이 있네. 원나라에서 들여오는 목면은 우리 나라에서 짜는 옷감보다 훨씬 부드럽고 포근하다고 말일세."

"그렇습니다, 장인 어른. 이 목화 씨를 전국에 널리 퍼뜨려 대량으로 재배하고 천을 짜는 기술 또한 널리 보급한다면 더 이상 이 나라 백성들이 헐벗지는 않을 것입니다."

문익점의 말에 장인은 감동받은 표정을 지었다.

"그런데 그렇게 귀중한 씨앗이라면 원나라에서 쉽게 내주지 않았을 텐데 어찌 가지고 왔는가?"

"그렇지 않아도 그로 인해 고민을 하다가 붓 뚜껑 속이라면 아무도 눈치채지 못할 것 같아 그 속에 몰래 숨겨 왔습니다."

장인은 탁, 하고 자신의 무릎을 치며 호탕하게 웃었다.

"과연 자네는 예사 인물이 아니구먼!"

문익점은 겸연쩍은 듯 미소를 짓다가 신중한 어조로 말했다.

"장인 어른, 제가 원나라에서 가져온 목화 씨 중에 다섯 개를 가지고 왔습니다. 혹시 저 혼자 열 개를 모두 땅에 심었다가 잘못되기라도 하면 모든 일이 허사가 될 것 같아서 말입니다."

문익점의 말에 수긍하듯 장인이 고개를 끄덕이며 말했다.

"그렇지, 그럴 수도 있지! 잘 생각했네! 어쨌든 우리 정성 들여 키워 보세."

문익점은 장인에게 씨를 심는 법과 싹이 튼 후 주의할 점 몇 가지를 일러 주고 집으로 돌아갔다.

집으로 돌아온 문익점은 목화 씨를 땅에 심고 정성껏 싹이 트기를 기다렸다. 그러나 불행하게도 문익점이 심은 씨에서는 싹이 돋지 않았다.

대신 장인에게 주었던 목화 씨 다섯 개 중 한 씨앗에서 싹이 돋았다는 반가운 소식이 들려 왔다.

문익점은 그렇게 해서 씨를 심고 열매를 다시 거두는 데까지 성공했다. 한 개의 목화 씨가 싹을 틔워 나중에는 전국적으로 재배할 수 있는 기틀을 마련한 것이다.

그러던 어느 날 원나라에서 불법을 전하러 온 홍원이라는 승려가 고려 각지를 돌아다니다가 우연히 문익점의 처가에서 하룻밤 묵게 되었다.

문익점의 장인은 홍원을 후히 대접하고 마주앉아 차를 마시며 이런저런 환담을 나누게 되었는데 얘기 도중 홍원이 마을 곳곳에 재배되고 있는 목화에 대한 이야기를 먼저 꺼냈다.

"아까 낮에 마을을 둘러보다 곳곳에 자라고 있는 목화를 보고 소승은 깜짝 놀랐습니다."

"워낙 귀한 씨앗이라 어디서 좀 구해다 심었습니다. 그런데 목화를 수확해도 실을 뽑는 방법을 잘 몰라서 애를 먹고 있습니다."

"소승이 미진하나마 그 방법을 좀 알고 있기는 한데……."

홍원의 말에 문익점의 장인은 얼굴 가득 희색을 띠며 말을 받았다.

"그렇다면 부디 좀 가르쳐 주시기 바랍니다."

"미력한 기술이나마 도움이 된다면 소승도 큰 보람이겠습니다."

그렇게 하여 홍원은 마을 사람들을 상대로 목화를 재배하는 기술에서부터 목화에서 실을 뽑는 방법에 이르기까지 자신이 알고 있는 모든 것을 전수했다.

문익점 또한 홍원에게서 목화에 대한 여러 가지 지식들을 교육받았으며, 목화 씨에서 뽑은 실로 목면을 짜는 도구를 만드는 기술까지 배웠다.

이후 문익점은 백성들에게 목화 재배에 대한 기술을 널리 알리고 보급하는 데 온갖 심혈을 기울였다.

자신의 안위를 돌보지 않고 오로지 헐벗은 백성들을 구제하는 데 혼신의 노력을 다한 문익점은 일흔 살의 나이로 생을 마감했다.

그가 보여준 헌신적인 박애 정신과 신기술 도입에 앞장선 노력으로 이 땅에는 목면을 이용한 새로운 의복 문화가 꽃필 수 있었다. 물론 가난한 백성들은 추운 겨울을 더 따뜻하게 날 수 있었다.

이 처녀의 무예

"어허, 오늘도 남정네들이나 하는 무술 연습을 하고 있는 것이냐?"

이방실 장군은 눈살을 찌푸리며 마당에서 칼을 휘두르고 있는 누이동생을 바라보았다.

"저는 수놓는 것보다 이것이 더 재미있습니다. 오라버니."

누이동생의 말에 이방실 장군은 연신 혀를 찼다. 누이동생이라고 하나 있는 것이 매일 사내들이나 하는 무술을 연마하고 있으니 오라버니 된 자로서 영 눈에 거슬렸다.

인물로 보나 예의범절로 보나 손색이 없는 누이동생이었지만 한 가지 흠이라면 사내들처럼 무술을 좋아한다는 것이었다.

이방실 장군은 고려 공민왕 때 홍건적을 물리친 유명한 장군으로 어릴 적부터 힘이 세고 몸이 날래 궁술, 검술 등 무예가 상당한 수준에 도달해 있었다.

그런 이방실 장군의 눈에는 누이동생이 매일 무술을 연마하는 것이 아이들 장난 같기만 했다. 아무리 누이동생이 무술에 자질이 있다 해도 여인네는 여인네로서의 본분이 따로 있지 아니한가!

여자들은 그저 다소곳하게 집안일이나 잘하는 것을 최고의 덕으로 생각했던 그 시절에 이방실 장군이 무술에 심취해 있는 누이동생을 곱게 볼 리 만무했다.

그래서 이방실 장군은 종종 누이동생에게 핀잔을 주곤 했고 그날도 마찬가지였다.

"남자들이나 연마하는 무술을 무엇에 쓰려고 여자의 몸으로 그리 애를 쓴단 말이냐? 네가 그 무술을 쓸 때가 있기나 하겠느냐?"

오라버니의 핀잔에 누이동생은 당당하게 말했다.

"남정네들이 이 나라를 든든하게 지키고 있다면 제가 뭣 하러 이런 짓을 하겠어요?"

이방실은 누이동생의 질책에 할말을 잃고 말았다.

그 무렵 고려는 안팎으로 시련을 겪고 있었다. 안으로는 난이 끊이지 않았고, 밖으로는 홍건적과 왜구들의 침범이 잦았다. 나라에서도 이들을 물리치기 위해 고심하고 있지만 하루아침에 해결할 수 있는 일이 아니었다.

이방실의 누이동생은 이런 시국을 꼬집어 오라버니를 비꼰 것이다.

이방실은 누이동생의 말에 기분이 상했다.

"그렇다고, 네가 그 실력으로 나라를 위해 쓸 수나 있겠느냐?"

"기회만 온다면……."

"너 같은 여자가 무술을 한다고 해서 건장한 남정네 하나를 당해낼 수나 있겠느냐? 쯧쯧."

누이동생의 기를 죽이고자 이방실 장군 또한 비꼬며 말했다.

"한 명뿐인가요? 두서넛이 와도 문제없지요."

"어허, 괜히 큰소리만 치는 것 아니냐?"

"직접 보시겠어요?"

누이동생은 상기된 표정으로 마당에 쌓아 놓은 나뭇가지들 중에서 마른 가지 몇 개를 꺾어 담벼락에 꽂았다.

"무술의 기본이야 날램에 있다 해도 과언은 아니지요. 오라버니께서는 이 나라 최고의 무술을 자랑하는 분이오니 저 나뭇가지를 딛고 담벼락 위로 올라갈 수 있겠지요?"

누이동생의 말에 이방실은 호탕하게 웃었다.

"하하하, 그 정도야 어렵지 않지."

이방실은 대답과 함께 '얏' 하고 외치며 순식간에 담벼락 위로 올라섰다.

"어떠냐. 이 오라버니의 실력이?"

"역시 오라버니의 무술은 대단하시네요. 하지만 완벽한 것은 아닌 걸요?"

누이동생의 찬사를 기대했던 이방실은 자신의 무술 실력이 무시당하자 얼굴을 붉히며 버럭 소리쳤다.

"뭐야? 못하는 말이 없구나."

"오라버니의 무술이 완벽하다면 담벼락에 꽂아 둔 나뭇가지가 흔들림이 없어야 하지 않습니까? 하지만 보시어요. 이 나뭇가지는 아직도 흔들림이 남아 있지 않습니까?"

누이동생의 말에 기가 막힌 듯 이방실 장군이 말했다.

"어허 참, 새가 앉아도 흔들릴 나뭇가지이거늘, 나 같은 사람이 딛고 올랐으니 조금은 흔들리는 것이 당연하지 않느냐?"

이방실 장군의 말에 누이동생은 미소를 지었다.

"그럼 제가 한번 보여드리지요."

누이동생은 기합 소리와 함께 몸을 날려 담벼락 위에 올라섰다. 과연 누이동생의 말대로 나뭇가지는 조금도 흔들림이 없었다.

이방실 장군은 눈으로 확인하면서도 믿어지지 않았으나 분명 눈 앞에서 일어난 일이라 누이동생의 무술 실력을 인정하지 않을 수 없었다.

"어허, 너의 실력이 이 정도인 줄은 몰랐구나."

그뒤로 이방실 장군은 누이동생의 무술 연마에 대해 일절 간섭하지 않았다.

그러나 밤낮으로 열심히 쌓은 누이동생의 무술은 안타깝게도 나라를 위해 쓸 수 있는 기회를 갖지 못했다.

하지만 자신에게 치근덕거리는 건달 같은 녀석들을 물리치는 데는 여간 좋은 것이 아니었다.

한번은 이방실 장군이 억울하게 누명을 쓰고 나라의 죄인이 되어 피신하게 되었을 때였다.

이방실 장군은 중한 환자로 변장하고 누이동생이 간호하는 척하며 함께 길을 떠났다.

"오라버니, 좀더 제게 기대는 척하시어요. 저쪽의 나루터에 사람들이 많이 있사오니 조심해야겠어요."

누이동생의 말에 이방실 장군은 죽어 가는 병자 행세를 하느라 발까지 절며 걸었다. 두 사람은 드디어 무사히 배를 탔다.

하지만 아까부터 누이동생을 유심히 바라보던 몇 명의 사내들이 시비를 걸기 시작했다. 누이동생의 미모에 사나이들은 자신들끼리 히죽히죽 웃더니 곁에 있는 병자를 무시하고 수작을 거는 것이었다.

"거, 그런 병든 노인네랑 무슨 재미로 동행하시나. 우리 젊은 사람들은 젊은 사람들끼리 어울리는 것이 좋지."

그러더니 한 사나이가 누이동생의 손을 잡으려 했다.

이방실 장군은 울컥 치미는 화를 참느라 몸이 떨렸다. 지금의 처지로는 나설 수 없는 것이 분했다.

누이동생 또한 자신의 처지를 인식한 듯 사나이들의 수작에도 함부로 나서지 못하고 고개만 숙이고 이리저리 피하였다.

그렇게 실랑이를 하던 중 한 사나이가 덥석 누이동생을 껴안으려 했다. 그녀는 도저히 참을 수 없어 몸을 날렸다.

그러자 곧바로 한 사나이가 물 속에 빠졌다. 옆에 있던 사나이들이 놀라 어리둥절해하는 사이에 누이동생은 그들도 가차없이 강물 속으로 던져버렸다.

배 안에 있던 모든 사람들은 갑작스러운 상황에 놀라면서도 평소에 워낙 건달 짓을 많이 하던 사내들이라 누이동생에게 박수를 보냈다.

그리하여 이방실 장군과 누이동생은 무사히 강을 건너갔다.

이방실 장군이 누이동생의 무술 실력에 다시 한 번 감탄한 것은 물론이었다.

이달충의 선견지명

"공께서 먼길을 가신다 하니 섭하기 이를 데가 없습니다."

이자춘은 동북면 도순문사로 와 있던 이달충이 다시 개성으로 떠나게 되자 못내 아쉬웠다. 그래서 이별주라도 한잔 나누고자 아들을 데리고 이달충을 찾아온 것이다.

이달충과 이자춘은 각각 문신과 무신으로 맡은 바 직분은 서로 달랐지만 마음이 잘 통하여 상대방을 생각하는 마음이 늘 각별하였다.

그런 까닭에 재회를 짐작할 수 없는 이별을 애석해하기는 둘 다 마찬가지였다.

"앞날을 기약할 수 없는 세상인지라 이제 가시면 언제 볼 수 있을는지……. 제가 술 한 병을 가져왔으니 이별주나 한잔 하십시다."

이자춘이 쓸쓸한 얼굴로 아들이 들고 온 술병을 내밀었다.

"허허, 만나고 헤어지는 일은 인간사의 흔한 일임을 모를 나이도 아닌데, 공과 헤어진다고 생각하니 저도 마음이 허전합니다 그려."

이달충 역시 이자춘과의 이별이 애틋하기는 마찬가지인 모양이었다.

이달충은 본래 학식이 뛰어나고 성품이 강직하여 벼슬길에 오른 이후 여러 임금을 모시는 동안 나라의 중직을 두루 역임하였다. 또한 그는 앞일을 내다보는 선견지명이 뛰어난 사람이었다.

"자, 한잔 받으시오. 먼길 조심해서 가시기 바랍니다."

이자춘이 이달충에게 술잔을 건네며 말했다.

"이 장군도 내 잔을 받으십시오. 부디 이곳에서 편안히 지내시길 바라오."

이달충은 이자춘의 잔을 마시고는 다시 그 잔에 술을 채워 이자춘에게 권했다.

이자춘도 그 잔을 받아 기꺼이 들이켰다.

이자춘은 술잔을 비운 뒤 옆에 앉은 아들에게 말했다.

"뭐 하는 게냐? 너도 어서 어르신께 술을 올려라."

"예! 아버지!"

이자춘의 아들은 두 손으로 공손하게 이달충의 술잔에 술을 따랐다.

"어르신의 무병장수를 비옵니다."

그런데 술잔을 따르는 이자춘의 아들을 유심히 지켜보던 이달충이 갑자기 자리에서 일어서더니 이자춘의 아들에게 큰절을 하였다.

이자춘은 물론이거니와 그 아들 또한 그의 갑작스런 행동에 당황하여 어찌할 줄 몰라 얼른 맞절을 하였다.

"아니, 이공! 이 무슨 해괴한 짓입니까? 벗의 자식에게 절을 하다니요!"

이자춘이 놀라며 재빨리 이달충의 몸을 일으켰다.

"허허, 저는 당연히 해야 할 일을 했을 뿐입니다."

"아니, 대체 이게 무슨 말씀입니까? 세상 어느 천지에 이런 얼토당토아니한 법도가 또 있단 말이오. 허허, 이런 황망한 일이 있나."

이자춘이 연신 당황하며 말했다.

"허허, 이보시게나, 이 장군! 이 장군의 아드님은 귀한 상을 지니셨네. 앞으로 큰일을 하실 것이야. 그것은 지금 장군이나 내가 이루어 놓은 업적과는 비교도 안 될 일이지. 이 아드님으로 인해 장군의 집안은 대대로 그 영광이 빛날 것이네. 이처럼 귀하신 분이 술을 따라주시는데 내 어찌 감히 앉아서 받을 수 있겠는가!"

이달충이 미소를 지으며 이렇게 말하자 평소 그의 선견지명이 예사롭지 않다는 것을 알고 있는 이자춘은 말없이 그의 손을 꼭 잡았다.

그러고는 서로 은밀한 눈빛을 주고받았다.

그 모습을 바라보는 이자춘의 아들은 그 기상이 더욱 늠름하고 패기 있어 보였다.

이달충은 이번에는 이자춘의 아들의 손을 꼭 잡더니 부탁을 하듯 간곡히 말했다.

"이보시게, 나는 늙었으니 아마도 자네의 좋은 날을 보기는 어려울 것이네. 하지만 부디 지금 내가 한 말을 잊지 말고 후일 그날이 오면 내 후손들이나마 잘 보살펴 주시게나. 그리하면 내 비록 지하에 있어도 그 은혜는 잊지 않으리다."

이렇게 말하는 이달충의 눈빛은 온화하고 맑았다.

이별주를 나눈 이달충과 이자춘은 서로의 안녕을 당부하며 석별의 정을 나누었다.

집으로 돌아오는 길에 이자춘은 아들에게 다시 한 번 다짐하듯 말했다.

"부디, 저 어른의 말씀을 깊이 새겨 명심하거라!"

"예! 아버지!"

그렇게 대답하는 이자춘의 아들은 그로부터 20여 년 후 위화도 회군을 감행하고 조선을 개국한 태조 이성계였다.

하늘은 더없이 맑고 날씨는 그지없이 청명하여 그야말로 쾌청하기만 한 가을날이 며칠째 계속 이어지고 있었다.

그러나 그렇게 청명한 날씨와는 달리 나라 안은 왜적의 침입으로 어수선하기 짝이 없었다.

바야흐로 고려의 왕조가 기울어 가는 무렵이라 민심은 평안할 날이 없었고, 거기에다 왜구의 노략질이 끊일 날이 없어 백성들의 삶은 하루하루가 매서운 겨울날의 살얼음판 위를 걷고 있는 것처럼 위태로웠다.

호시탐탐 쳐들어와 노략질을 일삼던 왜구는 이제 노략질에서 끝나지 않고 온 나라를 쑥대밭으로 만들고 있었다.

왜구는 5백 척이나 되는 배를 앞세워 진포 항구에 상륙하여 전국 각지로 흩어져 온 나라 안을 그야말로 제집처럼 드나들며 무참하게 살육을 일삼고 약탈과 방화를 즐기고 있었다.

마을 여기저기에 불을 지르기 바빴고, 재물을 약탈하고 인명을 함부로 죽이니 이 나라의 가을은 더 이상 예전 같은 천고마비의 계절이 아니었다.

더군다나 왜구들은 섬나라 특유의 해양성 기질을 타고난지라 무식하고 충동적일 때가 많아 사람들은 물론 가축들까지 마구 죽여 그 시체가 산을 이룰 듯했다.

"아, 이제는 어쩌란 말이냐. 더 이상 대처할 힘도 없구나."

힘없는 백성들은 그야말로 속수무책이었다.

왜구는 약탈한 곡식을 밤낮으로 운반하여 배에 실었는데 그 양이 어마어마했다.

그 모습을 본 농부들은 땅을 치며 탄식했다.

"몹쓸 놈들, 일년 내내 고생하여 거둔 곡식을 땀 한 방울 흘리지 않고 빼앗아가다니. 천벌을 받을 놈들이야."

"나라꼴이 도대체 어찌 되려고 이런 험한 일만 자꾸 생기는지, 원……!"

"도대체 한 나라의 임금을 비롯한 조정 대신들의 의무가 뭔가? 백성들을 보호하고 편안하게 살도록 하는 거 아냐? 그런데도 저런 짐승 같은 왜놈조차 막지 못하니……."

"이런 억울할 데가……! 흑흑……."

백성들은 더 이상 분함을 참지 못하고 나라와 군대의 약세를 원망하며, 깊은 산중으로 몸을 피했다.

노략질을 일삼던 왜구들이 마침내 선주(전주)를 함락하고 상주까지 점령했을 때였다.

전라도 도원수인 지용기 밑에 배검이라는 젊은 장수가 있었는데 무술 실력이 뛰어났을 뿐 아니라 용맹하여 윗사람들에게나 부리는 군졸들에게나 신임이 두터운 사람이었다.

그런 배검이 하루는 도원수 지용기를 찾아와 말했다.

"원수님, 왜구의 동정을 제가 염탐하고 오겠습니다. 그러기 위해서는 적진에 들어가야만 하니 저를 보내 주십시오."

그러나 지용기는 왜구의 실력과 군력을 익히 알고 있는 터라 머리를 저었다.

"너 혼자 적진에 들어간다니 안 될 말이다."

"아닙니다. 적의 정세를 살피려면 사령부에 직접 들어가야만 합니다."

지용기는 아무래도 석연치 않은 듯 고개를 저었다.

"도원수님! 그들이 무도한 짓을 한다 해도, 그 길만이 적을 알 수 있는 최선의 방법입니다. 허락해 주십시오!"

지용기는 마지못해 허락하고 배검을 보냈으나 배검은 이내 왜구들에게 붙잡혀 포로 신세가 되고 말았다.

왜구들은 아무리 좋은 말로 배검을 회유해도 그가 듣지 않자 마침내 목을 쳐서 죽이기로 결정하고 배검을 진지 중앙에 있는 넓은 마당으로 끌고 나왔다.

마당에는 무슨 제祭라도 올릴 모양인지 커다란 상에 과일을 비롯한 여러 가지 음식과 술이 차려져 있었다.

배검은 순간적으로 자신의 목을 쳐서 제물로 쓸 것이라 짐작을 하곤 고래고래 악을 썼다.

"천벌을 받을 놈들 같으니! 어찌 사람의 목숨을 함부로 제물로 바친다는 말이더냐? 나는 죽어서도 네놈들을 저주하고 또 저주할 테다!"

이와 같은 배검의 말은 하늘에라도 닿을 듯 우렁차고 힘찼지만 웬일인지 왜구들은 두어 번 배검의 가슴팍을 발길질했을 뿐 이내 숙연해졌다.

땅바닥에 고꾸라진 배검이 통증을 참으며 왜구들의 행태를 지켜보고 있을 때, 기괴한 옷차림을 한 무당을 앞세운 무리들이 상 앞으로 나섰다. 무당을 따르는 왜구들 손에 두세 살도 안 돼 보이는 사내아이 하나가 사지가 묶인 채 버둥거리며 끌려 왔다.

왜구들은 무당의 지시에 따라 곧 사내아이를 상 앞에 놓고 뒤로 물러났다.

무당은 이상한 주문을 왼 뒤 밧줄에 묶여 꼼짝도 못하고 버둥거리는 사내아이의 머리카락을 가위로 자르더니 이내 날카로운 칼날로 머리를 동자승처럼 밀어버렸다.

사내아이는 놀람과 두려움으로 자지러질 듯 울어댔고 그 모습을 무력하게 쳐다보고 있는 배검의 속은 화차처럼 끓었다.

이어 무당은 사내아이의 옷을 전부 벗기고는 제단 앞에 반듯하게 눕혔다.

사내아이는 겁에 질려 더는 울지도 않았다. 어쩌면 두려움에 기절을 한 것인지도 몰랐다.

두 눈을 꼭 감고 죽은 듯이 누워 있는 사내아이의 얼굴에 범벅이 된 눈물 자국은 멀리 떨어진 배검의 가슴속으로 메마른 강줄기처럼 패어 들었다.

아무리 어린아이라고는 하지만 자신의 목숨이 위태롭다는 것을 느낀 모양이었다. 사내아이는 아무런 저항도 하지 못하고 자신의 처지를 벗어나려고 안간힘을 쓰다 그만 제풀에 지쳐 정신을 잃고 말았던 것이다.

잠시 왜구들 사이에 혀끝이 타들어 가는 듯한 침묵이 흘렀다.

왜구들은 무당의 행동에 넋을 잃은 듯 모두들 눈을 가느다랗게 뜨고 그 광경을 지켜보고 있었다.

무당은 뭐라 입 속으로 알 수 없는 말들을 중얼거리더니 허리춤에 꽂았던 단도를 빼내 들었다. 시퍼렇게 날이 선 칼날이 햇빛에 반사되어 예리하게 빛나고 있었다.

햇빛도, 바람도, 풀도, 나무도……, 삼라만상이 일순간 숨을 멈춘 것 같았다.

무당은 칼을 사정없이 내리쳐 사내아이의 배를 갈랐다.

그러더니 뱃속에서 아직도 뜨거운 온기가 남아 있을 아이의 창자를 두 손 가득 꺼내 들었다.

왜구들의 함성 소리가 뒤끓듯 천지 사방으로 흩어졌다. 그 함성 소리는 사내아이의 뱃속에서 뿜어져 나온 핏자국처럼 선명했다.

배검은 눈을 감았다.

'이건 꿈이야! 꿈 중에서도 평생 한 번 꿀까 말까 한 흉몽이지! 어서 깨어라, 빨리 이 꿈에서 깨어라, 어서!'

그러나 잠시 후 꿈에서 깨어나듯 눈을 뜬 배검의 눈앞에 펼쳐진 광경은 훨씬 더 참혹했다.

왜구들은 무당이 사내아이의 뱃속에서 꺼낸 창자를 깨끗하게 씻더니 차려진 제상 위에 올려놓고는 너나없이 번갈아 가며 절을 했다.

배검은 이를 갈며 있는 힘을 다해 외쳤다.

"죽여라! 죽여! 이놈들아, 이 짐승만도 못한 놈들아. 어서 나도 죽여다오!"

배검을 끌고 왔던 왜구들 중 한 놈이 칼을 빼들고는 천천히 배검에게로 걸어왔다.

배검은 지그시 눈을 감았다. 그의 눈에서도 더는 눈물이 흐르지 않았다.

그 찰나였다. 뭔가 허공을 가르는 듯싶더니 배검의 목이 땅에 굴러 떨어졌다.

하늘도 무심하지는 않은 것일까?

270

이내 세찬 광풍이 온 천지를 뒤덮을 듯한 기세로 불어왔다.

무당은 점괘가 심상치 않다고 여겼는지 왜장에게 진지를 옮길 것을 청했고, 왜구들은 배검과 사내아이를 버려 둔 채 모두들 군장을 꾸려 다른 곳으로 이동했다.

황토색 자욱한 바람에 실려 온 먼지가 덮여 배검과 사내아이의 시체 위에 무덤처럼 쌓이고 있었다.

권금 부인의 정절

"허허, 사내는 보잘것없는데 부인 하나는 기가 막히단 말이야!"

"글쎄 말일세, 권금 녀석이 뭐 볼 것 있다고 그런 부인이 붙어 있나 몰라. 녀석, 부인 복 하나는 타고난 모양이야."

오늘도 마을 사람들은 권금 부부가 지나가자 뒷말을 하기 시작했다.

권금은 말단 직위의 관리로 나라의 녹을 받고 있었지만 워낙에 주변머리가 없는 사람이라 그럭저럭 살고 있는, 약간은 부족한 사내였다.

하지만 그런 그에게도 자랑할 만한 것이 있었으니 바로 누구나 부러워하는 아내였다.

권금의 아내는 천하의 미색인 데다 마음도 고왔고 누구에게나 친절했다. 특히 지아비인 권금을 하늘처럼 떠받들었다.

때문에 사람들은 부족한 권금이 어떻게 그런 아내를 얻었는지에 대해 말들이 많았다. 하지만 권금은 이런 것을 아는지 모르는지 그저 사람들이 자신의 아내를 칭찬하는 것이 듣기 좋았다.

그래서 은근히 자랑하고 싶은 마음에 괜히 하릴없이 아내를 대동하고 마을을 돌아다니곤 하였다.

권금의 집은 그의 아내의 얼굴을 보려고 찾아오는 사람들로 붐비기도 하였다. 하지만 권금은 자신과 대화를 하기 위해 오는 것이라 생각하고 찾아오는 사람들을 반가이 맞이했다.

그날도 권금은 여느 날과 같이 사람들과 함께 더위를 잊기 위해 서늘한 대청마루에서 이야기를 나누고 있었다.

그때 갑자기 무시무시한 소리가 나더니 커다란 호랑이 한 마리가 담을 넘어 마당으로 뛰어들어왔다.

방 안에서 조용히 수를 놓고 있던 권금의 아내도 그 소리에 놀라 밖으로 뛰쳐나왔다.

그런데 이것이 무슨 일인가? 그 호랑이는 어슬렁어슬렁 사람들에게 다가가더니 하필이면 권금의 목덜미를 덥석 무는 것이 아닌가.

권금은 그대로 기절하고 말았다.

권금의 아내는 깜짝 놀라 버선발로 뛰며 연신 사람 살려, 하고 소리쳤지만, 그곳에 있던 어느 누구도 호랑이의 위세에 눌려 손 하나까딱하지 못했다.

권금을 입에 문 호랑이는 사람들에게서 물러나더니 자신이 왔던 곳으로 다시 뛰어가려 했다.

남편을 그대로 보낼 수가 없었던 권금의 아내는 무작정 호랑이에게 물려 있는 남편에게 달려들어 그의 허리춤을 꽉 잡았다.

"이놈의 호랑이야! 내 남편은 두고 가거라!"

권금의 아내가 소리를 쳤지만 호랑이는 연약한 아낙네의 소리임을 아는지 대수롭지 않게 여기는 듯 입에 물고 있는 권금을 더욱 세차게 끌어당겼다.

그 바람에 권금과 함께 권금의 아내도 마당을 이리저리 데굴데굴 끌려다녔다. 하지만 그 순간에도 권금의 아내는 결코 남편의 허리춤을 놓지 않았다.

호랑이는 권금 부부를 질질 땅에 끌면서 담벼락 밑까지 갔다.

권금의 아내는 호랑이에게 끌려가며 전신이 상처투성이가 되었지만 그런 것은 전혀 신경 쓰지 않았다.

권금의 아내는 담벼락 앞에 서 있는 대추나무를 있는 힘껏 한 쪽 팔로 감고, 다른 팔은 여전히 남편의 허리춤을 부여잡았다.

어디서 그런 힘이 나오는 것일까? 부인은 그야말로 필사적이었다.

권금의 아내는 그런 상태로 호랑이와 한동안 승강이를 벌였다. 아무리 힘센 호랑이지만 한꺼번에 두 사람을 물고는 담벼락을 뛰어 넘을 수 없었던 모양이었다.

더욱이 권금의 아내가 대추나무를 붙잡고 버티는 통에 호랑이도 지쳐 가는 듯했다.

결국 한동안의 승강이 끝에 호랑이는 어흥, 하며 울부짖더니 입에 물었던 권금의 목덜미를 뱉고는 담벼락 너머로 한달음에 가버렸다.

권금은 아내의 필사의 노력으로 호랑이한테 잡혀가는 신세는 면했다.

권금의 아내는 호랑이가 달아나자 안도의 한숨을 쉬며 자리에서 일어났다.

마당 한구석에서 겁에 질려 벌벌 떨고만 있던 마을 사람들은 그제야 가까이 다가와 권금과 그 아내를 부축했다.

권금은 여전히 정신을 못 차리고 있었다. 호랑이에게 물린 목에서는 선혈이 낭자하게 흘러나오고 있었다.

권금의 아내는 지친 몸을 이끌고 남편을 밤새도록 간호했다. 그러나 호랑이에게 한번 물린 목덜미의 상처는 온전하질 못했다.

결국 권금은 새벽녘에 세상을 떠나고 말았다.

권금의 아내는 너무도 슬퍼 통곡하였다. 그 슬픔 속에서도 정성스럽게 남편의 마지막 가는 길을 정성껏 돌보았다.

장례식이 끝나고 며칠 지나지도 않았는데 몇몇 사내가 홀로 된 권금의 아내에게 집적대기 시작했다. 남편이 죽었으니 다음으로 누가 권금의 아내를 차지할 것인가가 마을 사람들의 최대의 관심사가 되었다.

그리하여 많은 남자들이 수작을 부렸으나 권금의 아내는 태도를 한결같이 함은 물론 죽은 남편을 위해 소복을 입고 오로지 남편의 극락 왕생을 위해 매일 불공을 드렸다.

그러던 중 권금의 아내는 어디론가 홀연히 사라졌다. 있는 가산을 모두 정리하고 깊은 산중에 자리한 암자에 들어간 것이다.

마을 사람들은 권금의 아내가 산으로 들어가자 그 정절을 칭찬하면서도 한편으로는 그 미모를 안타까워했다.

소년 왜장과 이성계

고려 말, 왜구들이 남해안 여러 지방에 출몰하여 온갖 만행을 저지르자 조정에서는 이성계를 전라도, 경상도, 양광도 삼도 관찰사에 임명하고 왜구를 토벌하라는 명을 내렸다.

휘하의 여러 장수들을 이끌고 왜구 토벌에 나선 이성계는 왜구들의 수가 의외로 많은 데다 죽기를 각오하고 결사적으로 덤벼드는 왜구들의 항전에 번번이 패전에 패전만을 거듭했다.

그러다 결국 배극렴, 김용휘, 지용기 등 9명의 뛰어난 장수들이 이끄는 선봉 부대마저 왜구와의 싸움에 패해, 함양과 남원산성을 점령당하게 되었다.

실로 왜구는 우리 군대가 대응하기에는 군사력이나 그 기세가 이루 말할 수 없이 드셌다. 목숨을 부지하기 위해 피난길에 오른 힘없는 백성들은 나라의 안위에는 관심도 없이 제 잇속만 챙기기 위해 권력 다툼에만 몰두하다 나라꼴을 이 지경으로 만든 조정 대신들이 한심하고 원망스럽기만 했다.

이성계는 군사들을 이끌고 황산 서북을 돌아서 정산봉에 올라 그곳의 지형을 꼼꼼하게 살폈다.

이성계의 짐작대로라면 왜구들은 지금까지 승리한 여파를 몰아

북진을 계속 강행할 것이고 그렇다면 이 길을 지나갈 것이 분명했다.

이곳의 지형은 깊게 패인 골짜기로서 골짜기 요소요소에 군사들을 매복시켜 두었다가 왜구들이 이 길을 지나갈 때 순간적으로 기습하는 전술이 제일이었다.

휘하의 장수들과 작전 회의를 마친 이성계는 곧바로 장수들에게 군사들을 이끌고 출병할 것을 명했다.

때는 이미 서쪽으로 해가 뉘엿뉘엿 넘어가는 저녁이었다. 이성계는 대낮에 대규모의 병력이 이동하는 것보다는 야음을 틈타 이동하여 미리 왜구들을 기다리는 것이 상책이라고 생각하였다.

출병하기 전 이성계는 군사들을 모아 놓고 큰소리로 말했다.

"우리가 지금까지 왜구들에게 패한 것은 참으로 비통한 일이 아닐 수 없다! 대병력을 거느리고도 일개 섬나라에 불과한 왜구들을 물리치지 못하다니 정말 어처구니없는 일이다! 그러나……."

이성계는 잠시 숨을 고르고는 다시 말을 이었다.

"지금 맹세하건대 결단코 왜구들을 단 한 놈도 살려 돌려보내지 않을 것이다! 그리하여 무참하게 죽어간 무고한 백성들의 원수를 갚을 것이다! 들어라, 우리가 죽기를 각오하고 왜구들과 싸운다면 이제 우리의 앞길엔 승리만이 있을 것이다!"

"와!"

이성계의 용맹스런 말에 군사들은 함성을 질렀다. 조금씩 기울어 가는 저녁 햇살에 비친 군사들의 얼굴에는 죽음 같은 단단한 결의가 엿보였다.

땅거미가 조금씩 깔리는 희미한 길을 따라 이성계를 비롯한 여러 장수들이 군사들을 이끌고 각자 배치받은 곳을 향해 행군하기 시작했다.

그로부터 이틀이 지난 깊은 밤이었다.

밝은 달빛은 온 산하를 평화롭게 비추는데 적진을 응시하는 이성계의 눈빛은 맹수의 그것처럼 날카롭게 이글거렸다

이성계는 골짜기 요소요소에 휘하 장수들을 매복시켜 놓고 자신은 골짜기 맨 뒤쪽에서 배수진을 치고 최후의 결전을 기다리고 있었다.

그러나 그날 저녁에 들려 온 소식은 참담하기 그지없었다. 휘하 장수들이 이끄는 군사들이 제대로 싸워 보지도 못하고 전멸했다는 것이었다.

바로 눈앞에까지 몰려온 왜구들의 진지는 적막했지만 그러한 적막감이 오히려 피비린내를 풍기며 금방이라도 공격을 감행할 듯 위태롭게 느껴졌다.

한동안 말없이 적진을 응시하던 이성계는 등에 멘 활을 두 손에 들고 천천히 화살을 시위에 겨누었다.

이성계는 있는 힘을 다해 시위를 당긴 다음, 오른손에 잡은 화살을 놓았다. 화살은 어둠을 뚫고 날아가 잠복해 있던 왜구를 하나하나 쓰러뜨렸다.

그와 동시에 왜구의 진지에서 횃불이 타올랐다.

이성계는 쩌렁쩌렁 울리는 목소리로 공격 명령을 내리고 힘차게 칼을 휘두르며 선두에 나섰다.

"한 놈도 놓치지 말고 죽여라!"

어둠 속에서 일대 격전이 벌어졌다. 이성계는 선두에서 말을 달리며 왜구들의 목을 무참히 베었다.

이성계가 정신없이 왜구들을 베고 있을 때 왜장 한 명이 긴 창을 들고 이성계의 등뒤로 달려들었다. 그러나 이성계는 싸움에 몰두하

느라 미처 등뒤까지 신경 쓸 겨를이 없었다.

왜장이 이성계의 등에 창을 내리꽂으려는 순간 부장 이두란이 쏜 화살이 왜장의 가슴을 정통으로 명중시켰다. 실로 아슬아슬한 위기 일발의 순간이었다.

그러나 다음 순간, 어디선가 날아온 화살이 이성계의 왼쪽 다리를 사정없이 꿰뚫었다.

"어느 녀석인지 활 솜씨 한번 대단하구나!"

이성계는 다리에 박힌 화살을 뽑아 들고 그렇게 크게 소리를 질렀다.

왜구들은 이성계의 용맹스러움에 잠시 전의를 상실한 듯했다. 그러나 왜장은 이성계를 집중 공격하라는 명령을 내렸고 왜구들은 이성계를 향해 노도같이 밀려들었다.

"오냐, 오너라 이놈들! 내 네놈들의 목을 베어 훗날 얘깃거리로 삼으리라!"

이성계는 큰 칼을 휘두르며 밀려드는 왜구들을 향해 말을 몰았다. 그러더니 한꺼번에 여덟이나 되는 왜구의 목을 차례로 베어버렸다.

기가 질린 왜구들은 뒷걸음질을 치기 시작했고 그 뒤를 쫓는 이성계의 목소리는 천둥처럼 울렸다.

"어딜 가느냐 이놈들! 벌써 목숨이 아까운 게냐? 어서 덤벼라! 이리 와서 나와 담판을 내자!"

이성계의 당당한 호령에 왜구들은 너나없이 도망치기에 바빴다.

그때였다.

퇴각하는 왜구들을 헤치고 힘찬 말발굽 소리와 함께 한 용사가 달려오고 있었다. 모두들 의아해하는 가운데 말발굽 소리의 주인이 모습을 드러냈다.

열다섯이나 열여섯쯤 되었을까?

어둠 속에서 보기에도 어린 소년 하나가 긴 창을 휘두르며 퇴각하는 왜구들을 뒤로 한 채 아군을 향해 달려오고 있었다.

소년은 말을 달리면서 창으로 사정없이 아군을 찔러댔는데, 날렵한 창 솜씨는 보기에도 신기에 가까울 정도였다.

이성계가 부장 이두란에게 물었다.

"왜구들 중에서 저런 용맹스런 아이가 있었단 말이냐? 대체 저 아이는 누구냐?"

"소문으로만 듣던 소년 장수 아지발도일 것으로 생각됩니다."

"아지발도? 아니 저런 어린 나이에 장수가 되었다니……. 참으로 장한 아이구나."

이성계는 감탄하고 또 감탄했다. 비록 왜구의 용사였지만 그 도도함과 기세가 참으로 칭찬할 만했기 때문이다.

이성계는 비록 왜구이긴 하나 죽이기는 아까운 생각이 들어 이두란과 상의했다.

"저 아이를 죽이지 말고 생포하도록 하라."

"장군, 생포하긴 어렵습니다. 날렵하고 번개처럼 빠른 창을 당하기도 힘들 뿐더러 설령 생포한다 해도 저 아이는 왜장입니다. 아군의 사기도 헤아려 주셔야 합니다."

이성계는 애석한 마음이 들었지만 이두란의 말에도 일리가 있었다. 어차피 사로잡는다 해도 왜장은 왜장일 따름이었다.

이성계는 아군의 피해를 막기 위해 자기가 나서야 할 때라고 판단했다.

"내가 활로 저 아이의 투구를 쏘아 땅에 떨어뜨릴 것이니 그 틈을 타 두란이 자네가 화살로 머리를 명중시키게. 자신 있나?"

"여부가 있겠습니까? 장군!"

이성계는 말이 끝나자마자 소년 왜장을 향해 말을 달렸다. 잠시 후 이성계는 쉴새없이 창을 휘두르는 소년 왜장의 투구를 향해 활을 겨누었다.

시위를 벗어난 화살은 정확하게 투구를 맞혀 바닥에 떨어뜨렸다. 이어 이두란의 화살이 정통으로 소년 왜장의 머리를 관통했다.

백마를 타고 용감하게 창을 휘두르던 소년 왜장은 힘없이 말 위에서 고꾸라졌다. 선혈이 낭자하게 뿜어 나왔다. 용감무쌍했던 소년 왜장의 죽음에 왜구의 사기는 벼락을 맞은 나무와 같았다.

이성계는 소년 왜장의 죽음을 못내 애석해하면서도 그 틈을 놓치지 않고 아군에게 총공격의 명령을 내렸다.

새벽이 밝아올 때까지 치열한 싸움은 계속되었고, 결국 이성계가 이끄는 아군의 승리로 끝났다.

새벽빛이 점차 선명해지자 싸움터는 그야말로 시체들이 산을 이루고도 남을 지경이었다.

이성계는 잠시 아득해졌다.

비록 승리는 했지만 죽일 수밖에 없었던 소년 왜장의 모습이 아직도 머릿속에 남아 있는 까닭이었다.

이성계는 승리의 짜릿한 쾌감보다는 점차 기울어만 가는 국운을 한탄하며 먼 하늘을 바라보았다.

'비록 왜구였지만 그런 용맹스런 후세들이 이땅에도 자라나고 있다면 이 나라의 운명이 지금처럼 어둡지만은 않을 것을…….'

멀리, 아주 먼 새벽빛 사이로 백마를 탄 소년 왜장이 긴 창을 휘두르며 들판을 달려가고 있는 환영이 이성계의 애타는 마음을 더욱 쓰라리게 했다.

우왕과 영비 최씨의 최후

이제야 진실로 자유를 만끽하는 듯하였다. 할머니이신 태후 홍씨의 잔소리를 이제 더 이상 들을 일이 없어진 것이다.

물론 태후가 세상을 떠나자 슬프게 곡을 하긴 했다. 어릴 적부터 어미 없이 커 온 우왕에게는 할머니의 빈자리가 작지만은 않았다.

하지만 틀에 박힌 궁궐 생활에 권태를 느끼고 있던 우왕은 할머니가 죽자 드디어 자신의 세상을 만난 양 해방감을 느꼈다.

우왕이 겨우 10세에 왕위에 올라 5년이 지난 지금까지 자신이 하고 싶은 대로 한 것이라고는 간혹 할머니 몰래 궁녀들을 희롱한 것이 전부였다. 그것도 작년 근비 이씨를 맞이한 후 새로운 희열에 재미를 붙인 후부터였다.

국상이 끝나자마자 우왕은 국사를 신하들 손에 맡기고 궐 밖으로 사냥을 나갔다.

때는 한창 더위가 기승을 부리던 한여름이었다.

그날도 이른 아침부터 사냥에 나선 우왕이 한낮의 더위를 피해 어소에서 잠시 쉬고 있는데 어디선가 첨벙이는 물소리가 들렸다.

우왕이 어소에서 나와 주변을 살펴보니 저쪽 아래 계곡에서 들리는 소리였다.

마침 무료하던 터라 계곡에 내려가 물에 발이라도 담가야겠다고 생각한 우왕은 천천히 계곡으로 내려갔는데 뜻밖에도 그곳에는 젊은 여인이 혼자 목욕을 하고 있었다.

우왕은 사냥감이 나타난 것보다 더 흥분되었다. 함께 온 신하들은 차마 민망하여 고개를 돌렸다.

"저 계곡 물이 꽤나 시원해 보이는구나. 내 가서 발이라도 담가야겠다."

우왕은 이렇게 말하고는 성큼성큼 계곡을 향해 걸어갔다. 계곡에 다가갈수록 여인의 자태는 고혹하기 그지없었다.

잠시 수풀 사이에 숨어 여인의 자태를 살피던 우왕은 헛기침을 하며 다가갔다.

"어험!"

갑작스러운 인기척에 놀란 여인이 뒤돌아보았다.

"에그머니나!"

목욕을 하던 여인은 젊은 남정네가 자신을 내려다보고 있음을 알고는 순간적으로 물 속으로 몸을 감추었다.

그러나 그뿐, 여인은 더 이상 어찌할 바를 몰랐다. 깊은 산중이라 안심을 한 것이 잘못이었다. 여인은 수치심에 고개를 들지 못했다.

"내가 너를 놀라게 한 것 같구나. 지나가는 길에 우연히 네 모습을 보고 그냥 지나칠 수 없어 왔느니라. 난 이 나라의 임금이니라. 너무 두려워 말고 이리 올라오너라."

여인은 입이 다물어지지 않았다. 알몸을 들킨 것도 수치스러운데 더욱이 상대가 임금이라니. 여인은 황망하여 어찌할 바를 몰랐다.

"어허, 괜찮다 하지 않았느냐, 어서 올라오너라!"

그래도 여인이 고개를 숙이고 물 속에 앉아 있자 우왕은 슬며시 여인에게 다가가 어깨를 다독이며 일으켜 세웠다. 신록을 배경으로 햇살에 젖은 여인의 몸은 더욱 신비롭게 빛나는 듯하였다.

우왕은 치밀어오르는 욕정을 참지 않았다. 여인을 와락 안고는 수풀로 들어가 힘껏 자신의 색정을 탐닉하였다.

여인은 상대가 임금이라는 소리에 제대로 반항 한 번 못하고 순순히 따르기만 했다.

따가운 여름 햇볕이 더욱 열기를 더하였다.

잠시 후, 우왕은 만족스러운 미소를 지으며 여인을 쳐다보았다. 여인의 얼굴은 홍조를 띠고 있었다.

"이름이 무엇이더냐?"

"저……. 소녀는 기방의 기생이옵니다."

여인은 작은 목소리로 겨우 대답했다.

"기생?"

"마마, 죽을죄를 지었사옵니다. 저같이 천한 계집이 감히 마마의 수청을 들었으니……."

여인은 우왕의 놀라는 목소리에 흐느끼며 말했다.

"하하하, 기생이란 말이지! 어쩐지 안는 품새가 다르다 했더니……."

호탕하게 웃는 우왕의 모습을 바라보는 여인의 입에서 안도의 한숨이 흘러나왔다.

"네가 나를 기쁘게 하였으니, 내 너를 데려가마."

"예? 소녀를 데려가신다 함은?"

여인은 화들짝 놀라 물었다.

"무엇을 그리 놀라느냐. 과인과 함께 대궐에 가자는 말이다."

우왕은 이렇게 해서 그 기생을 데리고 궁궐로 돌아왔다. 이 기생의 이름은 연쌍비로 후에 명순옹주에 봉해졌다.

우왕의 여성 편력은 점점 심해졌다. 궁녀들을 겁탈하는 것은 다반사였으며, 민가에서 미모가 뛰어난 여인이 있다는 말만 들리면 혼례를 앞둔 여인이라도 강제로 입궁시켜 자신의 여인으로 만들어 버렸다.

이렇게 임금이 여색에 눈이 어두워지자 아첨을 일삼는 이들은 장안의 미색이라는 여인들을 모두 알아내 임금에게 아뢰었다.

그러던 중 최영 장군의 딸이 미색이라는 소리가 우왕의 귀에 들어갔다.

'최영 장군의 딸이 미색이라…….'

그 무렵 최영 장군은 권력의 중심에 있었다. 우왕은 마침 자신을 든든하게 보필해 줄 사람으로 내심 최영 장군을 지목하고 있던 터였기에 그것은 더할 나위 없이 기쁜 소식이었다.

우왕은 당장에 최영 장군을 불러들였다.

"마마! 불러 계시옵니까?"

"오, 어서 들어오시오."

우왕은 반갑게 최영을 맞이했다. 최영은 우왕의 느닷없는 친밀한 태도에 다소 당황하였다.

"장군, 내 장군을 부른 것은 다름이 아니라 긴히 의논할 것이 있어서요."

"……."

"장군도 알다시피 과인에게 혈육이라고는 창 하나밖에 없소. 어디 이래서야 왕실의 위엄이 제대로 갖춰지겠소? 그래서 왕비를 다시 간택하여 후사를 더 도모하려 하오. 듣자 하니 장군에게 딸이 있다고 하던데……. 어떻소? 장군의 딸을 과인에게 주지 않겠소?"

최영은 갑작스러운 우왕의 말에 놀라지 않을 수 없었다. 평소 우왕의 행동을 익히 알고 있던 터라 그 속셈이 너무 빤히 들여다보여 왕이지만 괘씸한 마음까지 들었다.

"황공하옵니다만 마마, 소인의 딸자식은 국모의 자격이 없사옵니다."

최영의 딸은 측실의 몸에서 났기에 엄밀히 따진다면 왕비로서의 자격 미달인 셈이었다. 하지만 우왕이 그런 것을 따질 위인이 아니었다.

최영은 그날 간신히 이런저런 핑계를 대며 혼사를 정중히 거절하고 그 자리를 물러나왔다. 그러나 우왕과 최영의 줄다리기는 그후에도 계속되었다.

그렇게 몇 달이 지나자 우왕은 더 이상 참을 수가 없었다.

"여봐라. 밖으로 나갈 것이니 준비를 하여라!"

그날 저녁 우왕은 최영의 집으로 무작정 행차했다.

최영은 갑작스러운 우왕의 행차에 긴장하였다. 우왕이 이곳까지 온 목적이 너무도 뻔했기 때문이다.

"허허허, 내 늦은 저녁에 실례를 범하는구려."

우왕이 능글맞게 웃으며 말했다.

"황공하옵니다 마마. 어인 일로 미천한 소신의 집에까지 친히 행차를 하셨사옵니까?"

"미행微行을 나왔다가 이곳에 장군의 집이 있다 하기에 왔소이다. 내 이왕 여기까지 왔으니 장군의 딸을 한 번만 만나보게 해주시구려."

최영은 아찔했다. 그 동안 열심히 피해 왔건만, 집에까지 쳐들어와 딸을 달라고 할 줄은 미처 생각하지 못했다.

"마마……!"

"허허, 내가 장군의 딸을 얼마나 보고 싶어했는지 아시오?"

우왕의 말에 최영은 더 이상 거절하지 못하고 딸을 불러오게 했다. 과연 최영의 딸은 아름다웠다. 우왕은 이렇게 쳐들어오기를 잘했다고 생각했다.

"역시 들은 대로구려. 이렇게 참한 딸을 두고 어찌 내게 그리도 숨겼단 말이오! 자, 이리로 와서 한잔 따라 주시겠는가? 하하하, 장군도 한잔 하시오. 이렇게 즐거운 날 그냥 지나가서는 아니 되지요. 하하하!"

우왕의 웃음 소리에 최영의 가슴은 타들어갔다. 최영의 딸은 아비의 눈치를 한 번 보더니 단아한 자태로 우왕의 술 시중을 들었다.

술잔이 오고가며 어느덧 우왕도 최영도 취기가 오르기 시작했다. "부원군, 서서히 잠이 오는 것이 이제는 쉬어야겠소. 아무래도 과인은 오늘 밤을 여기서 보내야겠소. 부원군께서도 피곤하실 터이니 어서 들어가 쉬도록 하시오."

부원군이라는 칭호에 최영은 술이 깨는 듯했다.

"예, 마마. 그럼 따로 침소를 마련하도록 하겠습니다."

"아니, 아니, 괜찮소! 번거롭게 굳이 그럴 것까지야……. 그냥 여기 있는 따님께 부탁하면 되지 않소. 부원군은 그만 나가 보시오. 여기는 따님께 맡기시고……."

그러나 최영은 차마 그냥 일어설 수 없었다. 아무리 그래도 대례도 치르지 않고 밤을 보내게 할 순 없었던 것이다.

"어허! 부원군. 내 말이 들리지 않소!"

우왕의 성화에 최영은 차마 떨어지지 않는 발을 떼어 그 방을 나왔다.

최영의 딸은 그렇게 우왕의 비가 되어 대궐로 들어가 영비에 봉해졌다.

하지만 영비 최씨가 대궐에 들어간 지 3개월 만에 이성계가 위화도에서 회군을 단행했고 최영은 억울한 죽임을 당했다.

결국 이성계는 우왕을 폐위하여 영비 최씨와 함께 강화도로 유폐시켰다. 다음해 11월 유배지를 강릉으로 옮긴 우왕은 그해 12월 살해되었다.

일생을 호색한으로 숱한 여인들의 치맛자락을 풍미하며 살다간 우왕의 임종을 지킨 여인은 영비 최씨였다. 영비 최씨는 슬퍼하며 10여 일을 먹지 않고 곡만 하였고, 밤이면 우왕의 시체를 안고 잤다고 한다.

불행한 여인 영비 최씨의 이후 행적은 전해지지 않는다.

목은 이색의 충절

목은 이색은 뱃전을 찰랑거리고 지나가는 잔잔한 강물을 바라보며 인생의 무상함이 그와 같을 것이라고 생각하며 쓸쓸한 미소를 지었다.

헤아려 보면 흘러가는 강물보다 더 덧없는 지난날이었는지도 몰랐다.

사나이 대장부로서 청운의 꿈을 품고 벼슬길에 올라 오직 나라를 위해 한 생을 바쳤었다. 그러나 지금 국운은 기울었고 미련 없이 모든 것을 버리고 나뭇잎처럼 표표히 떠나온 이색의 가슴엔 지울 수 없는 망국의 한만이 멍울이 되어 남았다.

푸른 강물 속으로 희미하게 드리운 산의 풍경을 깨트리며 물새 한 마리가 날아올랐다.

'저 새는 돌아갈 둥지라도 있겠지만 이 몸은 더 이상 돌아갈 곳이 없구나.'

이색의 마음을 아는지 모르는지 노를 젓는 사공의 한숨 소리 또한 깊었다.

이성계가 위화도 회군을 감행한 후 고려의 국운은 풍전등화와 같았다.

이성계는 우선 우왕을 폐하여 강화로 유폐시키고 최영 장군을 귀양 보냈다가 그곳에서 죽였다.

우왕의 뒤를 이을 후계자를 정해야 하는데도 조정의 신하들은 이성계를 두려워한 나머지 한마디 말도 못하고 그의 눈치만 살피고 있었다.

그때 대장군 조민수가 나서 우왕의 아들인 창을 왕으로 세우니 이가 바로 고려 제33대 임금인 창왕이다. 그때 창왕의 나이는 9세에 불과하였다.

한창 부모의 슬하에서 재롱이나 피우고 있을 나이에 일국의 왕이 된 어린 창왕을 바라보는 이색의 가슴은 쓰라릴 듯 아팠다.

그러나 이성계를 견제하기 위해서는 달리 방도가 없었다.

뿐만 아니라 나이 어린 왕을 지켜야 한다는 생각에 이색은 언제나 노심 초사했다.

이색은 여러 모로 방법을 강구했다. 제일 급한 것은 일단 이성계를 어떻게든 제거하는 것이었다. 그러기 위해서는 이성계와 그를 추종하는 일파들을 떨어뜨려 놓는 게 급선무였다.

이색은 이성계로 하여금 창왕을 호위하여 명나라에 입조入朝토록 하는 계획을 추진했다.

전왕의 선례를 보자면 왕이 명나라에 머무는 동안에는 호위병들도 같이 머물러야 하기 때문에 이색은 그 기회를 이용하여 국내에 있는 이성계 일파를 제거할 작정이었던 것이다.

이색은 자신이 직접 명나라로 들어가 황제를 알현하고 그와 같은 자신의 뜻을 설명하고 창왕을 입조토록 하라는 명 황제의 명령을 받아올 작정이었다.

지금으로서는 그것만이 유일한 방법이었다.

이색은 왕을 알현하고 자신을 명나라의 사신으로 보내달라고 주청했고 왕은 순순히 허락했다.

이색은 자신이 사신으로 명나라에 가 있는 동안 이성계가 무슨 일을 꾸밀지 모른다고 여겨 이성계에게 함께 동행할 것을 요구했으나 이성계는 병을 핑계로 일언지하에 거절했다.

속으로는 통탄할 노릇이었지만 왕을 호위하여 가지 않는 이상 이색도 더는 강요할 수 없었다.

이색은 최후의 수단으로 이성계의 아들들이라도 같이 명나라에 동행할 것을 요구했다. 이성계는 하는 수 없이 다섯째 아들 방원의 대동을 승낙하였다.

이색은 노구의 몸을 이끌고 명나라로 향했다.

나이 어린 왕을 사지에 두고 가는 것 같아 차마 발길이 떨어지지 않았지만 한 걸음이라도 지체할 수 없다는 조바심에 이색은 일행을 재촉하고 또 재촉했다.

그리하여 명나라에 도착한 이색은 황제를 알현하였다. 그는 명나라 황제에게 본국의 사정을 자세히 설명하고 창왕의 입조를 서둘러 달라고 주청했다.

그러나 당시 명나라의 사정도 여의치 못하여 결국 이색의 청은 받아들여지지 않았다.

이색은 모든 계획이 수포로 돌아가자 허탈감에 사로잡혀 명나라에서 돌아오는 즉시 벼슬을 내놓고 조정을 떠났다.

명나라의 도움을 받을 수 없는 상황에서는 이제 이성계를 막을 방도가 없었던 것이다.

지는 달보다 허망한 것이 기우는 국운이었다.

이성계는 마침내 역성혁명을 통해 1392년 왕위에 오르게 되고 이듬해 국명을 조선으로 정하고 새로운 왕조를 열었다. 고려는 역사 속으로 나뭇잎처럼 표표히 사라졌다. 태조 왕건이 고려를 개국한 지 474년 만의 일이었다.

고향인 한산에 낙향해 있던 이색은 세상사에 흥미를 잃고 깊은 산 속에나 들어가 여생을 마감할 생각이었다.

이미 나이 예순을 훌쩍 넘긴 이색과 늙은 사공이 탄 배가 잠시 나루에 머물렀을 때 일단의 관복을 입은 이들이 나룻배로 다가왔다.

경기 감찰사의 명으로 이색을 찾은 그들은 대궐에서 하사한 술 한 병과 푸성귀 두세 가지를 안주거리로 차린 개다리소반을 받쳐들고 있었다.

이색은 정작 담담히 술상을 받는데 그것을 지켜보는 늙은 사공의 눈시울이 촉촉하게 젖었다.

술상을 앞에 두고 이색은 말이 없었다. 술상을 받쳐들고 온 자들도 먼산 바라기들처럼 얼굴을 옆으로 돌리고 섰을 뿐 이렇다 말이 없었다.

이색은 천천히 술병을 막았던 마개를 열다 말고 물끄러미 그것을 바라보았다. 술병의 마개는 아직도 푸른 빛을 잃지 않은 댓줄기였다.

이색은 술잔 가득 술을 따랐다. 그러고는 다시 한 번 흐르는 강물을 그윽한 눈길로 바라보았다.

이색은 술잔을 한 손에 들어 눈을 감고는 단숨에 벌컥 들이켰다. 술잔을 상 위에 소리 없이 내려놓은 이색은 남은 한 손에 들고 있던 댓줄기를 힘주어 꼭 쥐며 또렷한 목소리로 말했다.

"내가 지금껏 고려를 위해 충절을 다했다면 이 댓줄기가 살아나 무성한 잎을 피울 것이나, 만약 내가 고려를 배반하고 신하된 도리를 다하지 못했다면 이 댓줄기는 썩어 없어질 것이로다!"

이색은 손에 든 댓줄기를 힘껏 강기슭을 향해 집어던졌다. 그리고 꼿꼿한 모습으로 앉아 하늘을 응시했다.

하지만 그것도 잠시, 이색은 몸의 균형을 잃고 앞으로 꼬꾸라졌다. 늙고 쇠한 몸이라 소리조차 나지 않았다.

고려의 충신 이색은 이렇게 나룻배 위에서 비통한 일생을 마쳤다.

그러나 충신의 절의는 하늘도 아는 것일까? 이색이 댓줄기를 던진 강기슭에는 그로부터 해마다 대나무가 무성히 자라더니 나중에는 온 기슭을 덮고도 남을 만큼 넓은 대숲을 이루었다.

정읍현의 안씨 부인

고려 제32대 왕인 우왕이 왕좌를 물려받았을 때, 신하들은 왕위 계승의 정통성을 놓고 서로 언성을 높여 싸우느라 조정이 한시도 조용할 날이 없었다.

그러니 자연 국정에는 관심이 없어 백성들의 고초가 이만저만이 아니었다. 거기에다 호시탐탐 기회만 엿보던 왜구들이 이때를 그냥 지나칠 리가 없었다.

왜구들의 침략은 날로 심해져 나중에는 해안 지방을 훨씬 거슬러 올라와 내륙 지방인 부여와 공주, 논산까지 쳐들어왔다. 나라에서는 군사를 파견하여 왜구를 물리치는 데 힘을 기울였으나 이미 기울어진 국운을 회복하기는 쉬운 일이 아니었다.

정읍현이라는 마을도 예외는 아니어서 왜구는 그곳에까지 침략해 왔다.

정읍현에는 경덕의라는 사람이 살고 있었는데 경덕의의 집안은 조상 대대로 그 마을의 유지였을 뿐만 아니라 재산도 꽤 있는 편이어서 언제나 마을 사람들의 부러움을 한 몸에 받았다.

하지만 그 어느 것보다도 가장 큰 부러움의 대상은 그의 부인 안씨였다.

그 마을은 물론이거니와 그 일대의 어느 마을에서도 안씨 부인을 따라갈 만한 인물이 없었으며 행실 또한 착실하여 남편을 공양하고 집안 살림을 꾸려 나가는 데 그 정성이 너무도 지극하였다. 그러니 마을 사람들이 경덕의를 부러워하는 것은 당연지사였다.

하루는 경덕의가 나라의 명을 받아 오랫동안 집을 비워야 했다.

경덕의는 바쁘게 행장을 꾸렸다.

'하필이면 왜구들이 아랫마을까지 침범했다고 하는 이때에 나를 부를 것이 뭐란 말인가?'

경덕의는 왜구들의 침입 소식에 재산보다도 부인이 더 걱정되었다.

출중한 미모의 부인을 왜구들이 그냥 지나칠 리 없을 것이었다. 이런 걱정에 발길이 쉽게 떨어지질 않았다.

"여보, 내 속히 다녀오리다만 극악무도한 왜구들이 자꾸 쳐들어온다 하니 마음이 놓이질 않는구려. 만일, 만일 말이요…… 그 못된 놈들이 이곳까지 온다면 부인은 너무 반항하지 말고 목숨만은 지키도록 하시오. 난 그 무엇보다도 부인의 안전이 중하오. 내 말 알겠소?"

경덕의는 차마 정절을 요구하지는 못하고 말을 돌려 전했다.

이런 남편의 뜻을 눈치챈 안씨 부인은 조용히 말했다.

"너무 걱정하지 마시어요. 이 한 몸 제가 지키지 못하면 누가 지키겠습니까? 이곳은 염려 마시고 하시는 일 마치고 무사히 돌아오십시오."

경덕의는 안씨 부인의 말에 조금은 안심이 되었다.

"그럼, 내 속히 다녀오리다."

경덕의는 서둘러 길을 떠났다.

그가 길을 떠난 지 며칠이 지나지 않아 왜구들이 정읍현에 쳐들어왔다. 너무나 갑작스러운 일이라 마을 사람들은 속수무책으로 당하고 말았다.

안씨 부인 또한 두 아들과 하인 몇을 데리고 피신을 하려 했으나 왜구들이 너무나 갑작스레 물밀듯이 침범해 왔기 때문에 집 밖으로 탈출하는 데 실패하고 말았다.

왜구들은 경덕의의 집이 그 마을에서 가장 컸으므로 제일 먼저 쳐들어가 노략질을 시작했다.

왜구들이 쳐들어오는 것을 보고 안씨 부인과 아들들은 급한 대로 후원의 작은 숲에 숨어 왜구들의 동태를 살폈다.

그야말로 왜구들은 난폭하기 그지없었다. 살림살이며 재물이며 모든 것을 함부로 던지고 부수었다. 실컷 자신들의 실속을 차린 왜구들은 집 마당에 진을 치고 술판을 벌였다.

술 기운이 얼큰하게 오르자 왜구들 중 우두머리인 듯한 사내가 소리쳤다.

"내 듣기로 이 집 여자가 천하의 미색이라고 들었다! 그 계집을 찾아내라!"

안씨 부인은 섬뜩했다.

왜구들은 닥치는 대로 하인들을 잡아 온갖 고문을 하며 안주인의 행적을 캐물었다.

하인들은 충실하게도 그저 당하고만 있을 뿐 안주인의 행방을 가르쳐 주지 않았다. 하지만 하인들이 가르쳐 주지 않는다고 집안에 숨어 있는 안씨 부인을 못 찾아낼 왜구들이 아니었다.

잠시 후 왜구들은 안씨 부인과 아이들을 숲에서 찾아냈다.

왜구의 우두머리는 안씨 부인의 모습을 보며 침을 꿀꺽 삼켰다.

"과연 소문대로 천하 일색이로군."

안씨 부인은 고개를 꼿꼿이 세우고 왜구를 노려봤다.

"허허, 앙큼한 것이 제법 매섭구나. 아주 마음에 든다. 어떠냐, 내 말만 잘 들으면 목숨뿐 아니라 호강시켜 줄 수도 있다. 어떠냐?"

"내 이제껏 너 아니어도 호강하며 살았거늘 무엇을 더 바라겠냐!"

안씨 부인은 매서운 목소리로 대꾸하고는 고개를 돌려버렸다. 순간 왜구의 우두머리는 벌떡 일어서며 소리쳤다.

"네가 끝까지 내 말을 듣지 않으면 네 목숨은 없는 줄 알아라!"

우락부락한 얼굴에 칼까지 휘두르는 모습이 마치 지옥에서나 만날 법한 염라대왕 같았다.

"네 아무리 도적이라 해도 사람의 도리는 알 터인데, 어찌 여염집의 아낙을 범하려 드느냐! 잇속을 챙겼으면 이만 돌아감이 옳지 않은가?"

안씨 부인의 말에 우두머리는 비열한 웃음을 지었다.

"오호, 꽤 도도하게 나오시는군. 어디 끝까지 그렇게 나올 수 있나 내 두고보지. 얘들아!"

우두머리의 호령에 왜구들은 안씨의 아들들 목에 칼을 대었다. 아이들은 사색이 되어 어머니를 외치며 울음을 터뜨렸다.

"네가 그렇게 도도하니 자기 목숨 없애는 것이야 걱정하지 않겠지만 너 때문에 이 아이들이 죽는다면……, 하하하?"

안씨 부인은 입술을 깨물었다. 도무지 이 상황이 믿어지질 않았다. 아이들이 품안에서 웃던 때가 바로 오늘 아침이었거늘…….

"너 때문에 아이가 죽는다 하지 않느냐!"

우두머리는 안씨 부인의 대답을 재촉했다.

"네 이놈, 네가 그러고도 사람이더냐! 차라리 나를 죽여라!"

안씨 부인의 목소리는 분에 못 이겨 떨려 나왔다.

"어허, 내 그럴 수 있나. 얘들아!"

우두머리의 호령이 끝나자마자 왜구들 중 하나가 안씨 부인의 아들을 향해 칼을 휘둘렀다.

"어머니!"

어린 아들은 비명을 지르며 쓰러졌다.

"어떠냐? 이래도 네가 도도하게 굴 테냐? 네 결정에 의해 나머지 아이와 하인들의 목숨이 달려 있다."

안씨 부인의 눈엔 쓰러진 아들의 모습만 보였다. 또한 그 아이가 마지막 외치던 '어머니'라는 소리밖에 들리지 않았다.

'내 어찌 이 한 몸 정절을 위해 저 아이를 희생시켰단 말인가. 이 한 목숨 부지하려고 저 아이를……. 나의 정절이 아들의 목숨보다 중하단 말인가? 남은 아이는 살려야 한다. 억울한 하인들의 목숨 역시 소홀히할 수는 없다.'

"아직도 네가 결정을 하지 못한단 말이냐! 얘……."

왜구의 우두머리가 답답한 듯 소리치려 할 때, 안씨 부인이 황급히 말했다.

"잠시 기다리시오!"

안씨 부인은 우두머리의 얼굴을 노려보며 들릴 듯 말 듯한 목소리로 말을 이었다.

"내 진작 이 목숨을 버려야 했거늘……."

안씨 부인은 그 말을 끝으로 그 자리에서 쓰러졌다. 스스로 혀를 깨문 것이다.

왜구의 우두머리는 자결한 안씨 부인의 모습에 놀라더니, 혀를 차며 기분이 상했는지 마을에서 퇴각할 것을 명했다.

왜구들이 돌아간 후 사람들은 안씨 부인과 그 어린 아들의 장례를 정성껏 치러 주었다.

　　나중에 집으로 돌아온 경덕의는 부인과 아들의 얘기를 듣고 하염없이 통곡했다. 경덕의는 안씨 부인을 그리는 마음으로 평생 남은 아들을 키우며 혼자 살았다고 한다.

야트막하지만 뛰어놀기에 그만인 마을 언덕 자락에는 들꽃들이 여기저기 가을바람에 몸을 맡긴 채 향기를 날리고 있었다.

구절초, 쑥부쟁이, 쑥방망이 등의 희고 노란 들국화 꽃잎들이 완연한 가을임을 말해 주고 있었다.

노비 춘월은 이마에 송골송골 맺힌 땀을 닦으며 언덕을 오르고 있었다. 그것은 몽주 도령을 찾기 위해서였다.

몽주 도령에게 개경으로 간 남편에게 보내는 편지를 써달라고 부탁하기 위해서였다. 마음이 다급한지라 춘월은 숨이 가쁘고 다리가 후들거렸지만 쉬지 않고 언덕을 올라갔다. 얼마나 다급했던지 춘월은 집에서 멀리 떨어진 이 언덕자락을 단숨에 달려왔다.

마침 몽주 도령은 친구들과 정신없이 놀고 있었다. 가을꽃을 두 손으로 휘감아 만지기도 하고, 꽃들과 한판 몸 씨름을 하며 신명나게 놀고 있었다. 뽀얗고 매끄러운 몽주 도령의 얼굴은 멀리서 봐도 눈부셨다.

몽주 도령을 찾은 춘월은 이제껏 달려왔던 걸음을 멈추고 한 손으로 허리를 다독이며 한숨을 쉬었다.

'도련님이 내 부탁을 들어주시지 않으면 어쩌나? 혹시 벌컥 화

를 내시면······.'

춘월은 편지 대필로 여기까지 쫓아온 자신이 주책없어 보이기도 하였다.

은근히 걱정이 된 춘월은 잠시 그 자리에 서서 머뭇거렸다. 그러나 이내 고개를 저었다.

'도련님은 인정이 많으시니 비록 내가 부리는 사람일지라도 내 부탁을 들어줄 거야.'

남편에게 보낼 편지 하나 직접 쓰지 못하고, 부탁할 사람 또한 마땅히 없는 자신의 처지가 그지없이 딱하게만 느껴졌다.

춘월은 다시 용기를 내어 몽주 도령을 힘차게 불러 보았다.

"몽주 도련님."

그러나 몽주는 뒤돌아보지 않았다. 같이 놀던 아이들이 힐끔힐끔 쳐다볼 뿐이었다. 춘월은 자기 목소리 하나 듣지 못하고 노는 것에 정신이 팔린 몽주 도령이 영 야속했다.

춘월이는 가슴이 허전해 왔다.

'아, 야속한 도련님.'

춘월이는 용기를 내어 또 한 번 소리를 질렀다.

"도련님! 제발 여기 좀 보세요."

그제야 힐끔힐끔 쳐다보던 몽주의 친구들이 춘월이를 향해 눈길을 주었고, 몽주의 귀에 무엇인가를 속삭였다.

몽주도 춘월에게 눈길을 돌렸다. 잠시 후 몽주가 손에 노란 들국화를 한 움큼 쥐고는 달려왔다.

'휴, 도련님이 이제야 들으셨구나.'

춘월은 안도의 한숨을 길게 내쉬었다.

그러나 몽주는 달려오다가 터벅터벅 걸어왔다. 그 모습이 심상치가 않았다. 아무래도 화가 난 모양이었다.

들국화를 휙 집어던지더니 대뜸 퉁명스럽게 한마디 던졌다.

"그래 무슨 일이냐? 여기까지 나를 찾으러 온 이유가 무엇이냐?"

몽주는 한참 놀고 있는 자신을 방해한 춘월이 참으로 미워서 퉁명스럽게 말했다.

춘월은 조심스럽게 입을 열었다.

"저 도련님……."

"무엇 하러 여기까지 왔느냐? 급한 일이라도 생긴 것이냐?"

다급하게 따지는 몽주의 목소리는 영락없이 춘월이 못마땅한 눈치였다.

그 순간 춘월은 또 한 번 머뭇거렸다.

"저 도련님, 제가 부탁드릴 것이……."

부탁이라는 말까지 겨우 꺼낸 춘월은 이제까지 참았던 울음을 터뜨리고 말았다. 개경으로 간 남편이 소식 한 장 주지 않아 가슴 저미는 그리움과 절망, 편지 하나 쓰지 못하는 자신의 부끄러움이 한데 뭉쳐 울음으로 쏟아지고 있었다.

"도련님, 흑흑."

몽주는 자신의 놀이까지 방해한 춘월이가 미웠지만 갑자기 그녀가 울음을 터뜨리자 가엾기도 하고, 혹시 집에 무슨 일이 있나 궁금하기도 했다.

"울기는 왜 우느냐? 무슨 일이라도 있는 게냐? 어서 빨리 말하잖구."

춘월이는 자신의 딱한 처지가 더욱 서러워 이제는 대놓고 울어댔다.

"얼른 말해라. 답답해서 어디 견디겠느냐?"

춘월은 몽주의 재촉에 간신히 입을 열었다.

"도련님도 알다시피 제 서방이 개경으로 간 지 두 해가 지났건만 아직까지 소식이 없습니다. 지금 잘 지내고 있는지, 일은 잘 되는지 궁금하기 짝이 없습니다."

몽주는 춘월이 한걸음에 달려온 뜻을 짐작할 수 있었다.

"그러니까 나더러 편지를 써달라 이거지?"

춘월은 몽주가 그제야 자기 마음을 헤아려준다는 생각에 환한 미소를 머금었다.

잠시 후 작은 사랑에 춘월과 함께 앉은 몽주는 붓을 들었다.

"뭐라 쓰면 되겠느냐?"

춘월은 부끄러운 듯 입을 열었다.

"제가 무엇을 압니까? 그냥 도련님이 아시는 대로 써주십시오."

"그래? 정말이냐?"

몽주는 턱을 괴고 잠시 생각에 잠기더니 글씨를 써내려 갔다.

서방님
저 하늘의 구름은 한데 뭉쳤다가도
금세 흩어지지요.
또한 달도 꽉 차 올랐다가
텅 비어지기도 하지요.
그러나 서방님
첩의 마음은 늘 서방님으로 가득합니다.

그러나 춘월은 몽주가 쓴 글을 보고는 적지 않게 실망했다. 글이 너무 짧아서였다.

두 해 동안이나 가슴에 담았던 그 많은 생각과 사랑을 이렇게 짧게 써버린 몽주가 야속하게만 느껴졌다.

"도련님 이게 답니까? 너무 짧…….."

몽주는 춘월의 마음을 헤아리고는 다시 붓을 들었다.

"그래? 너무 짧다 이거지?"

서방님
한 자 더 올립니다.
세상에 가장 큰 병은
그리움이 뼈 마디마디에 들어가
그 세월 동안 온 몸을 쑤시는 것이지요.

단심가로 인해 더욱 친숙한 충절의 대명사인 정몽주.

그는 1337년 경상북도 영월 땅에서 태어났으며 호는 포은, 초명은 몽란 또는 몽룡이다. 성인이 된 뒤 몽주로 개칭하였다.

정몽주의 어머니는 그를 가지기 전에 한 노인으로부터 난초 화분을 받는 태몽을 꾸었다고 한다.

"비나이다 비나이다. 부디 박복한 이 여인에게 아이 하나만 점지해 주옵소서, 비나이다 비나이다……."

정운관鄭云瓘의 부인 이씨는 오늘도 정화수를 떠다 놓고 정성을 다해 빌었다. 그녀는 혼인한 지 벌써 여러 해가 지났건만 아직까지 태기가 없어 애를 태우고 있었다.

이렇게 정성을 쏟은 지 천 일이 다 되어갈 무렵, 이씨는 꿈속에서 한 노인으로부터 하얗고 고운 꽃이 피어 있는 난초 화분을 하나 받았다.

"어르신, 어찌하여 이 귀한 난을 저에게 주시옵니까?"

이씨 부인은 난초 화분을 받으며 노인의 얼굴을 보려고 고개를 갸웃거리며 물었다.

하지만 노인의 얼굴은 커다란 삿갓에 가려 도무지 보이질 않았다.

"귀한 것이니 잘 보관하시게나."

노인은 퉁명스럽게 말했다.

이씨 부인은 화분을 더욱 꼬옥 안으며 노인의 얼굴을 보려고 하였다. 하지만 끝내 노인은 얼굴을 보이지 않고 뒤돌아서 재빠른 걸음으로 가버리는 것이었다.

"어르신! 어르신!……"

이씨 부인이 다급한 마음에 노인을 쫓아가려 하였다.

그때였다. 난초 화분이 이씨 부인의 손에서 미끄러지듯 떨어지는 것이었다.

"아악!"

이씨 부인은 놀라 벌떡 일어났다. 꿈이었다.

'괴이한 꿈도 다 있구나.'

그후 부인은 태기가 있자 난초 화분을 받은 꿈이 태몽인 듯하여 남편 정운관에게 꿈 얘기를 해주었다.

열 달 후 이씨 부인은 아들을 낳았는데 이들 부부는 아들의 이름을 꿈속에서 난蘭을 받아 태어난 아이란 뜻으로 몽란夢蘭이라 지었다.

어렵고 귀하게 얻은 아들이었기에 부모가 몽란에게 쏟는 정성이 남달랐다.

정운관은 항시 자신이 나라를 위해 큰일을 하지 못했음을 한탄하며 자신이 못다 한 일을 몽란이 해주기를 바랐다.

몽란은 아버지의 뜻을 받들어 장차 큰일을 하겠다고 결심하며 열심히 학문을 닦았다.

어머니 이씨 또한 아들 몽란을 위해 정성을 다하였다. 이씨는 몽란이 어릴 적부터 옷을 하나 지어 입히더라도 옷 속감을 언제나 붉은 색으로 지어 입혔다.

그것을 궁금히 여긴 사람들이 그 까닭을 물으면 이씨 부인은 이렇게 대답했다.

"별다른 뜻이 있겠습니까? 그저 어찌하다 보니 그리된 것이지요."

그러나 부인이 붉은 색 속감으로 몽란의 옷을 짓는 데는 깊은 뜻이 있었다.

몽란이 어느 정도 크자 이씨 부인은 숨겨온 속마음을 말해 주었다.

"몽란아, 이 어미가 항시 네 옷의 속감으로 붉은 색 천을 쓰는 이유를 알고 있느냐?"

"소자 어찌 어머니의 깊으신 뜻을 알 수 있겠사옵니까?"

어린 몽란의 대답에 이씨 부인은 대견스러운 듯 아들을 바라보며 말했다.

"사람들은 살면서 각자 마음속에 자신만의 열망을 갖게 되는데 그것은 태양처럼 붉은 빛을 띤단다. 그리고 그 열망을 이루기 위해 혼신의 열정을 모두 바치게 되지. 하지만 사람에 따라서는 그 열망을 어느 순간 포기하기도 하는데 그렇게 되면 그 사람의 삶은 시든 꽃처럼 금방 허무해지고 만단다."

이씨 부인의 말을 듣고 있는 몽란의 눈빛은 별처럼 반짝였다.

"그러나 너만은 항상 가슴속에 붉은 열망을 간직하고 살기를 바라는 것이 이 어미의 마음이다. 그래서 늘 네게 붉은 속감을 덧댄 옷을 지어 입힌 것이다. 너는 이것을 명심, 또 명심하여야 한다. 알겠느냐?"

이씨 부인의 근엄한 말에 몽란의 또랑또랑한 눈망울이 빛났다.

이렇게 정씨 부부는 비록 가난한 살림살이였지만 아들 교육에 정성을 다하였다.

그러던 어느 하루 정운관이 낮잠을 자다 꿈을 꾸었는데 꿈속에 커다란 용이 하늘에서 내려오더니 뒤뜰에 있는 배나무에 똬리를 트는 것이었다.

놀라 꿈에서 깨어난 정운관이 황급히 신발을 신고 뒤뜰로 달려가 보니 아들 몽란이 배나무 위에 앉아 천진스럽게 놀고 있었다.

이를 본 정운관은 아들 몽란을 나무에서 내려 품에 안으며 넋 나간 듯이 중얼거렸다.

"너야말로 하늘이 내린 우리 가문의 보배 중의 보배로다!"

그후 정운관은 몽란의 이름을 몽룡夢龍이라고 바꿔 불렀다.

어렸을 때부터 인정이 많고 심지가 곧았던 정몽주는 과거에 응시하여 장원 급제한 후에는 스러져 가는 고려를 재건하기 위해 각고의 노력을 하다 선죽교에서 이방원에게 살해되었다.

유교적 왕도정치의 실현을 꿈꾸던 정몽주가 기울어가는 고려와 함께 허무하게 생을 마감한 것은 난초 화분이 깨어진 태몽처럼 하늘이 정해준 운명이었던지 허망하기만 했다.

그러나 그는 조선시대 선비들로부터 추앙을 받았으며 오늘날까지도 충절의 대명사로 기억되고 있다.

장수산에 서린 애화

고려 말 이성계가 권력을 잡고 왕씨들의 반란을 미연에 방지하기 위한 일환으로 왕씨 일가를 무참하게 몰살시키던 때였다.

왕강은 자신의 딸 보화라도 살려야겠다는 생각으로 보화와 그녀와 정혼한 사이인 김정을 늦은 밤 아무도 몰래 안방으로 불러들였다.

"어서 떠나거라. 날이 밝기 전에 빨리 가야 한다. 여보게, 그래도 자네가 보화 곁에 있어 난 안심하고 세상을 뜰 수 있네. 어디를 가든 잘 살아주게나."

보화의 아버지 왕강은 딸에게 서두를 것을 명하며 보화의 정혼자 김정에게 덧붙여 말했다.

"세상이 험하여 이 나라에서는 왕씨 성을 지닌 채 살 수가 없게 되었으니, 저 아이가 무슨 죄란 말인가. 어서 이곳을 떠나 안전한 곳으로 가게나."

"아버님, 저의 불효를……."

김정 또한 복받치는 감정에 차마 말을 맺지 못하였다.

"아닐세. 난 자네가 우리 보화를 보살펴 주는 것만으로도 족하네. 나에게 더 이상 큰 효도는 없네. 이젠 정말 떠나게나. 어서!"

"아버님……, 흑흑……!"

김정은 보화의 마음을 이해하지 못하는 것은 아니지만 병든 아버지를 모시고 산 속 깊이 피신하기는 어려운 일이었다.

김정은 더 이상 지체할 수 없음을 알고는 아버지께 하직 인사를 올리고 차마 떨어지지 못하는 보화를 이끌고 어둠 속으로 길을 떠났다.

보화와 김정은 어렵사리 송도를 빠져 나와 황해도 장수산으로 향했다.

겨우 장수산으로 들어간 그들은 인적이 없는 곳에 서툴게나마 작은 보금자리를 만들었다. 한때는 세상을 호령하던 왕씨 일족이 하루아침에 몰락하여 직접 집을 짓고, 먹을 것을 구하며, 밭을 일구는 신세가 된 것이다.

김정이야 이성계가 정권을 잡은들 목숨과는 상관이 없었으나 차마 사랑하는 보화를 그대로 죽게 할 수가 없었다. 죽어도 함께 죽고 살아도 함께 살리라는 마음으로 보화와 함께 피신한 것이다.

보화는 그런 김정이 감사하고 또 감사하여 어려운 산 속 생활이지만 기쁜 마음으로 하루하루를 보냈다.

그렇게 한 달쯤 지났을 때 정식으로 혼례를 치르지 못한 그들은 둘만의 혼례를 치르기로 하였다. 물 한 사발 떠놓고 그들만의 혼례를 치렀다.

보화는 아버지 생각에 울컥 눈물이 나오려는 것을 간신히 참으며 이제 신랑이 된 김정을 바라보았다.

김정은 그런 보화의 마음을 이해하는 듯 살며시 그녀를 감싸안았다. 보화는 설렘 반 두려움 반으로 김정의 품에 안겨 기대었다. 그렇게 산 속의 밤은 깊어 갔다.

진정한 부부가 된 그들은 산 속 생활에 더할 나위 없이 행복하게 지냈다. 함께 식사하고 함께 밭일을 하고 함께 잠자리에 누웠다. 모든 것이 꿈만 같았다.

그러던 어느 날, 김정은 토끼라도 잡을 요량으로 산 속 깊이 들어갔다. 살며시 발소리를 죽이며 가던 김정은 갑자기 부스럭대는 소리에 고개를 들었다.

"하하하."

김정의 앞에 한 사나이가 웃으면서 나타났다. 이중업이었다.

한때 김정과 동문수학했던 그는 고려를 배신하고 방원의 밑에 들어가 왕씨 멸족에 앞장서고 있었다.

이중업은 김정의 약혼녀였던 보화에게 반하여 보화의 아버지 왕강에게 자신과 혼인하면 모든 것을 잘 처리해 주겠다고 했다가 거절당했었는데 그후에도 계속 주변을 맴돌며 호시탐탐 보화를 뺏을 기회만 노리고 있었다.

그러던 중 김정과 보화가 어디론가 사라졌고 이중업은 보화를 기필코 자신의 것으로 만들어야겠다는 일념으로 눈이 벌겋도록 그들을 찾아다니고 있던 중이었다.

"아니, 자네가 어떻게 여길……."

김정은 너무 놀라 사색이 되었다.

"내가 못 찾을 줄 알았나? 하긴 이런 곳에서 이러고 있을 것이라곤 생각도 못했네만, 그간 보화 낭자가 고생 많았겠군."

이중업은 거만한 미소를 띄우며 말했다.

"그거야……."

김정은 말을 잇지 못했다.

"지금 나라에선 중죄인으로 자네를 쫓고 있네. 아마 지금 이렇게 잡혀가면 한 목숨 부지하기도 어려울 걸세. 내 자네와의 옛정을 생각하여 보화 낭자만 내게 넘기면 자네의 앞길은 손써 주겠네. 어떤

가, 생각이 있는가?"

이중업은 야비한 미소를 지으며 물었다.

"내가 죽는다 해도 그럴 수는 없네. 설령 내가 그리한다 해도 보화가 그렇게 하지 않을 것일세."

김정이 단호한 모습으로 흔들림 없이 말했다.

"과연 그럴까? 사람의 마음이란 변하게 마련이지. 더욱이 이런 산 속에서 고생하는 것이 익숙하지 못한 사람은 두말할 필요도 없겠지. 여봐라, 이놈을 쳐라!"

이중업의 말에 군사 하나가 달려들어 가차없이 김정의 목을 쳤다. 김정은 말 한마디 못하고 그렇게 무참하게 살해되고 말았다.

한편, 남편을 기다리던 보화는 갑자기 초조해지는 기분을 감출 수가 없었다.

'오늘 따라 왜 이리 늦으시는 걸까? 설마 맹수가……'

생각이 여기까지 이르자 보화는 머리를 저으며 자신을 책망했다.

"지아비가 오지 않는다고 이렇게 경망스러운 생각을 하다니, 아무래도 내가 한참 부족한 여인넨가 보다. 어련히 오실까. 휴!"

자신도 모르게 한숨을 내쉬며 저녁 밥상을 다시 쳐다보았다.

그때였다. 어둠 속에서 한 사나이가 불쑥 다가왔다.

남편의 모습이 아닌 듯하여 보화는 잔뜩 긴장된 목소리로 물었다.

"뉘시오?"

"보화 낭자! 이제야 찾아뵙는구려."

보화는 아찔했다. 틀림없이 이중업의 목소리였다.

'이 사람이 여기를 어찌 알고 왔단 말인가?'

이중업의 뒤에는 군사들이 여럿 서 있었다. 그 중 한 사람에게 보화의 눈길이 멈추었다.

온 몸이 떨려왔다. 군사의 손에 목이 잘린 남편의 얼굴이 들려 있었다. 순간 보화는 정신을 잃고 끝이 없는 암흑 속으로 빠져들었다.

김정은 슬픈 얼굴을 돌리며 보화의 곁을 떠나가고 있었다. 보화는 열심히 따라가며 남편을 불렀다. 그러나 남편은 도무지 자신의 얼굴을 보아 주지 않았다.

사라져 가는 남편을 부르다가 보화는 눈을 떴다. 꿈이었다.

정신을 차린 보화의 눈에 능글맞은 표정으로 자신을 바라보고 있는 이중업이 들어왔다.

"보화 낭자, 이런 산 속에서 얼마나 고생이 많았소. 나와 함께 갑시다. 내 평생 낭자를 고생시키지 않을 것이오."

"……"

이중업은 보화가 아무 말이 없자 그녀의 손을 잡으며 말을 이었다.

"내가 낭자를 얼마나 찾아다닌 줄 아시오. 혹여, 다른 곳에서 몰살이라도 당한 것은 아닌지 걱정했다오. 아무 걱정 말고 이제 나와 함께 편히 여생을 즐깁시다."

이중업은 보화가 이런 산 속 생활을 싫어했으리라는 생각에 쉽게 말했다.

보화는 그런 이중업의 얼굴을 보며 굳은 결심을 했다.

"알겠습니다. 저도 더 이상 이곳에서 살고 싶지 않았습니다."

이중업은 보화의 대답에 기뻐하며 군사들에게 갈 길을 재촉했다.

"잠시만 기다려 주시오. 아무리 없는 생활이지만 내 몇 가지 챙겨야 할 것이 있으니 방에 들어가 채비를 하리다."

보화는 이렇게 말하고는 방으로 들어갔다. 방 안에서 마음을 가다듬은 보화는 우선 비수를 찾았다. 어느 때고 쓸 날이 올지도 모른다는 생각에 항상 지녀온 비수였다.

"낭자, 어서 나오시오. 내 개경에 가면 낭자가 원하는 것은 무엇이든지 사주리다. 웬만한 것은 버리고 가시오."

밖에서 이중업이 재촉하였다.

'서방님 기다리십시오. 힘없는 소녀이지만 이렇게 허무하게 서방님을 보내지는 않겠습니다.'

보화는 다시 한 번 다짐하며 비수를 품속에 감추었다.

이중업은 밤이 꽤 깊었지만 보화를 한시라도 빨리 자신의 품에 안고 싶은 마음에 군사들을 재촉해 길을 떠났다.

험한 산중인 데다 밤이 깊어서 길을 가기가 수월하지 않았다. 다행히 달빛이 밝아 그럭저럭 길을 가는데, 그들 앞에 언뜻 보기에도 깎아지른 듯한 벼랑길이 구불구불 펼쳐졌다.

벼랑길의 초입에 이르러 이중업이 보화에게 말했다.

"위험하니 군사들을 먼저 보내야겠소. 내 손을 놓지 말고 꼭 붙어 따라오시오!"

그러고는 뒤따라오던 군사들에게 명령했다.

"너희들이 먼저 길을 살피거라. 나는 낭자를 모시고 뒤에 가겠다."

순간 보화는 긴장감이 팽팽한 연줄처럼 전신을 휘감는 듯했다. 드디어 둘만 뒤처져서 가게 된 것이다. 보화는 벼랑길이 무서운 듯 천천히 걸어갔다.

군사들과 어느 정도 거리가 멀어졌다고 느낀 보화는 이중업에게 물었다.

"진정 저를 사랑하시나요?"

이중업은 아무 말도 없이 걷던 보화가 말을 걸어 주니 기뻤다.

"그러기에 내가 이곳까지 찾아온 것이 아니겠소?"

"……"

"날 믿어 주시오. 낭자만이 내 사람이오."

"난 이미 낭자가 아니라 엄연한 김정의 부인이다. 네가 아직 그것을 깨닫지 못한 것 같구나!"

보화의 갑작스러운 격한 목소리에 이중업은 깜짝 놀라 걸음을 멈추었다.

"내 남편의 원수를 갚지 아니하면 어찌 사람이라 하겠는가!"

보화는 말을 끝내자마자 품속에서 비수를 꺼내 이중업의 가슴팍을 찔렀다. 보화는 원수를 갚는다는 생각뿐 아무런 양심의 가책을 느끼지 않았다. 한 번, 두 번…… 정신없이 칼을 휘둘렀다. 결국 이중업은 단말마의 비명을 지르며 한없는 벼랑 끝으로 떨어졌다.

보화는 비수를 든 채 정신없이 오던 길을 되돌아 달렸다. 집에 도착한 보화는 남편의 목을 찾아들고 어딘가 있을 남편의 몸뚱이를 찾아 산 속을 헤맸다.

남편의 시신은 숲속 외진 곳에 아무렇게나 버려져 있었다. 보화는 참았던 울음을 터뜨리며 남편의 시체를 반듯이 땅에 눕혔다.

"서방님, 곧 뒤따르오리다."

보화는 남편의 목과 얼굴을 맞추고는 아버지가 계신 곳을 향해 세 번 절한 다음 조용히 자신의 가슴에 비수를 꽂고 남편의 곁에 쓰러졌다.

먼 산 끝으로 하나둘 새벽별이 지고 있었다. 한 줄기 유성이 포물선을 그리듯 서편 하늘로 눈물처럼 떨어져 내렸다.

끊어졌던 밤새의 울음 소리가 다시 들리기 시작하면서 유난히 길었던 장수산의 밤이 두 사람의 슬픈 사랑처럼 끝나 가고 있었다.

동비의 보은

한참을 달렸다. 가능하다면 최대한 재상의 집에서 멀리 가야 한다. 동비는 이러한 일념으로 밤길을 처녀의 몸으로 혼자서 달리고 또 달렸다.

정신없이 달려가다 숨이 차올라 더 이상 발을 뗄 수 없어 잠시 길가에 주저앉았다.

문득 노마님의 얼굴이 떠올랐다.

"어디를 가든 잘살거라. 이것이면 어렵지 않게 자리를 잡을 수 있을 것이다."

노마님의 손에는 갖가지 패물과 옷가지를 담은 보따리가 들려 있었다. 노마님의 눈가엔 눈물이 그렁하였다.

동비가 어려서 조실부모한 뒤부터 친딸처럼 여기면서 키워준 노마님이었다. 노마님의 배려에 어려움 모르고 그 집에서 컸다. 어려서부터 용모가 단정하더니 차차 자라나서 어엿한 처녀의 모습이 되자 동비는 여느 처녀들 못지않게 어여쁘기 이를 데 없었다.

한편 재상을 지내는 최 대감은 어여쁜 처녀로 자라나는 동비를 바라보며 야릇한 미소를 짓곤 했다.

그러던 어느 날이었다.

최 대감이 은근한 목소리로 동비를 불렀다. 동비는 최 대감의 부름에 생긋생긋 웃으며 방으로 들어갔다.

동비가 최 대감의 앞에 다가가 앉았다. 그 순간 최 대감의 손이 뻗쳐 오는가 싶더니 동비의 몸을 덮쳤다. 갑작스럽게 당한 일이라 동비는 어찌할 바를 몰랐다. 감히 소리도 지르지 못한 채 다만 있는 힘을 다해 몸부림쳤다.

최 대감이 비록 남정네이기는 했지만 나이는 어쩔 수 없었던 모양이었다. 동비의 필사적인 몸부림에 최 대감은 그녀를 놓치고 말았다.

동비는 문을 박차고 나가 자신도 모르게 곧장 노마님이 계시는 안방으로 갔다. 방으로 들어가자마자 동비는 노마님 앞에 엎드려 울음을 터뜨렸다.

노마님은 당황한 얼굴로 동비를 보며 물었다.

"무슨 일이냐? 네 꼴이 어쩌다 이렇게 된 것이냐?"

동비는 울먹이는 목소리로 대답했다.

"마님, 소녀는 이제 죽는 길밖에 남지 않았습니다."

"아니, 애야, 그게 무슨 해괴한 소리냐? 알아들을 수 있게 말해 보거라."

동비는 울먹이며 조금 전의 일을 말했다. 노마님은 묵묵히 듣고는 이렇게 말했다.

"그렇다고 네가 죽을 필요는 없다."

"아닙니다, 마님. 만일 제가 대감의 분부를 듣지 않으면 틀림없이 고초를 치르게 될 것입니다. 하지만 그렇다고 분부대로 이행한다면 저를 어려서부터 키워 주신 마님의 은혜를 저버리는 것이 되오니 제가 어찌 살 수 있겠습니까. 차라리 죽느니만 못하옵니다."

316

노마님은 이 같은 동비의 마음 씀씀이가 기특하였다. 그러고는 한참을 생각에 잠겨 있더니 장欌에서 적지 않은 패물과 옷가지를 꺼내 주며 말했다.

"아무래도 네가 이 집에 있기는 힘들겠구나. 이 물건을 가지고 다른 곳으로 가서 살길을 마련해 보도록 하거라. 이것을 밑천으로 삼으면 먹고 지내기엔 어렵지 않을 게다."

그날 밤 노마님은 모두가 잠든 시각에 살며시 동비를 이끌고 대문 밖으로 나왔다.

동비가 노마님에게 수십 번도 더 하직 인사를 올리고는 눈물을 흘리며 정신없이 뛰쳐나온 것이 불과 몇 시간 전의 일이었다.

하룻밤 사이에 처량해진 자신의 신세에 기가 막힌 동비는 한숨을 내쉬었다. 동비는 이 세상에 아는 사람도 아는 집도 없었다.

다시 일어서서 무작정 길을 가다 보니 날은 벌써 새벽을 향하고 있었다. 동비의 눈앞으로 강이 보였다.

흐르는 강물을 보며 어디로 가야 할지 막막하기만 했다.

문득 뒤에서 말발굽 소리가 들려 왔다. 조심스럽게 고개를 돌려 보니 말을 탄 한 사나이가 다가왔다.

그 사나이는 처녀가 이른 새벽에 홀로 강가를 헤매는 것이 아무래도 수상하여 의심스런 목소리로 말을 건넸다.

"무슨 일로 젊은 처녀가 이렇게 이른 새벽에 길을 가는 것이오?"

동비는 겁먹은 목소리로 울먹이며 대답했다.

"앞으로 살길이 막막하여 강물에 빠져 죽을까 하옵니다."

사나이는 가련한 동비의 모습에 자신도 모르게 마음이 끌렸다.

"젊고 어여쁜 처녀가 세상을 버리다니……. 무슨 일인지는 모르겠으나 죽는 것보다는 차라리 나와 함께 가는 것이 어떻소? 내 아직

장가를 가지 못했으니……."

동비는 살며시 사나이를 바라보았다.

그가 어디 사는 누구인지는 모르겠으나 이것도 인연일지 모른다는 생각에 사나이를 따라가기로 했다.

그렇게 사나이와 동비는 새벽 길 속으로 조용히 사라져 갔다.

세월은 흐르는 강물같이 흘러갔다.

동비를 그렇게 떠나보낸 최 대감 댁의 노마님은 가슴속에 시름을 묻어 둔 채 세상을 떠났다.

노마님이 세상을 떠난 후 최 대감의 집은 그 기운이 다했는지 가세가 기울기 시작하더니 최 대감이 죽자 연이어 그의 아들들도 세상을 버리고 말았다.

결국 최 대감의 손자 운룡만이 혼자 남게 되었다. 그러나 가세가 이미 기운 지 오래라 사는 모습이 비참하기 그지없었다.

하루하루 먹고살기가 힘들어진 운룡은 곰곰이 생각해 보았다.

'선조 때부터 집에서 부리던 노비가 많이 있었다고 들었는데……. 그들의 호적이 어딘가 있을 거야. 그것을 가지고 그들을 찾아가면 먹고사는 것은 해결될 것이 아닌가!'

그 당시 종은 상전의 소유물이었으므로 종의 호적 또한 상전이 갖고 있었다. 그 호적이 없어지지 않는 한 종은 상전의 그늘을 벗어날 수 없었다.

때문에 운 좋게 상전의 집을 나와서 살게 되었다 하더라도 해마다 얼마의 공물貢物을 상전에게 바치는 것이 상례였다. 만일 종들이 공물을 바치지 않을 경우엔 상전이 마음대로 돈을 받고 그 종을 딴 사람에게 팔아버려도 그만이었다.

생각이 여기에 이르자 운룡은 빙그레 웃으며 종들의 호적을 찾았다. 그러고는 기세 등등하게 그들이 모여 사는 마을을 찾아갔다.

운룡은 그곳에서 종들의 호적戶籍을 내보이며 거만하게 말했다.

"너희들은 모두 우리 선조의 은혜를 입은 하인들이다. 나의 조모께서 너그러운 마음으로 그 동안 너희들을 이렇게 편히 살게 해주었으나, 내 이제 생계가 막막해졌으니 너희들은 이제부터 나에게 공물을 바치도록 하여라."

갑자기 나타난 상전이었지만 종들은 마지못해 대답했다.

하지만 그 동안 자신들도 겨우겨우 살아가고 있는 처지에 갑자기 나타난 운룡이 밉기만 했다.

종들은 일단 운룡을 방으로 모신 뒤 자기들끼리 의논을 했다.

"우리도 먹고살기 어려운 형편에 그자에게 줄 것이 어디 있어?"

"글쎄 말이야."

"그렇다고 공물을 주지 않으면 우릴 딴 사람에게 팔아넘길지도 모르니 이것 참……."

그렇게 고민하던 차에 한 사내가 조심스럽게 목소리를 낮추며 말했다.

"이렇게 고민한다고 무슨 뾰족한 수가 나오겠어. 아예 근본 문제를 해결해야지."

"그게 무슨 소린가?"

"오늘 밤 그자를 없애버리세. 이곳에서 우리들끼리 처리하면 탄로 날 염려도 없지 않은가?"

그러자 종들은 잠시 술렁거리더니 이내 다짐했다.

"아무래도 그 길밖에 없겠네."

한편 운룡은 저녁상을 물리고는 고된 여행길에 쌓인 피곤함으로 금방 잠이 들고 말았다. 한참을 정신없이 자던 운룡은 밖에서 들리는 인기척에 살며시 눈을 떴다.

운룡은 살며시 문틈으로 밖을 내다보았다. 밖에는 종들이 손에 칼과 도끼를 들고 숨을 죽이며 다가오고 있었다.

운룡은 가슴이 철렁했다. 달아나야 했다. 그는 작은 들창 문을 열고 방에서 빠져 나와 있는 힘을 다해 담을 뛰어넘었다.

그러고는 무작정 뛰었다. 한참을 뛰다 뒤를 돌아보니 종들이 쫓아오고 있었다.

운룡은 사력을 다해 도망쳤다. 정신없이 가다 보니 날이 어느덧 밝아오고 있었다.

기력을 잃은 운룡은 종들이 더 이상 쫓아오지 않음을 확인하자 그 자리에 쓰러지고 말았다.

때마침 이른 새벽에 불공을 드리러 가던 부잣집 마님과 하인이 지나가다 쓰러져 있는 그를 발견했다. 마님은 그 사나이를 집으로 데려가 보살펴 주라고 하인에게 명했다.

운룡이 정신을 차리고 눈을 떠보니 낯선 방 안의 모습이 들어왔다. 그는 자신에게 무슨 일이 일어났는지 알 수가 없었다.

그때 옆에서 지켜보던 하인이 말을 걸었다.

"이제 정신이 드시오?"

운룡은 그 하인이 자신을 헤치려던 종들이 아님을 확인하고는 한숨을 쉬며 지난 이야기를 들려주었다.

"그거 참 고생이 많았겠소. 잠시 기다리시오. 마님께 알려야겠소."

하인은 마님께 가서 운룡의 이야기를 들려주었다.

가만히 하인의 이야기를 듣던 마님은 잠시 얼굴빛이 달라지더니 운룡을 안방으로 들게 했다.

운룡이 방 안으로 들어서자 마님은 벌떡 일어나 그를 상석으로 인도했다.

"운룡 도련님, 이리 앉으십시오."

운룡이 깜짝 놀라 물었다.

"어떻게 제가 감히 상석에 앉을 수 있습니까? 이렇게 살려 주신 것만도 고맙습니다."

마님은 운룡의 얼굴을 바라보더니 눈물을 흘리며 이야기했다.

"도련님은 기억하지 못하시겠지만 이 노인네는 어렸을 때 도련님댁에서 자랐습니다. 바로 도련님의 할머니께서 저를 거두어 주시고 어여삐 여기시며 키워 주셨지요. 제 나이 올해 일흔입니다. 지금까지 이렇게 편안하게 살 수 있었던 것은 오로지 마님의 은덕이지요. 제가 개경을 떠나온 지 오래여서 궁금해도 어쩔 도리가 없던 차에 이렇게 도련님을 만나뵙게 되었으니, 하늘이 저에게 늦게나마 옛 상전의 은혜를 갚으라고 주신 기회가 아니고 뭐겠습니까?"

이 집의 안주인은 바로 예전에 최 대감의 집에서 도망 나온 동비였다.

나이가 들어 이젠 호호백발의 노인이 되었으나, 지금까지도 그 옛날 자신에게 베풀어 준 노마님의 은혜를 잊지 못하고 있었다.

동비는 기쁜 마음으로 아들과 손자를 불렀다.

"이분은 옛날 내가 모시던 마님의 손자이시다. 너희들도 나와 같이 이분을 잘 받들어 모셔야 하느니라."

동비는 그렇게 말하고는 운룡에게 매일 진수성찬을 차려 대접하고, 갖은 정성을 다해 모셨다.

동비의 아들들은 모두가 준수한 용모에 기개와 재력까지 갖추어 그 마을의 유지 노릇을 톡톡히 하고 있었다.

그런데 뜻하지 않게 한낱 떠돌아다니는 걸인 같은 사내를 어머니께서 상전으로 받들며 자신들에게도 정성을 다해 모시라고 하니, 그들에게는 운룡이 눈엣가시 같은 존재가 아닐 수 없었다.

그러나 지엄하신 어머니의 말씀이 있는 터라 거역할 수 없어 속으로만 불만을 삭이고 있었다.

그러던 어느 날 손자 운룡이 동비에게 말했다.

"덕분에 편안히 잘 쉬었습니다. 이제 고향으로 돌아가야겠는데……."

동비는 운룡의 말을 잘랐다.

"며칠 더 묵고 가신들 상관 있겠습니까? 좀더 계시지요."

마침 주변에 아들들이 듣고 있는지라 동비는 이렇게 말하고는 그날 밤 운룡에게 조용히 말을 건넸다.

"도련님 저의 아들들이 도련님을 불편해하는 것을 눈치채지 못했습니까? 지금이야 늙은 어미가 명하는 일이라 따르고 있기는 하지만 그 속은 알 수 없는 것입니다. 만일 도련님 혼자 길을 떠나신다면 지난번 같은 일을 또 당할지 모르는 일입니다."

동비의 말에 운룡이 놀라며 물었다.

"그럼, 어찌하면 좋단 말입니까?"

"제가 한 가지 방법을 일러드리겠습니다."

"……?"

"저에게 혼기가 꽉 찬 손녀딸이 하나 있는데 아직 혼처를 정하지 않았습니다. 도련님께서 그 아이를 소실로 삼으십시오."

운룡은 동비의 말에 눈살을 찌푸리며 선뜻 대답하지 못했다.

자신의 처지가 이렇게 초라해졌다 하지만 선조가 부리던 종의 손녀와 혼인을 하는 것은 영 내키지 않았던 것이다.

운룡이 망설이는 것을 본 동비는 단호하게 말했다.

"도련님, 저는 제 손녀딸을 양반집에 시집 보낼 속셈은 추호도 없습니다. 다만 그 옛날 마님의 은혜에 조금이나마 보답하고자 도련 님을 안전하게 모시려 할 뿐입니다. 그런데 도련님께서는 어찌하여 제 뜻을 알아주지 않는 것입니까?"

동비가 이렇게까지 말하니 운룡은 마지못해 그녀의 말을 따랐다.

다음날 동비는 아들과 손자들에게 손녀딸을 운룡에게 시집 보낼 것을 명하고 준비를 서두르게 했다.

어머니의 엄한 분부에 아들들은 두말없이 신방을 꾸미고 혼수를 준비했다.

그날 밤 운룡은 의복을 정제하고 동비의 손녀와 혼례를 치렀다.

혼례를 치른 다음날 동비는 아들들에게 당부했다.

"상전께서 고향으로 돌아가시겠다고 하시니 손녀딸과 함께 편안 히 가실 수 있게 차비를 하도록 하여라. 준비해 둔 혼수는 물론 여행 에 차질이 없게 단단히 준비하거라. 그리고 아비는 상전을 모시고 상경했다가 돌아오되 상전의 서찰을 받아와서 무사히 도착하셨음을 내게 알려 주도록 해라."

동비의 말에 손녀딸의 아비 되는 이가 모든 책임을 지고 준비를 서둘러 길을 떠났다.

그리하여 운룡은 무사히 개경에 당도했고, 그후에도 해마다 동 비의 집에서 재물과 곡식을 올려 보내 큰 어려움 없이 살게 되었다.

홍건적 괴수와 홍상유

오늘도 한바탕 술잔치가 벌어졌다. 몹시 추운 정월이었지만 홍건적들은 금주산성 이곳 저곳에서 환하게 불을 밝히고 마음껏 술과 고려 여인을 농락하며 즐겼다.

홍건적의 괴수魁首 장해림 역시 고려 여인인 강씨 부인을 옆에 끼고는 즐거워했다. 강씨 부인은 얼마 전 자신들이 개성까지 쳐들어갔다 얻은 절세가인이었다.

장 괴수는 술이나 잡기보다도 여인네를 더 밝히는 인물인지라 개성에서 건진 금은 보화보다도 강씨 부인을 얻은 것이 제일 흡족했다. 그래서 개성에서 금주산성까지 밀려나왔지만 마음은 즐거웠다.

사실 자신들은 영토를 넓히려는 것도 아니고, 혹은 그 어떤 명분이 있는 것도 아니었기에 개성에 있든 금주산성에 있든 혹은 다시 자신들의 나라로 돌아가든 상관이 없었다.

그저 어디서든 마음대로 먹고 마시고 범할 수 있는 여인들만 있으면 되었다.

"어서, 드시어요. 장군"

강씨 부인의 간드러진 목소리는 언제나 장 괴수의 마음을 사로잡았다.

"허허허, 부인이 주는 술은 언제나 달콤하기만 하군. 부인의 손이 조화를 부리는 모양이오."

"장군도 참, 호호……!"

강씨 부인은 애교 넘치게 웃으며 장 괴수의 품에 안겼다.

"하하하, 부인은 다른 계집처럼 고고한 척하지 않아서 좋단 말이야."

지금은 장 괴수 옆에서 온갖 아양을 떨며 기세 등등하게 지내는 강씨 부인은 개경開京에서 이조吏曹 고직庫直으로 있는 하상유河相裕라는 사람의 아내였다.

강씨 부인의 인물이 하도 뛰어나 주변 사람들은 하상유를 부러워했다. 하지만 강씨 부인은 사내들이 자신을 탐하는 것에 은근히 교만하여 사내들만 보면 교태를 보이곤 했다.

이런 강씨 부인의 행동을 아는지 모르는지 남편 하상유는 그저 부인이라면 목숨이라도 내놓을 듯 행동하였다.

하여, 하상유는 홍건적이 개성에 들어와 여염집 아낙네들과 함께 자신의 부인을 끌고 갔을 때도 어떻게 해서든 부인을 빼내고자 상관이며, 친구들을 찾아다니며 눈물로 애원하였다.

하지만 시기가 그러한지라 아무도 하상유에게 힘이 되어 주지 못했다. 결국 하상유는 부인을 그리워하며 매일 눈물로 세월을 보내고 있었다.

한편 강씨 부인은 홍건적에게 끌려가게 되자 처음에는 두려움이 앞섰다. 홍건적들은 여인네들을 범하고는 아무렇지도 않게 죽이기도 했기 때문이었다.

꽃다운 고려 여인들 앞에 홍건적의 장 괴수가 다가왔다. 장 괴수는 한눈에 강씨 부인을 발견하고는 그날로 자신의 수청을 들게 했다.

강씨 부인은 홍건적의 괴수라 하면 모두가 흉악하게 생겼을 것이라는 자신의 생각이 틀렸음을 장 괴수를 보고 알았다. 장 괴수는 잘난 얼굴은 아니었지만 사내답고 힘이 넘쳤다.

강씨 부인은 장 괴수의 수청을 들면서 그의 호탕함과 세도에 빠져들고 말았다. 더욱이 그 동안 꿈도 못 꾸던 금은 보화에 고운 비단, 그리고 괴수의 옆자리를 차지함으로써 받는 아랫것들의 대우가 부인을 즐겁게 했다.

장 괴수는 품안에 파고드는 강씨 부인을 보며 불쑥 물었다.

"부인, 고향 생각 나지 않소?"

"고향이오? 제게 고향이 따로 있나요? 장군의 품안이 제 고향이지요."

"허허허, 그래도 지난 시절이 그리울 때가 있지 않소?"

장 괴수는 강씨 부인의 답에 흡족해하면서 다시 물었다.

"지난 시절이래 봐야 지긋지긋한 가난밖에 더 있나요. 하온데 갑자기 그런 것은 왜 물으십니까? 이제 저에게 싫증이 난 것입니까?"

강씨 부인은 몸을 일으키더니 새침하게 말했다.

"허허허, 내 그럴 리가 있나, 이 고려국에 와서 제일 값나가는 것은 부인뿐이오."

장 괴수는 호탕한 웃음을 지으며, 부하들과 함께 즐거이 잔치를 계속했다.

그렇게 금주산성의 나날은 흥청망청 지나가고 있었다

그러던 어느 날 밤이었다. 산성을 지키는 군졸들은 모닥불 앞에 모여 여전히 술을 마시며 흥얼흥얼 노래를 부르고 있었다.

그때였다. 군졸 하나가 어둠 속에서 움직이는 물체를 발견했다. 군졸은 술에 취한 눈을 부스스 비벼댔다. 어둠 속에 숨어 있던 그림자가 자신들에게 다가오고 있었다. 순간 눈이 번쩍 뜨이며 소리를 질렀다.

"누구냐?"

갑작스러운 큰소리에 옆에 있던 군졸들도 벌떡 일어나 소리쳤다.

"누구냐?"

"예, 저는 수상한 사람이 아닙니다. 그저 금주산성을 찾아온 사람입니다."

그림자가 다가오더니 허연 달빛에 모습을 드러냈다. 고려 사람이었다.

군졸들은 별일이 아닌 것에 안도의 한숨을 내쉬었다.

"거, 누구를 찾아왔소? 우리 장군님을 뵈려는 것이오?"

"저, 아닙니다. 저는 장 장군님이 데리고 온 강씨 부인을 찾아뵈려고 왔습니다."

사나이는 조심스럽게 말했다.

"강씨 부인을? 무슨 일로 그러는지 몰라도 강씨 부인이라면 함부로 만나게 해줄 수는 없네."

"저, 저는 강씨 부인의 사촌 오라버니입니다. 급히 전할 것이 있어서……. 저 이것을 전해 주면 알 것입니다."

사나이는 자신의 품에서 서찰을 꺼내더니 군졸에게 건네주었다.

군졸들은 서찰을 들고 서로 상의하는 듯하더니 강씨 부인에게로 달려갔다.

"부인! 부인께 반가운 소식이 있습니다."

밖에서 나는 군졸의 소리에 강씨 부인의 몸종이 나와 물었다.

"무슨 일이오?"

"이것을 받으시오. 밖에서 부인의 사촌 오라버니라는 사람이 준 것이오."

군졸의 서찰을 받아든 몸종은 방으로 들어와 강씨 부인에게 전했다.

강씨 부인은 의아한 표정을 지으며 서찰을 펼쳤다. 서찰에는 간단하게 몇 자 적혀 있었으나 그것을 본 강씨 부인의 얼굴은 파래지더니 입술까지 파르르 떨었다.

몸종은 부인의 반응에 가슴이 섬뜩해졌다.

"이 서찰을 준 사람이 문 밖에 있다더냐?"

강씨 부인의 목소리에 서슬이 묻어났다.

"예, 그렇다고 합니다."

"그렇다면 군졸들에게 그놈을 어서 포박하여 옥에 가두라고 하거라! 어서!"

몸종은 부인의 다그침에 놀라며 서둘러 밖에 대기하고 있던 군졸에게 부인의 말을 전했다.

"하옥하라고? 부인의 사촌이라고 하던데……. 그거 참, 뭔 일인지."

"사촌이 아닌가 봐요. 무슨 일인지 부인께서 화가 단단히 나신 것 같으니 어서 서두르시어요."

군졸은 성문으로 달려갔다. 그러고는 기다리고 있던 동료에게 부인의 말을 전하고는 사나이를 포박하였다.

사나이는 갑자기 포박당하자 놀라며 소리쳤다.

"아니, 이것이 무슨 일이오? 내가 무슨 죄를 지었다고……."

"우린 위에서 분부받은 대로 할 뿐이오! 당신이 죄가 있는지 없는지는 우리가 알 바 아니오."

"그럼, 장 괴수가? 이놈의 장 괴수! 남의 부인을 빼앗아가더니 나까지 잡으려고!"

"아니, 그럼, 당신이 강씨 부인의 남편이오? 어쩐지 이상타 했다."

사나이는 강씨의 남편 하상유였다. 그는 부인이 홍건적에게 끌려간 뒤로 부인을 잊지 못했다. 자신이 아내를 애타게 그리워하는 것처럼 아내도 자신을 그리워하며 슬퍼하고 있을 것이라 생각했다.

더욱이 아내가 끝내 자살할지 모른다는 생각에 죽기 전에 한 번 만나야겠다고 결심하고 금주산성까지 온 것이다.

"여보시오, 난 그저 아내의 얼굴만 보면 되오. 잘 있는지 그것만 확인하면 돌아갈 것이오."

하상유는 절규하듯 소리쳤다.

"어허, 이 양반 세상 돌아가는 것을 모르는 모양이구먼. 자네 부인은 이곳에서 호의호식하며 잘살고 있으니 걱정하지 말게. 내 보기엔 자네만 혼자 애태우고 있는 모양이군."

"자네도 참, 불쌍하군. 자네를 포박하라고 한 사람이 바로 자네가 그리도 애태우는 자네의 부인일세."

"허 참, 정신 차리게! 자네의 부인은 이미 자네를 잊은 지 오래네."

군졸들은 한심하다는 듯 하상유에게 한마디씩 했다.

하상유는 믿을 수가 없었다.

'아내가? 그토록 사랑하는 아내……? 그럴 리 없다! 암, 그럴 리가 없어!'

하상유는 군졸들에게 이끌려 장 괴수 앞으로 끌려갔다.

한편, 강씨 부인은 하상유를 옥에 가두라 명하고는 바로 장 괴수에게로 달려와 이 사실을 알렸다.

"이를 어쩌면 좋아요. 그 인간이 실성을 했나. 여기가 어디라고 찾아온담."

"음, 몇 년을 살았더냐?"

"한 십 년 되었지요."

"허, 그 정도면 꽤 정이 깊었겠구먼. 예까지 왔는데 그 정성을 봐서라도 한번 만나 보시게."

장 괴수도 멀리까지 찾아온 하상유가 측은했던 모양이었다.

"어머, 싫어요. 내가 왜 그 사람을 만나요? 전 이제 장군님뿐이에요."

장 괴수의 말에 강씨 부인은 펄쩍 뛰며 말했다.

"허허, 이런 일이 있나. 그럼 그자를 어찌하면 좋으냐? 그냥 되돌려 보내랴?"

"죽여 주세요."

강씨 부인은 아무렇지도 않게 말했다.

"뭐, 죽여달라고?"

장 괴수는 부인의 말에 기가 막힌 듯했다.

"죽여버려야지 살려 두었다가는 두고두고 골치 아플 거예요."

장 괴수는 강씨 부인의 말을 곰곰이 생각해 본 뒤 호탕하게 웃었다.

"무엇이 그리 재미있으시어요. 전 속상해 죽겠는데."

"허허허, 그래, 당장 죽여버리도록 하지. 그자를 당장 이리로 끌고 오라!"

장 괴수의 말에 군졸들이 하상유를 데리고 왔다. 하상유는 장 괴수의 옆에 서 있는 아내를 보고는 군졸들의 말이 사실임을 직감했다.

하상유는 치가 떨렸다.

"네가 어찌 날 찾아왔는가?"

장 괴수가 짐짓 근엄한 목소리로 말했다.

"난 당신을 찾아온 것이 아니오. 단지 내 아내를 만나러 왔을 뿐이오."

"흠."

"이제 와서 내가 아내를 찾겠다고 온 것은 아니오. 다만 내가 죽기 전에 그 동안 쌓은 정이 있어 아내의 얼굴만이라도 보려고 왔소이다."

하상유는 아내의 얼굴을 보며 당당하게 말했다.

"흠, 자네가 이곳까지 아내를 그리며 찾아온 정성은 가상하나 자네의 아내는 이미 예전의 아내가 아니로다."

"알고 있소! 내 이제 와서야 저 여자의 변심을 알았소."

하상유의 단호한 말에도 강씨 부인은 마음에 걸리는 바가 없었다.

하상유는 아내를 향해 한껏 소리쳤다.

"네 이년! 아무리 오랑캐에게 몸을 버렸다 하거늘 마음만은 지키고 있는 줄 알았더니…… 이 어찌 함께 살아온 부부라고 할 수 있겠는가! 이 짐승만도 못한 것 때문에 내 여지까지 정신을 못 차렸다니……."

강씨 부인은 하상유의 서릿발 같은 소리에 분해하며 장 괴수에게 간청했다.

"장군, 어서 저놈을 죽여 주시어요."

장 괴수는 강씨 부인의 말에 자리에서 일어났다.

"그래, 부인의 간청이니 내 친히 처리하겠소."

"그래, 어서 죽여라! 내 지금까지 어리석게 살아온 삶에 대해 더 이상 미련이 없다. 어서 죽여라!"

"어허, 호탕한 사내인지고……."

장 괴수는 칼을 번쩍 들었다.

하상유는 순간 눈을 질끈 감았다.

"아악!"

하상유는 비명 소리에 깜짝 놀라 눈을 떴다. 그의 눈에 피를 흘리며 쓰러져 있는 아내의 처참한 몰골이 보였다.

장 괴수가 하상유가 아닌 강씨 부인을 내리친 것이었다.

"놀라지 마시오. 당신의 정성에 감동하여 내 이 표독한 년을 쳤소. 이년이 당신의 죽음을 바랄진대 훗날 나의 죽음 또한 바랄 것이 아니오."

장 괴수는 이렇게 말하며 하상유를 일으켜 주었다. 그리고 그를 후하게 대접해 주고는 약간의 재물을 들려 개성으로 돌려보냈다.

안찰사의 감사

"나리, 안찰사께서 이번 순시는 저희 마을부터 돈다고 합니다. 안찰사 일행을 맞이할 준비를 어떻게 하오리까?"

백천白川 고을의 수리首吏를 비롯한 여러 관원들이 안찰사의 순시 소식에 불안한 마음을 감추지 못하고 수령 박필원朴必遠에게 황급히 물었다.

당시 안찰사의 주요 업무는 자신이 관할하고 있는 여러 마을을 돌며 그 마을의 관아를 감사하고 수령의 동정을 살피는 일이었다.

그런데 개중에는 감사 업무를 빌미로 공공연히 뇌물을 바라는 경우가 많았기 때문에 안찰사의 순시를 반기는 이는 아무도 없었다.

백천 고을에 오기로 되어 있는 안찰사 조운흘趙云仡은 개인적으로는 풍치를 즐기는 호탕한 사람이었으나 업무에 있어서는 한치의 오차도 없는 냉철하고 반듯한 관리였다.

그는 뇌물을 바라는 관리는 아니었지만 관아의 여러 업무를 일일이 조목조목 살펴보기 때문에 각 마을의 수령들은 '자라 보고 놀란 가슴, 솥뚜껑 보고 놀라는' 심정으로 매번 긴장하게 마련이었다. 또, 혹시나 하는 마음으로 안찰사의 비위를 맞추기 위해서 그 일행을 대접하는 데에도 각별히 신경 썼다.

하지만 박필원은 안찰사가 나올 때마다 수십 명이나 되는 감사 일행을 대접한답시고 마을 전체가 떠들썩해지는 것이 매우 못마땅하였다.

이번에도 수리를 비롯한 여러 관원들이 벌써부터 그들의 접대 준비에 호들갑을 떠는 것을 보자 절로 인상이 찌푸려졌다.

'안찰사로 조운흘이 온단 말이지……'

박필원의 얼굴에 돌연 희미한 미소가 지나갔다.

조운흘과 박필원은 죽마고우竹馬故友로서 둘도 없는 친구였다. 비록 공식적인 자리에서는 지위가 낮은 박필원이 그에게 예우를 갖췄으나 사석에서는 서로 거리낌없이 대하며 때로 짓궂은 농담도 서슴지 않았다.

"나리, 아무래도 마을 호족들에게 공물을 준비하라 일러 두어야겠지요?"

"수청을 들 만한 기생은……."

관원들은 이런저런 방안을 내놓으며 안찰사를 접대할 방도를 궁리하느라 여념이 없었다.

그 말을 가만히 듣고 있던 박필원이 갑자기 큰소리로 말했다.

"아무것도 필요 없다. 평소 직분을 다했으면 그걸로 족하지, 다른 준비는 할 것 없다. 내 알아서 할 터이니 자네들은 아무 염려 말고 각자 맡은 바 소임에나 충실하도록 하라."

"예? 그게 무슨 말씀이신지……."

관원들이 모두 놀라 이구동성으로 물었다.

"안찰사 일행은 매번 말로는 민폐民弊가 없도록 하라고 하지만 실상은 그들을 대접하느라 매번 백성들의 귀한 세금이 축나지 않소. 내 이번만은 그들을 달리 접대하겠소. 그러니 그렇게 알고 다들 물러가시오."

박필원은 이렇게 말하고 더 이상 관원들에게 왈가왈부하지 말라고 명했다.

관원들은 수령의 엄한 명령에 겉으로는 내색하지 않았지만 저마다 불안한 마음에 각자 은밀하게 공물을 준비하였다.

다음날 박필원은 마을을 돌아다니며 일일이 주막과 가겟집에 들러 안찰사 일행이 고을을 방문하더라도 신경 쓰지 말고 평소와 다름없이 지낼 것을 당부했다. 또한 마을의 노인들을 찾아다니며 자신의 뜻을 전했다.

마침내 안찰사 일행이 고을에 당도하였다.

박필원은 마을의 경계에서 안찰사 일행을 맞이하였다.

"먼길 오시느라 고생하셨습니다. 송구스러운 말씀이오나 금년 저희 마을에는 흉년이 들어 백성들의 고생이 이만저만이 아닙니다. 모두 하루 세 끼를 죽으로 겨우 연명하고 있으며, 벌써 몇 달째 기름진 음식이라곤 돼지 비계 한 점도 구경하지 못했습니다. 하여 지금 저희는 안찰사 나리께 대접할 술 한잔, 고기 한 점이 없사오니, 이 점 양해하시기 바라옵니다. 백성들의 생활이 어려운 마당에 어찌 관원들만 배불리 먹을 수 있겠사옵니까? 부디 이러한 상황을 이해하여 주시고 대접이 소홀함을 너그러이 이해해 주시기 바랍니다."

안찰사 조운흘은 박필원의 말에 고개를 끄덕이며 고을 안으로 들어갔다. 고을 사람들은 동구 밖에까지 나와 안찰사 일행을 맞이하였다.

조운흘은 말에서 내려 환영 나온 인파 중에서 가장 나이가 많아 보이는 노인에게 다가가 물었다.

"그래, 생활이 어떠하시오? 듣자니 흉년이라 매우 어렵다던데요."

"황공하옵니다, 나리! 그래도 우리 수령께서 백성을 아끼시는 분이라 이만큼이나마 견디고 있사옵니다. 지난 명절에는 조상님의 제사상에 올릴 음식이 없어 걱정이었는데 다행히 수령께서 떡과 술을 내리시어 그나마 체면치레는 하였습니다. 먹을 것이 많지는 않지만 그래도 겨울 지낼 일은 걱정하지 않습니다. 이렇게나마 굶어 죽지 않고 살아갈 수 있는 것은 모두가 수령님 덕분이지요."

노인의 말에 조운홀은 흐뭇한 미소를 지었다. 자신의 친구이기도 한 박필원이 고을 사람들에게 이렇게 칭송을 듣고 있으니 기쁘기 그지없었던 것이다.

안찰사 일행을 맞이하는 객사도 초라하기는 마찬가지였다.

"올해는 사치와 낭비를 일절 금하였습니다. 초라하지만 저희의 사정을 이해해 주시리라 믿사옵니다."

박필원은 이렇게 말하고 저녁상을 들여오라 명했다.

그날의 저녁상은 조운홀이 지금껏 받아 본 밥상 중 가장 초라하고 볼품없었다. 보리밥 한 사발에 시래기를 넣어 끓인 멀건 국에다 찬이라곤 나물 두세 가지가 고작이었다.

조운홀은 기가 막혔다. 아무리 형편이 어렵다지만 대접이 너무 소홀하다는 생각이 들었다. 그러나 그는 아무런 내색도 하지 않고 묵묵히 밥을 먹었다.

밥을 먹는 둥 마는 둥 안찰사 일행이 저녁상을 물리고 나니 이미 해가 기울어 감사는 다음날로 미루고 잠자리에 들었다.

독실한 불교 신자인 조운홀은 어려서부터 새벽마다 목탁을 두드리며 염불을 외는 것으로 하루를 시작하곤 했다. 절친한 친구 사이인 박필원이 이 사실을 모를 리 없었다.

다음날 이른 새벽, 여느 때와 같이 조운홀이 잠자리에서 일어나 목탁을 들고 염불을 외려고 하는데 문득 밖에서 목탁 소리와 함께 염불 소리가 나지막이 들려왔다.

"나무아미 조운흘, 대자대비 조운흘……."

염불 소리가 괴이하다고 생각한 조운흘이 문을 열고 밖을 내다보니 박필원이 의관을 정제하고 방문 앞에 앉아 목탁을 두드리며 염불을 외고 있었다.

이에 조운흘이 웃으며 말했다.

"어허, 이 사람아. 이게 무슨 해괴한 짓인가? 어서 방으로 들어오게나."

"아니옵니다. 소신의 일과는 원래 이렇게 시작하옵니다."

박필원이 능청스럽게 대답했다.

"어허, 그러한가? 그렇다면 염불을 제대로 외워야지 조운흘이라는 이름은 왜 붙이는가? 조운흘이 부처라도 되는가?"

"안찰사께서는 부처가 되고 싶어 매일 새벽마다 염불을 외시는 것이 아니옵니까?"

"그야 그렇지."

"하오나 소인같이 어리석은 인간이 감히 부처를 탐할 수나 있사옵니까? 그저 안찰사님의 발끝이나마 따라가려는 마음에 이리 염불을 외우는 것입니다."

"어허, 이 친구가 오래간만에 만났거늘 조롱이 심하구먼."

조운흘은 웃으며 밖으로 나가 박필원의 손을 잡고 방으로 들어왔다. 두 사람은 날이 훤히 밝도록 정담을 나누며 그 동안의 회포를 풀었다.

박필원의 깊은 속뜻을 알아차린 조운흘은 아침상을 물리자마자 일행들을 인솔하여 백천 고을을 떠났다.

감사도 하지 않고 서둘러 길을 떠나게 된 것이 겸연쩍었던지 조운흘이 일행들에게 웃으며 말했다.

"아무래도 이 고을에 오래 있다가는 굶어 죽을 것 같으이. 박 수령 같은 인물이 다스리는 곳은 감사도 필요 없으니 두말할 것 없이 다음 고을로 떠나세."

용수는 사슴을 쫓아 열심히 산 속으로 말을 달렸다.

하지만 사슴은 잡힐 듯 잡힐 듯 하다가도 또다시 저만큼 멀어지고 있었다. 이렇게 쫓고 쫓기는 추격전은 어느새 반나절을 넘기고 있었다.

그러나 조금만 더 가면 사슴은 지쳐 쓰러질 게 뻔했다. 이미 달리는 속력이 눈에 띄게 줄어 있었다.

작은 시내를 훌쩍 뛰어 건넌 사슴이 오른편 숲으로 막 꺾어 들어가는 게 보였다. 분명 숲 어딘가에 몸을 숨기려는 게 분명했다.

용수는 이제야말로 사슴을 잡았다고 생각하고 말 엉덩이에 채찍을 휘둘렀다. 놀란 말이 가쁜 숨을 몰아쉬며 속력을 내었다.

용수가 사슴이 사라진 오른편 숲으로 전속력으로 꺾어 들자 눈앞에 넓은 밭이 펼쳐져 있었다. 용수는 다급하게 말을 세웠다.

사슴은 온데간데없고 넓은 밭 한가운데에서 젊은 처녀 한 명이 콧노래를 흥얼거리며 열심히 밭을 매고 있었다.

주변을 두리번거리던 용수는 말에서 내려 처녀에게 다가갔다.

"이보시오, 혹시 이쪽으로 사슴 한 마리가 달려오지 않았소?"

"사슴이라뇨?"

자신의 물음에 반문하는 처녀의 얼굴을 본 용수는 봄 밤에 아련하게 풍겨오는 풀꽃 향기를 맡은 것처럼 절로 두 눈이 감겨 왔다.

"사슴이라뇨? 그게 무슨 말씀인가요?"

또 한 번 되묻는 처녀의 말에 용수는 그제서야 정신을 차리고 재차 물었다.

"좀 전에 이리로 사슴 한 마리가 지나가지 않았소?"

"못 보았는데요."

처녀는 차갑게 대답했다.

"분명 이곳으로 왔을 터인데……. 음, 정녕 못 보았습니까?"

"글쎄요? 소녀는 밭일을 하느라 아무것도 보지 못했사옵니다."

처녀는 당황해하는 용수의 모습을 보고 애써 참았던 웃음을 터뜨렸다.

용수는 처녀의 미소가 무엇을 뜻하는지 짐작하고는 따라 웃으며 말했다.

"사슴을 보았으면 봤다고 할 일이지 왜 장난을 하시오?"

용수가 웃으며 말하자 처녀도 숨김없이 사실대로 말했다.

"사실, 사슴은 제가 감추었습니다."

"감추다뇨?"

"사슴이 불쌍하여 제가 숨겨 주었습니다."

"낭자의 심정이 이해되지 않는 것은 아니지만 사냥꾼은 짐승을 사냥해야만 살아갈 수 있는 것이오. 또한 설령 지금 내가 그 사슴을 잡지 않는다 하더라도 다른 사냥꾼들이 그 사슴을 그냥 두지는 않을 것이오."

용수는 별일 아니라는 듯 말했다.

"그렇다 하더라도 이 사슴만은 부디 놓아주세요. 차마 제 눈앞에서 사슴이 죽는 모습을 보고 싶지 않습니다."

"……."

용수는 곤란한 표정을 지었다. 반나절 넘게 그 사슴을 잡기 위해 쏟아부은 시간과 노력이 아까웠다.

"약조해 주세요."

"……."

"그럼, 약조하신 걸로 알고……."

처녀는 용수가 미처 뭐라 대답하기도 전에 밭둑으로 가 그곳에 쌓여 있는 나뭇단을 치웠다.

그러자 그 속에 숨어 있던 사슴이 놀랐는지 갑자기 밖으로 뛰쳐나왔다. 용수는 순간적으로 사냥감을 발견한 맹수처럼 자신도 모르게 사슴을 향해 창을 날리고 말았다.

창은 정확히 사슴의 목에 꽂혔다.

"아악!"

처녀는 비명을 지르며 사슴에게 달려갔다.

"어쩌면, 이럴 수가! 미안하구나. 나 때문에 네가 죽고 말았어. 나 때문에……."

비통하게 우는 처녀의 모습을 보고 용수는 미안한 마음이 들었다.

처녀의 부탁도 부탁이지만 아름다운 처녀의 환심을 사고픈 마음에 사슴을 죽일 생각은 없었는데, 사슴이 뛰자 그만 본능적으로 창을 던지고 말았던 것이다.

"미안하오. 그럴 생각은 아니었는데……."

처녀는 천천히 일어서더니 아무 말도 하지 않고 짐을 챙겨 산 아래로 내려갔다. 용수가 뒤쫓아가며 사과를 했으나 처녀는 얼음장같이 냉랭하기만 했다.

용수는 할 수 없이 자신의 말이 있는 곳으로 돌아와 사슴을 챙겨 집으로 돌아왔다.

그날 밤 용수는 처녀의 모습이 뇌리를 떠나지 않아 쉽게 잠을 이루지 못했다. 처녀의 웃는 얼굴과 사슴을 껴안고 울부짖는 모습이 교차하며 용수를 괴롭혔다.

'어디 사는 누구인지 알아내어 정식으로 사과하고 내가 그리 잔인한 사람이 아님을 보여 주어야겠다.'

다음날 그 처녀가 살고 있는 마을을 찾아 나선 용수는 여기저기 수소문한 끝에 처녀의 이름이 선인인 것과 가난한 농가의 무남독녀임을 알아냈다.

용수는 그날부터 하루가 멀다 하고 마을을 찾아가 선인을 만나기 위해 애를 썼다. 하지만 선인은 못 본 척 차가운 얼굴로 용수를 외면했다.

용수의 마음은 갈수록 초조해졌다.

'그녀는 나를 잔인한 사냥꾼쯤으로 여기고 있어. 그러나 내가 최 정승의 아들인 것을 알면 마음이 변할 거야. 그러면 나와 혼인할 마음이 생길지도 몰라.'

용수는 아버지께 간곡하게 선인의 이야기를 하여 어렵게 허락을 받아냈다.

선인의 집에서는 난데없는 정승댁의 청혼에 황송해 마지않았으나 상대가 용수임을 안 선인은 그런 몰인정한 사람과는 혼인할 수 없다며 단호히 거절하였다.

이에 용수는 직접 선인을 만나 설득하기로 마음먹었다.

"낭자, 지난번 일은 내가 진심으로 사과하리다."

"아무리 그리하셔도 저는 도련님같이 무서운 사람과는 혼인하고 싶지 않습니다."

"이보시오, 낭자. 내 이제부터 다시는 사냥을 하지 않으리다. 그
리고 집에서 짚신도 삼고 자리도 짜며 나의 객기客氣를 없애도록 하
겠소. 약속하리다."

"예로부터 짚신을 잘 만드는 남정네가 장가를 잘 간다 하니 그리
해 보시지요. 그럼 안녕히 돌아가옵소서."

선인은 용수가 짚신과 자리를 짜보겠다고 하자 일순 마음이 흔
들렸다. 하지만 우선은 좀더 두고보기로 했다.

한편 용수는 집으로 돌아와 일절 사냥을 금하고 하인들에게 짚
신과 자리 짜는 법을 열심히 배웠다.

한 달 두 달, 세월이 흘러 어느덧 일 년이 지났다.

어느 날, 선인의 집으로 최 정승 집의 하인이 찾아왔다.

"이보시오, 우리 도련님께서 낭자께 이것을 전하라 하셨습니다."

"그것이 무엇입니까?"

하인은 대답 대신 짚신 한 켤레와 자리 한 장을 선인의 손에 쥐어
주었다.

"이건 짚신과 자리 아닙니까?"

"그러하옵니다. 도련님께서 직접 만드신 것이지요."

"이것을 직접 만들었단 말입니까?"

선인은 놀라 하인을 쳐다보았다.

'짚신이야 그렇다 하더라도, 자리는 쉽지 않았을 터인데…….'

선인은 방으로 들어와 얼른 자리를 펴보았다.

자리 한 가운데에 사슴 한 마리가 노니는 무늬가 있었는데 그 솜
씨가 매우 훌륭했다. 자유롭게 풀밭을 뛰노는 사슴은 지난날 죽은
사슴을 연상케 했다.

선인은 감동하였다.

'글과 사냥밖에 모르는 귀한 도령이었을 터인데 이처럼 나를 위해 정성을 다하다니……'

마침내 선인과 용수는 혼인을 하게 되었다.

용수는 선인과 함께 행복한 나날을 보냈다. 글을 읽으며 자신을 연마하는 것은 물론 틈틈이 선인과 함께 논일과 밭일을 하였고 자리 만드는 일 또한 손에서 놓지 않았다.

세월이 흘러 용수는 나라의 여러 중직을 거쳐 벼슬이 개성부 부사에까지 이르렀다.

그 무렵 고려는 왜구의 노략질과 도적의 분탕질로 인해 백성들의 고초가 이만저만이 아니었다.

용수는 도적들을 소탕하는 임무를 띠고 군졸 몇 명과 함께 장사꾼으로 변장하여 산 속에 있는 도적들의 은신처를 염탐하러 나섰다.

그러나 불행히도 도적들에게 붙잡히는 신세가 되었고, 이후 용수의 행방은 묘연해지고 말았다.

관가에서는 물론이고 최 정승의 집에서도 사람을 풀어 용수의 행방을 수소문했으나 모두가 허사였다.

선인은 자리에 몸져누웠다.

그러나 그렇게 자리보전만 하고 있다고 해서 해결될 일이 아니었다.

'이렇게 누워 있기만 한다면 서방님을 어떻게 찾을 수 있겠는가? 내가 이러고 있을 때가 아니다.'

선인은 하인들이 만류하는데도 자리를 털고 일어나 용수의 행방을 찾아 나섰다.

그러던 어느 날 시장에서 이리저리 사람들에게 수소문하며 다니던 선인이 한 가게 앞에서 우뚝 걸음을 멈추었다.

그곳에 걸어놓은 자리가 예전에 남편 용수가 자신에게 짜주었던 사슴 문양 자리와 똑같았던 것이다.

'아! 이것이 어떻게 이곳에……'

그것은 남편이 짠 자리가 분명하였다.

"이보시오, 이 자리를 어디서 구했소?"

"이거 말입니까? 이것은 이쪽의 자리와 함께 어떤 뱃사공에게서 산 것입니다."

가게 주인이 가리키는 곳에는 자리가 하나 더 걸려 있었다. 바다 한가운데 섬이 있고 섬 주위에는 잔잔한 물결이 일고 있었는데 그 물결 위로 용이 머리를 내미는 모습이 짜여진 자리였다.

"뱃사공이라 하셨소?"

"예, 마님. 강화도에 갔다가 그쪽 포구에 정박해 있던 배에서 눈에 띄기에 사왔습니다. 참으로 솜씨가 훌륭한 자리지요?"

"혹, 그 배가 어디서 왔는지는 듣지 못했소?"

"글쎄요, 그 근방 사람들의 말로는 어느 섬에서 왔다는 것 같은데 잘은 모르겠습니다."

선인은 더 이상 주인에게서 알아낼 것이 없음을 깨닫고 그 자리 두 개를 사서 집으로 돌아왔다.

자신의 방으로 들어온 선인은 자리를 바닥에 펴놓고 유심히 살펴보았다. 분명 사슴이 짜여진 것과 섬이 짜여진 것 모두 남편 용수의 솜씨임에 틀림없었다.

'서방님이 어디서 이것을 짰단 말인가?'

선인은 자리에 새겨진 그림을 보며 골똘히 생각에 잠겼다.

'바다, 물결, 섬, 용……. 이것은 무언가를 뜻하는 것은 아닐까?'

선인은 그 자리들을 보며 밤을 꼬박 새웠다. 날이 밝고 아침이 되었지만 선인은 끼니도 거른 채 자리에 새겨진 그림만 바라보았다.

중천에 뜬 해가 조금씩 서편으로 기울 즈음, 선인은 드디어 한 가닥 실마리를 잡았다.

선인은 지체하지 않고 자리를 들고 시아버지인 최 정승에게 가서 아뢰었다.

"아버님, 우리 나라에 해랑도라는 섬이 있사옵니까?"

"해랑도라 하면, 저쪽 서해 바다에 있는 섬인데……. 그런데 무슨 일로 그러느냐?"

"아버님! 서방님은 지금 해랑도에 갇혀 있는 것이 틀림없사옵니다."

"용수가 해랑도에?"

"그러하옵니다. 아버님 이 자리를 보십시오."

선인은 갖고 온 자리 두 개를 방바닥에 폈다.

"이 자리는 제가 어제 시장에서 구해 왔사온데 이 자리에 새겨진 그림은 틀림없이 서방님의 솜씨이옵니다. 하나는 일전에 저에게 주었던 사슴 문양이고 다른 하나는 바다와 물결, 섬, 용이 새겨져 있사옵니다."

선인의 말에 최 정승은 자리에 새겨진 그림을 자세히 들여다보았다.

선인은 쉬지 않고 말을 이었다.

"바다는 바다 해海를, 물결은 물결 랑浪을, 섬은 섬 도島를 뜻하니 해랑도海浪島가 되옵고, 용은 용 용龍을, 용의 머리는 머리 수首를 나타내는 것이오니, 용수龍首라는 서방님의 이름이 되옵니다. 이는 분명 서방님이 해랑도에서 자리를 짜 내보낸 것이 틀림없사옵니다."

346

며느리의 말에 최 정승은 그 같은 사실을 관가에 알려 관군들로 하여금 해랑도를 수색하게 했다.

관군들이 해랑도를 수색해 보니, 과연 그 섬은 도적들의 본거지였다. 용수는 거기에서 동굴에 갇혀 자리 짜는 일을 하고 있었다.

관군들은 곧 도적들을 소탕하고 용수를 비롯한 많은 양민들을 무사히 구출했다.

한편 도적들에게 잡힌 용수는 신분이 탄로나면 목숨을 연명하기 어렵다고 판단하여 자신은 자리를 짜서 연명하는 촌민이라고 속였다.

처음에 도적들은 그 말을 믿으려 하지 않았으나 용수가 그 자리에서 직접 자리를 짜 보이자 용수의 말을 믿게 되었다.

그리하여 도적들은 용수가 짠 자리를 팔아먹을 요량으로 용수의 목숨을 살려주었다. 이렇게 목숨을 부지한 용수는 자리에다 자신이 갇힌 섬 이름을 그림으로 형상화하여 짜넣으며 누군가 자신의 뜻을 알아차려 주기만을 기다렸던 것이다.

선인과 용수는 눈물 어린 재회를 했고 사람들은 그 모든 것이 용수의 지혜와 선인의 영특함이 한데 어우러졌기에 가능한 일이었다고 입을 모았다.

'어허, 이런 낭패를 보았나. 이놈의 사슴이 어디로 사라졌담.'

정신없이 사슴을 쫓던 젊은 사냥꾼은 그만 묘향산 깊은 골짜기에서 길을 잃고 말았다.

'더 어두워지기 전에 길을 찾아야 할 터인데……'

그러나 사냥꾼의 바람과는 달리 묘향산은 어느덧 칠흑 같은 어둠에 잠겼다.

날이 저물자 사냥꾼은 우선 산 속의 맹수들로부터 안전하게 하룻밤 묵을 곳을 찾기 시작했다.

무작정 이곳 저곳을 헤매던 사냥꾼의 눈에 멀리서 반딧불만한 작은 불빛이 보였다. 사냥꾼은 반가운 마음에 불빛을 향해 걸음을 재촉했다.

사냥꾼이 작은 암자겠거니 하고 찾아든 곳은 뜻밖에도 작은 오두막집이었다.

'이렇게 깊은 산중에 사람이 살고 있다니……'

한편으로는 의아하게 생각하면서도 사냥꾼은 지푸라기라도 잡는 심정으로 인기척을 냈다.

"여보시오! 아무도 안 계시오?"

사냥꾼의 소리에 잠시 후 방문이 열리더니 한 처녀가 밖으로 나왔다. 처녀는 조금은 놀란 표정을 짓더니 이내 침착한 어조로 말했다.

"무슨 일이신지요?"

그렇게 말하는 처녀의 모습은 흡사 지상의 사람이라고는 믿어지지 않을 만큼 고운 자태를 띠고 있었다.

처녀의 아름다운 모습에 잠시 넋을 놓고 있던 사냥꾼은 곧 자신의 사정을 말하고 하룻밤 묵어가기를 청했다.

처음에는 망설이던 처녀도 사냥꾼이 간곡히 부탁하자 순순히 승낙하고는 방으로 안내했다.

그런 다음 처녀는 사냥꾼에게 저녁을 대접하고 잠자리를 봐주는 등 극진히 대접했다.

사냥꾼은 그저 고마울 따름이었다.

"덕분에 식사도 하고 이젠 살 것 같습니다. 그런데 이 깊은 산 속에 혼자 사시는지요?"

사냥꾼은 아까부터 궁금하던 것을 조심스럽게 물었다.

"……."

처녀는 아무런 대답을 하지 않고 빙그레 미소만 지었다.

그때였다. 밖에서 인기척이 들리더니 이어 굵직한 남자의 음성이 쩌렁쩌렁 울렸다.

"애야, 내가 돌아왔다."

사냥꾼은 처녀의 아버지가 돌아온 것으로 생각하고 황급히 인사를 하려고 밖으로 나갔다. 사냥꾼이 정신없이 머리를 조아리고 인사를 올린 다음 처녀의 아버지를 쳐다보았을 때, 사냥꾼은 놀라 입을 딱 벌리고 말았다.

처녀의 아버지는 지금까지 자신이 본 사람 중 덩치가 제일 컸다.

몸집이 보통 사람의 서너 배는 족히 돼 보였다.

처녀의 아버지는 사냥감인 듯한 짐승들을 땅에 내려놓고는 몸을 웅크리고 겨우 방 안으로 들어갔다.

"시장하구나. 손님께서는 식사를 하셨는지요?"

처녀 아버지의 목소리에 방 안 전체가 울리는 듯했다.

"예? 예……!"

사냥꾼은 떨리는 목소리로 겨우 대답했다.

저녁 내내 산 속을 헤매다가 겨우 인가를 찾아 이제는 살았는가 싶었는데 괴물 같은 사람을 만나고 보니 잔뜩 주눅이 들었다. 게다가 사냥꾼이 보기에 이들 부녀는 보통 사람이 아닌 것만 같아 두려운 마음이 들기까지 했다.

이렇게 되자 더 이상 아름다운 처녀의 모습도 눈에 들어오지 않았고, 어떻게든 상황을 살피다 도망쳐야겠다는 생각을 하며 부녀를 곁눈질로 지켜보았다.

얼마 후 사냥꾼은 처녀가 차려온 밥상을 보고는 당장 숨이 멎을 것처럼 놀랐다. 밥상 위에는 방금 잡아온 듯한 멧돼지 한 마리가 통째로 삶아져 놓여 있었다.

사냥꾼이 두려움에 바들바들 몸을 떠는 동안 처녀의 아버지는 그것을 순식간에 먹어치우고는 처녀에게 말했다.

"애야, 저 손님을 극진히 모시도록 해라. 손님께서는 마음 편히 쉬십시오."

말을 마친 처녀의 아버지는 자리에 드러눕더니 곧바로 드르렁거리며 코를 곯았다. 사냥꾼은 두려운 마음을 애써 감추며 방 한 구석에서 뜬눈으로 밤을 지샜다.

다음날 아침이 되자 처녀의 아버지는 또 멧돼지 한 마리를 먹어

치우더니 집 앞뜰에 누워 무언가를 골똘히 생각하는 눈치였다.

사냥꾼은 얼른 이곳을 떠나야겠다는 생각에 아침상에 수저를 놓자마자 얼른 방을 나섰다.

"저, 이젠 날도 밝았으니 길을 떠날까 합니다. 지난밤 신세진 것은 결코 잊지 않겠습니다."

사냥꾼이 처녀의 아버지에게 꾸벅 인사를 하며 말하자, 처녀의 아버지는 감았던 눈을 뜨며 공손한 태도로 말했다.

"잠시 저와 이야기를 나누시지요. 그리 놀랄 것은 없습니다. 사실은 손님을 이곳까지 오게 한 것도 제가 술법을 쓴 탓이지요."

"예? 그게 무슨 말씀이십니까?"

사냥꾼은 그 말을 이해할 수 없어 고개를 갸우뚱하며 물었다.

"손님께서도 보았듯이 제게는 과년한 딸자식이 있습니다. 부족하나마 손님께서 그 아이를 거둬 주신다면 내가 가진 재산 전부를 드리겠습니다. 물론 그래 봤자 말린 짐승 가죽이 전부이지만 말입니다."

처녀의 아버지는 놀라 어찌할 바를 모르고 있는 사냥꾼 앞에 각종 산짐승 가죽과 그 살을 포를 떠서 말린 육포, 그리고 시중에서는 쉽게 구할 수 없는 진기한 약재들을 내놓았다.

"손님께서 나의 부탁을 들어주는 것으로 알고, 내 이것들을 산 아래까지 들어다 드리리다. 이것들을 장에 내다 팔면 꽤 많은 돈을 모을 수 있을 것이오. 그리고 내 부탁 한 가지만 더 들어주시오. 별다른 것이 아니고 나에게 소 두 마리와 소금 백 석만 사다 주시오. 지금부터 오 일 후 산 아래에서 다시 만나 그것들을 내게 전해 주면 고맙겠소."

"예, 그렇게 하겠습니다."

사냥꾼은 자신이 살아 돌아가는 것은 물론이요, 아름다운 처녀를 아내로 맞이할 수 있게 되자 기뻐 어찌할 줄 몰랐다. 게다가 처녀의 아버지가 내놓은 물건들은 그 값을 따지면 갑부가 되고도 남을 만한 것이었다.

그렇게 해서 집으로 돌아온 사냥꾼은 곧바로 처녀와 혼례를 치르고 처녀의 아버지로부터 받은 것들을 시장에 내다 팔아 순식간에 갑부가 되었다.

그는 처녀의 아버지와 한 약속을 잊지 않고 5일 후 소 두 마리와 소금 백 석을 구하여 약속한 장소로 나갔다.

그곳에는 처녀의 아버지가 먼저 나와 사냥꾼을 기다리고 있었다.

"고맙소. 이것들은 내가 그 동안 모은 것들이오. 내게는 더 이상 필요 없는 것들이니 부디 내 딸과 행복하게 살아 주시오! 그리고 또 한 번 부탁하건대 오 일 후 소금 백 석만 더 갖다주시오."

처녀의 아버지는 지난번처럼 짐승의 가죽과 육포, 약초들을 땅에 잔뜩 부려 놓고는 다시 산으로 올라갔다.

사냥꾼은 그것들을 다시 시장에 내다 팔아 많은 돈을 거머쥘 수 있었다.

약속한 오 일 후, 사냥꾼은 자신에게 엄청난 부를 가져다주었는데 달랑 소금 백 석만을 가져가기가 민망하여 전과 같이 소 두 필도 같이 가지고 갔다.

이번에도 역시 처녀의 아버지가 먼저 와 기다리고 있었는데 웬일인지 사냥꾼이 가져온 물건들을 보고는 씁쓸한 표정을 지었다.

"일전에 소금만 부탁하였거늘 어찌하여 소까지 가지고 오시었소?"

처녀의 아버지가 책망하는 듯한 목소리로 말하자 사냥꾼은 당황해하며 얼버무렸다.

"물론 이번에는 소를 부탁하시지는 않았으나 어르신께 받은 재물로 인해 부자가 되었으니 지난번과 같이 소 두 마리를 더 마련하여 가져온 것입니다. 별다른 뜻은 없사오니 받아 주십시오."

사냥꾼의 말에 처녀의 아버지는 표정이 점점 굳어졌다.

"사람의 일이란 어찌할 수 없는가 보오. 소는 더 이상 필요치 않아 그렇게 말한 것을……. 이제부터 우리의 인연은 다하였으니 더 이상 만날 일이 없을 것이오. 부디 여생을 평안하게 사시길 바라겠소."

처녀의 아버지는 뜻 모를 소리만 하더니 뒤도 돌아보지 않고 산으로 올라가는 것이었다.

"어르신! 도대체 무슨 말인지 알 수가 없습니다! 어르신이 뉘신지 존함이라도 알려 주십시오! 아내에게 물어도 아무 말도 하지 않으니 도무지 답답하기만 합니다!"

사냥꾼은 다급해져서 큰소리로 물었다.

"지금은 아무런 할말이 없소! 명년 오월 단오에 임진강에 가면 한 귀공자를 만날 수 있을 것이오. 그에게 가서 물어 보시오!"

처녀의 아버지는 그 말을 남기고 산 속으로 사라져버렸다.

집으로 돌아온 사냥꾼은 그날부터 오월 단오가 되기만을 학수고대했다.

마침내 기다리던 오월 단오일이 되자 사냥꾼은 단숨에 임진강으로 달려가 처녀의 아버지가 말한 귀공자를 찾아보았다.

무수히 많은 인파들 중에서 과연 유독 눈에 띄는 귀공자가 있었다. 한눈에 보기에도 그는 온 몸에 귀티가 흘렀다.

사냥꾼은 그 귀공자에게 자신이 겪었던 일을 자세히 말하고 그가 누구인지를 물었다.

사냥꾼의 말을 가만히 듣고 있던 귀공자는 긴 한숨을 내쉬며 말했다.

"그분은 하늘과 땅의 정기精氣가 한데 뭉쳐 생성된 기운입니다. 이름은 우禹라고 하는데, 우가 성하면 국가가 태평하고 우가 쇠하면 그 기가 흩어져 장차 나라에 액운을 초래하는 자가 나타나게 되는 것입니다. 우가 오랜 기간 동안 소금만을 먹으면 그 기운이 사람으로 변할 수 있어 사람들 세상에서 함께 태평성대를 누릴 수 있지만, 그 기간 동안의 고통이 심히 말하기 어려울 정도로 크지요. 다만 소를 생육하면 그 고통이 잠시 줄기는 하나 사람으로 변하는 기간이 더디니 우께서는 자신의 고통을 감수하면서 당신에게 소금만을 원한 것이었소. 허나 이젠 일이 그리되었으니 우는 사라지게 될 것이오. 그것은 곧 이 나라 고려의 운명과 직결되는 것이니 머지않아 나라를 멸망시키는 자가 나타날 것이오."

말을 마친 귀공자는 다시 한 번 한숨을 쉬었다.

사냥꾼은 귀공자의 말에 놀라며 자신이 어찌하면 되는지 물었다. 그러나 귀공자는 먼 하늘을 바라보다 처녀의 아버지처럼 알 수 없는 몇 마디만 중얼거렸다.

"당신의 잘못이 아니오. 지금의 나라꼴을 보면 그 또한 이 나라를 버리고 싶을 것이오……."

말을 마친 귀공자가 떠나려 할 때 사냥꾼은 황급하게 귀공자의 이름을 물었다.

처음에는 대답하기를 머뭇거리던 그 귀공자는 자신을 정몽주라고 소개하고 인파 속으로 사라졌다.

고려 말, 세상의 판도를 바꿔 나가던 신흥 세력들이 고려의 멸망과 새로운 나라의 건국을 기정 사실화함으로써 민심의 동요를 막기 위해 은연중에 이런 얘기를 꾸며내 민간에 퍼뜨리지 않았나 생각된다.

고려 왕조표

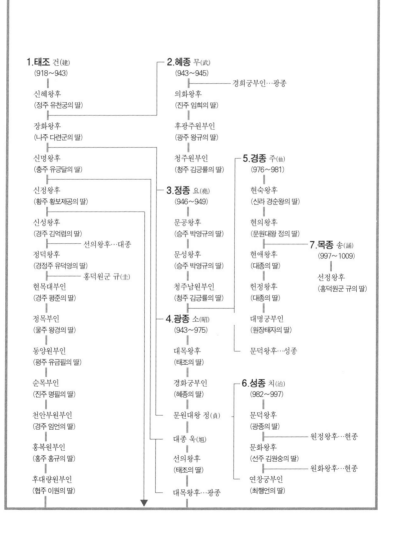

1.태조 건(建)
(918~943)

신혜왕후
(정주 유천궁의 딸)

장화왕후
(나주 다련군의 딸)

신명왕후
(충주 유긍달의 딸)

신정왕후
(황주 황보제공의 딸)

신성왕후
(경주 김억렴의 딸)
ㅡ선의왕후…대종

정덕왕후
(경정주 유덕영의 딸)
ㅡ홍덕원군 규(圭)

현목대부인
(경주 평준의 딸)

정목부인
(울주 왕경의 딸)

동양원부인
(평주 유금필의 딸)

순목부인
(진주 명필의 딸)

천안부원부인
(경주 임언의 딸)

흥복원부인
(홍주 홍규의 딸)

후대량원부인
(협주 이원의 딸)

2.혜종 무(武)
(943~945)

ㅡ경희궁부인…광종

의화왕후
(진주 임희의 딸)

후광주원부인
(광주 왕규의 딸)

청주원부인
(청주 김긍률의 딸)

3.정종 요(堯)
(946~949)

문공왕후
(승주 박영규의 딸)

문성왕후
(승주 박영규의 딸)

청주남원부인
(청주 김긍률의 딸)

4.광종 소(昭)
(943~975)

대목왕후
(태조의 딸)

경화궁부인
(혜종의 딸)

문원대왕 정(貞)

대종 욱(旭)

선의왕후
(태조의 딸)

대목왕후…광종

5.경종 주(伷)
(976~981)

헌숙왕후
(신라 경순왕의 딸)

헌의왕후
(문원대왕 정의 딸)

헌애왕후
(대종의 딸)

헌정왕후
(대종의 딸)

대명궁부인
(원장태자의 딸)

문덕왕후…성종

7.목종 송(誦)
(997~1009)

선정왕후
(홍덕원군 규의 딸)

6.성종 치(治)
(982~997)

문덕왕후
(광종의 딸)

ㅡ원정왕후…현종

문화왕후
(선주 김원숭의 딸)

ㅡ원화왕후…현종

연창궁부인
(최행언의 딸)

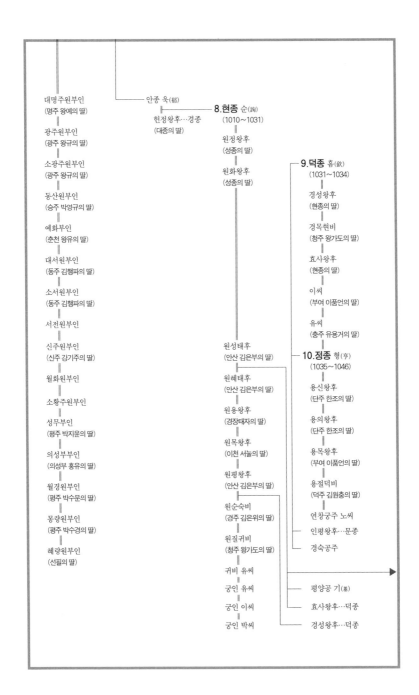

대명주원부인
(명주 왕예의 딸)

광주원부인
(광주 왕규의 딸)

소광주원부인
(광주 왕규의 딸)

동산원부인
(승주 박영규의 딸)

예화부인
(춘천 왕유의 딸)

대서원부인
(동주 김행파의 딸)

소서원부인
(동주 김행파의 딸)

서전원부인

신주원부인
(신주 강기주의 딸)

월화원부인

소황주원부인

성무부인
(평주 박지윤의 딸)

의성부인
(의성부 홍유의 딸)

월경원부인
(평주 박수문의 딸)

몽량원부인
(평주 박수경의 딸)

혜량원부인
(선필의 딸)

안종 욱(郁)

헌정왕후…경종
(대종의 딸)

8.현종 순(詢)
(1010~1031)

원정왕후
(성종의 딸)

원화왕후
(성종의 딸)

원성태후
(안산 김은부의 딸)

원혜태후
(안산 김은부의 딸)

원용왕후
(경장태자의 딸)

원목왕후
(이천 서눌의 딸)

원평왕후
(안산 김은부의 딸)

원순숙비
(경주 김은위의 딸)

원질귀비
(청주 왕가도의 딸)

귀비 유씨

궁인 유씨

궁인 이씨

궁인 박씨

9.덕종 흠(欽)
(1031~1034)

경성왕후
(현종의 딸)

경목현비
(청주 왕가도의 딸)

효사왕후
(현종의 딸)

이씨
(부여 이품언의 딸)

유씨
(충주 유용거의 딸)

10.정종 형(亨)
(1035~1046)

용신왕후
(단주 한조의 딸)

용의왕후
(단주 한조의 딸)

용목왕후
(부여 이품언의 딸)

용절덕비
(덕주 김원충의 딸)

연창궁주 노씨

인평왕후…문종

경숙공주

평양공 기(基)

효사왕후…덕종

경성왕후…덕종

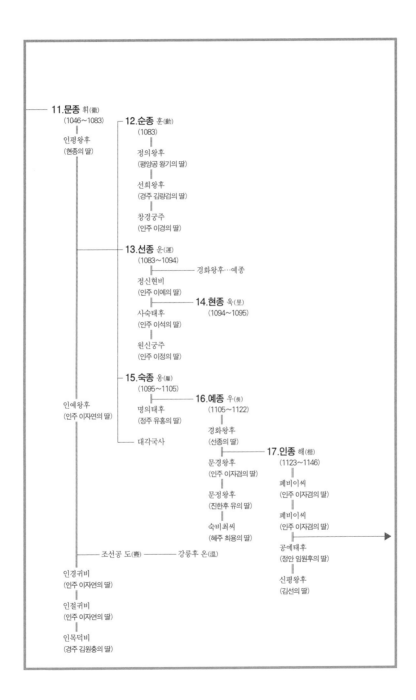

11.**문종** 휘(徽)
(1046~1083)

인평왕후
(현종의 딸)

12.**순종** 훈(勳)
(1083)

정의왕후
(평양공 왕기의 딸)

선희왕후
(경주 김량검의 딸)

창경궁주
(인주 이경의 딸)

13.**선종** 운(運)
(1083~1094)

경화왕후…예종

정신현비
(인주 이예의 딸)

14.**헌종** 욱(昱)
(1094~1095)

사숙태후
(인주 이석의 딸)

원신궁주
(인주 이정의 딸)

15.**숙종** 옹(熙)
(1095~1105)

16.**예종** 우(俁)
(1105~1122)

명의태후
(정주 유홍의 딸)

경화왕후
(선종의 딸)

17.**인종** 해(楷)
(1123~1146)

문경왕후
(인주 이자겸의 딸)

폐비이씨
(인주 이자겸의 딸)

대각국사

문정왕후
(진한후 유의 딸)

폐비이씨
(인주 이자겸의 딸)

숙비최씨
(혜주 최용의 딸)

공예태후
(정안 임원후의 딸)

인예왕후
(인주 이자연의 딸)

조선공 도(燾) ── 강릉후 온(溫)

신평왕후
(김선의 딸)

인경귀비
(인주 이자연의 딸)

인절귀비
(인주 이자연의 딸)

인목덕비
(경주 김원충의 딸)

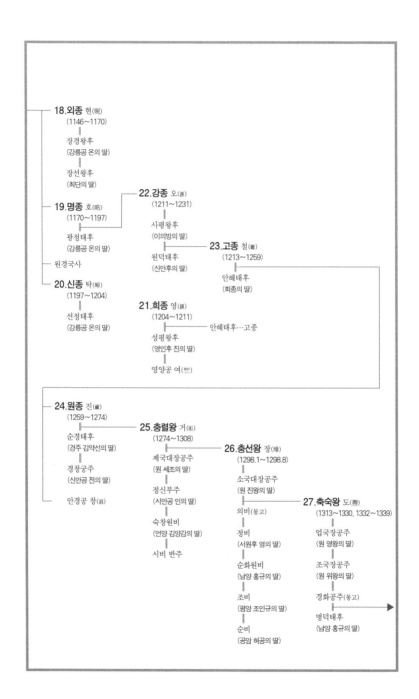

18.**의종** 현(睍)
(1146~1170)
∥
장경왕후
(강릉공 온의 딸)
∥
장선왕후
(최단의 딸)

22.**강종** 오(祦)
(1211~1231)
∥
사평왕후
(이의방의 딸)
∥
원덕태후
(신안후의 딸)

19.**명종** 호(晧)
(1170~1197)
∥
광정태후
(강릉공 온의 딸)

원경국사

20.**신종** 탁(晫)
(1197~1204)
∥
선정태후
(강릉공 온의 딸)

21.**희종** 영(韺)
(1204~1211)
∥
성평왕후
(영인후 진의 딸)
∥
영양공 여(悆)

23.**고종** 철(皞)
(1213~1259)
∥
안혜태후
(희종의 딸)

안혜태후…고종

24.**원종** 진(禃)
(1259~1274)
∥
순경태후
(경주 김약선의 딸)
∥
경창궁주
(신안공 전의 딸)

안경공 창(淐)

25.**충렬왕** 거(距)
(1274~1308)
∥
제국대장공주
(원 세조의 딸)
∥
정신부주
(시안공 인의 딸)
∥
숙창원비
(언양 김양감의 딸)
∥
시비 반주

26.**충선왕** 장(璋)
(1298.1~1298.8)
∥
소국대장공주
(원 진왕의 딸)
∥
의비(몽고)
∥
정비
(서원후 영의 딸)
∥
순화원비
(남양 홍규의 딸)
∥
조비
(평양 조인규의 딸)
∥
순비
(공암 허공의 딸)

27.**축숙왕** 도(燾)
(1313~1330, 1332~1339)
∥
업국장공주
(원 영왕의 딸)
∥
조국장공주
(원 위왕의 딸)
∥
경화공주(몽고)

명덕태후
(남양 홍규의 딸)

28.**충혜왕** 정(禎)
(1330~1332, 1339~1344)

　　　　　　　　　　　　　　　　　　　29.**충목왕** 흔(昕)
　　　　　　　　　　　　　　　　　　　　(1344~1348)

덕령공주
(원 진서무정왕의 딸)

　　　　　　　　　　　　　　　　　　　30.**충정왕** 흔(昕)
　　　　　　　　　　　　　　　　　　　　(1348~1351)

희비
(파평 윤계종의 딸)

화비
(당성 홍탁의 딸)

은천옹주
(임신의 딸)

31.**공민왕** 전(顓)
(1351~1374)

노국장공주
(원 위왕의 딸)

　　　　　　　　　　　　32.**우왕**
　　　　　　　　　　　　(1375~1388)

혜비
(계림 이제현의 딸)

　　　　　　　　　　　　　　　　　　33.**창왕**
　　　　　　　　　　　　　　　　　　　(1388~1389)

익비
(덕풍군 의의 딸)

근비
(고성 이림의 딸)

정비
(죽주 안극인의 딸)

영비
(철원 최영의 딸)

신비
(서원 염제신의 딸)

의비
(노영수의 딸)

반야
(신돈의 비첩)

숙비 최씨

안비 강씨

정비 신씨

덕비 조씨

선비 왕씨

현비 안씨

34.**공양왕** 신종의 7세손, 양양공 려 세손
(1389~1392)

순비
(교하 노진의 딸)

하룻밤에 읽는 고려야사

개정판 1쇄 발행　2017 년 9월

엮은이　김형광

펴낸이　김형성
디자인　정종덕
마케팅　PAGE ONE 강용구
영업　최관호
관리　남영애 , 김희수
인쇄　정민P&P
제본　정민제책

펴낸곳　(주)시아컨텐츠(㈜시아
주소　경기도 파주시 재두루미길 150(활자마을)
전화　031-955-9696
팩스　031-955-9393

이메일　siaabook9671@naver.com
ISBN　979-11-88519-06-4
값 15,000원

*잘못된 책은 구입하신 서점에서 바꾸어 드립니다